■ 2011年国家社科基金资助一般项目（项目号：11BDJ009）

抗战时期中国共产党应对危机的国际统战经验研究

杜俊华 著

中国社会科学出版社

图书在版编目（CIP）数据

抗战时期中国共产党应对危机的国际统战经验研究 / 杜俊华著 . —北京：
中国社会科学出版社，2016.9

ISBN 978 - 7 - 5161 - 8528 - 5

Ⅰ . ①抗… Ⅱ . ①杜… Ⅲ . ①中国共产党—抗日民族统一战线—
国际统一战线—经验—研究 Ⅳ . ①K265. 107

中国版本图书馆 CIP 数据核字（2016）第 154218 号

出 版 人	赵剑英
责任编辑	孔继萍
特约编辑	邹 莉
责任校对	王佳玉
责任印制	何 艳

出 版	中国社会科学出版社
社 址	北京鼓楼西大街甲 158 号
邮 编	100720
网 址	http://www.csspw.cn
发 行 部	010 - 84083685
门 市 部	010 - 84029450
经 销	新华书店及其他书店

印刷装订	北京兴怀印刷厂
版 次	2016 年 9 月第 1 版
印 次	2016 年 9 月第 1 次印刷

开 本	710×1000 1/16
印 张	15
插 页	2
字 数	250 千字
定 价	58.00 元

凡购买中国社会科学出版社图书，如有质量问题请与本社营销中心联系调换
电话：010 - 84083683

目　　录

第一章

绪　　论

国际统一战线理论是马克思主义理论的重要组成部分，在不同时期都有联系各自时代特点、与时俱进的新成果。抗日战争时期，为了争取更多的国际力量支持中共领导的抗日战争，应对战时中国的民族危机和中共自身发展的危机，以毛泽东、周恩来等为代表的中国共产党人积极地把马克思主义国际统一战线理论与中国革命的具体实践相结合，不断联系实际开展国际统战工作，取得了显著的成效，积累了丰富的经验，但学界对之进行系统研究的成果较少，值得深入研究。

第一节　研究现状简述

新民主主义革命时期，以毛泽东、周恩来、刘少奇、朱德等为代表的中国共产党人，联系中国土地革命、抗日战争、解放战争的实际，对马克思主义国际统战理论进行了中国化的艰苦探索，形成了具有中国特色的国际统战理论。

一　国外学者的研究成果简述

抗日战争时期，以周恩来为代表的中共中央长江局国际宣传组、中共中央南方局外事组的人员，在从事国际统战实践工作中，不断发展完善国际统战理论，通过统战工作争取了一些国家的政府和许多国际友人对中共的同情和支持，扩大了中国共产党的国际影响，使中国共产党与美、英、苏的关系也有了许多新的变化，为中国抗日战争的胜利做出了显著的贡献，美国、英国、俄罗斯等国的学者对之进行了一定的研究，有一些成果发表。比如，美国学者 James Reardon-Anderson 的《中国共产党外交政策的起源，1944—1946》一书①、〔俄〕沃洛霍娃的《周恩来与中国外交》②一文，都认为：抗战期间周恩来广泛接触外国人士，团结各种社会政治力量，推行"人民外交"，使中共的国际形象大为改观。英国著名学者迪克·威尔逊则在《周恩来传》一书中认为，在革命战争时期，周恩来实现了"理想主义与现实主义"的巧妙结合，以其独特的风度、品格和气质对见过他的人产生了巨大的感染力和吸引力。然而，这些国外学者对抗战时期中国共产党的国际统战论述多是为其对新中国成立后中共的外交研究作铺垫，很少有人对中共中央南方局的国际统战进行专门系统的研究，对中共在抗战时期的国际统一战线工作的研究也十分薄弱。

二 中国学者的研究成果简述

在中国国内，学者们对新民主主义革命时期中国共产党的国际统战工作也给予了关注，进行了较深入的研究，有一些成果发表。王真的《没有硝烟的战线——抗战时期的中共外交》、张星星的《论中国共产党的抗日国际统一战线工作》、莫志斌的《抗战时期中国共产党的国际交往活动新析》等成果认为：抗战时期，周恩来、乔冠华、王炳南、金城等人努力对外国驻华大使馆人员、来华官员、团体、民主人士做统战工作，为促进中共与美英关系改善、争取外国人对中共的支持、扩大中共的国际影响做出了卓越贡献。曲庆彪的《抗日战争时期毛泽东国际统一战线思想论析》、张春英的《抗战时期中国共产党关于建立太平洋反日统一战线的思想及实践》、袁本文的《周恩来抗战时期的国际统一战线思想》、张星星的《论中国共产党的抗日国际统一战线工作》等成果则认为：抗战时期，毛泽东、周恩来等人不仅根据国际形势及时制定和完善了国际统战方针，而且进行了卓有成效的国际统战实践，通过多渠道多方式地宣传和与外国友人交往等，争取到了外国政府和民众对中国抗战的支持，开辟和发展了中国共产党的对外联系、扩大了中共的国际影响。金诚所著的《延安交

---

① 〔美〕James Reardon-Anderson：*The Origins of Chinese Communist Foreign Policy*，1944 – 1946，Columbia University Press，1980.

② 〔俄〕沃洛霍娃：《周恩来与中国外交》，《远东问题》1988 年第 5 期。

际处回忆录》①，通过回忆其在延安担任交际处处长所从事的接待工作经历，叙述了抗战时期中国共产党的领导人毛泽东、周恩来，以及交际处的工作人员接待外国来陕北的友好人士的情况，阐析了抗战时期中国共产党在抗日根据地的国际统一战线工作。由天津大学马克思主义学院秦立海教授指导的硕士研究生高芳，在其2012年硕士毕业论文《延安交际处研究（1937—1947）》中，也对抗战时期中国共产党在陕北延安对外国人士的统战工作进行了较详细的论述。

除了专门论述中共对外工作的成果外，一些综合性专著和论文也涉及一些中共在抗战时期的统战工作。陶文钊、杨奎松和王建朗的《抗日战争时期的中国对外关系》②（中共党史出版社1995年版）一书，第一次对战时中外关系作了全面细致的论述，认为外国与中国关系的亲疏、敌友，是以这些国家自身的民族利益为转移，涉及抗战时期美国与中共关系的改善。韩永利的《反法西斯战争时期的中国与世界研究·第二卷：中国抗战与美英东亚战略的演变（1931—1945）》（武汉大学出版社2010年版）一书，考察与论证了第二次世界大战中中国抗战对美英东亚战略的影响，认为中国抗战是推动美英东亚战略转变以及战时中、美、英建立战略关系的关键性因素，它推动了美英东亚战略向援助中国、制约日本侵略方向发展，也对抗战时期中共与美英的关系发展进行了一定的探讨。李世安的《反法西斯战争时期的中国与英国》（武汉大学出版社2010年版）一书，详细论述了第二次世界大战中的英国对华政策，揭示了英国对华政策的基本内容、制定过程、实施过程，对抗战时期其对中共的政策进行了探讨。李时安的《英国对华政策与中国共产党（1942—1946）：薛穆大使的作用》③，该文从英国驻华大使薛穆的角度，对其推动英国与中共关系的改善，以及国民党对此的态度进行了深入研究。王真所著的《动荡的同盟——抗战时期的中苏关系》（广西师范大学出版社1993年版）、汪金国

---

① 金诚：《延安交际处回忆录》，中国青年出版社1996年版。
② 陶文钊、杨奎松、王建朗：《抗日战争时期的中国对外关系》，中共党史出版社1995年版。
③ 李时安：《英国对华政策与中国共产党（1942—1946）：薛穆大使的作用》，见中国社会科学院近代史研究所《中国近代史研究》编辑部编《国外中国近代史研究》（25），中国社会科学出版社1992年版。

所著的《战时苏联对华政策》（武汉大学出版社 2010 年版）、杨奎松所著的《毛泽东与莫斯科的恩恩怨怨》（江西人民出版社 2008 年版）和《"中间地带"的革命——国际大背景下看中共成功之道》（广西师范大学出版社 2012 年版）、牛军所著的《从延安走向世界：中国共产党对外关系的起源》（福建人民出版社 1992 年版），以上著作对抗战时期中国共产党与苏联、共产国际的合作与博弈进行了较为详细的论述，也涉及抗战时期中国共产党开展的对苏联政府、苏联来华人士的国际统战工作。

当然，既有研究成果也有以下不足：其一，已有成果对新民主主义时期中共的国际统战理论发展、内容及现实意义缺乏深入研究，从马克思主义国际统战理论的角度进行的研究更是凤毛麟角。其二，研究成果主要集中在中国共产党对美国的统战上，而有关中共对英国和苏联的统战研究较少。其三，从理论和经验总结的高度探讨抗战时期的国际统战工作的研究成果较少。有鉴于此，本研究课题拟从马克思主义中国化的角度，综合探讨新民主主义革命时期中国共产党国际统战理论的形成、发展对马克思主义国际理论有哪些创新，实践成效怎样，有何现实启示，以及形成的一系列高质量的学术研究成果。

第二节　基本概念阐析

一　统一战线

统一战线是外来语，英文是 United Front，开始曾被中国的学者们翻译成"联合战线"。统一战线有广义和狭义之分。狭义的统一战线是指无产阶级与其他一切社会力量的联盟或合作，专指工人阶级及其政党为了实现各特定时期的目标，与其他一切可能联合的力量，在一定共同利益基础上所进行的联合。对于统一战线在无产阶级革命中的作用，马克思和恩格斯都高度重视。1847 年 6 月，根据马克思和恩格斯的提议，正义者同盟正式改组为共产主义者同盟，并首次提出了"全世界无产者，联合起来"的统一战线口号。1848 年，马克思、恩格斯为共产主义者同盟起草的《共产党宣言》正式发表，不仅从理论上解决了无产阶级自身的团结统一问题，还提出了"共产党人到处都努力争取世界民主政党之间的团结和协调"① 的统一战线要求，论述了无产阶级在联合中的战略和策略问题，为无产阶级统一战线学说奠定了坚实的理论基础，标志着马克思主义统一战线理论的诞生。这种统一战线的含义具有四个基本特征：第一，无产阶级及其政党是统一战线的领导者和组织者。第二，统一战线以马克思主义为指导。第三，统一战线具有广泛的群众基础。第四，统战目的和任务始终贯穿革命与建设全过程。比如，中国新民主主义革命时期的统一战线，是在中国共产党的领导下，在长期的革命斗争中建立和发展起来的，以工农联盟为基础的包括广大民众在内的统一战线。它经历了国民革命统一战线、工农民主统一战线、抗日民族统一战线、人民民主统一战线四个阶段。

广义上的统一战线是一定社会力量的联合，即一些不同的阶级、阶层、集团、政党、民族和国家等社会政治力量在共同利益的基础上为实现共同目标而结成的同盟。不同的社会政治力量在统一战线活动中的地位和作用是不同的，可以分为领导者和同盟者。领导者是统一战线中占支配地位，起主要作用的那部分阶级、阶层、集团、政党等社会政治力量，是统一战线的发起者、组织者、指挥者、协调者、主导力量。例如，北大西洋组织的领导者就是美国。② 统一战线的同盟者是一个相对的概念，统一战线中的一方都是另一方的同盟者③。如，中国共产党的工农联盟，工人阶级是同盟的领导者，也是农民阶级的同盟军；而农民阶级则是工人阶级的同盟者。

本研究项目所述的统一战线更多的是从广义层面来考虑的，其本质是在共同利益基础上的团结合作，团结大多数，孤立敌人。正如 1950 年 6 月 6 日，邓小平在《克服目前西南党内的不良倾向》一文中指出："统一战线是马列主义战略原则的具体运用，其本质就是团结大多数，孤立敌人。"④ 共同利益是统一战线形成和发展的内在动因，是维系统一战线主体之间团结合作的纽带。而团结合作是实现统一战线主体共同利益的必要

①　中共中央马恩列斯著作编译局：《马克思恩格斯选集》第 1 卷，人民出版社 1995 年版，第 307 页。

②　参见罗振建等主编《统一战线学研究》，重庆出版社 2005 年版，第 421 页。

③　同上书，第 432 页。

④　《邓小平文选》第 1 卷，人民出版社 1994 年版，第 155 页。

手段和途径，是统一战线的外在标志。一切社会政治力量参加统一战线的根本目的就是维护自身的利益，一切社会政治力量所从事的一切活动都根源于其自身的利益。而共同利益是统一战线形成的基础，是维系统一战线中不同社会政治力量团结合作的纽带。恩格斯指出："没有共同的利益，就不会有统一的目的，更谈不上统一的行动。"① 而通过合作来实现统一战线中不同社会政治力量的共同利益决定着统一战线的性质、内容和范围，贯穿统一战线的始终和统一战线工作的方方面面。广义的统一战线的原则包括共赢原则、实际性原则、可接受性原则、明确性原则。首要的是共赢原则，即建立、巩固和发展统一战线，必须充分兼顾统一战线中各阶级、阶层、集团、政党、民族和国家等不同社会政治力量各自的利益需要，使它们能在统一战线中获得利益。实际性原则是指，在寻求统一战线共同利益时，还必须从实际出发，考虑到当时社会各阶级、各阶层的实际利益。

二　国际统一战线

国际统一战线作为统一战线的重要组成部分，也有狭义和广义之分。狭义的国际统一战线，是指在各国革命斗争时期，一个国家的革命政党为了争取民族独立、人民解放，在反对帝国主义的斗争中，不断争取其他国家的无产阶级，以及同情和支持本国革命的国外民主人士，建立反帝国主义、反法西斯的统一战线；或者是在反对世界资产阶级的革命斗争中，各国无产阶级结成的世界革命统一战线；国际统一战线也指无产阶级政党或资产阶级政党成为一国执政党后，为了促进本国经济社会的快速发展，采取求同存异的策略，不断争取其他国家先进的科学技术、人才、管理经验和丰厚的资金，促进双赢；在政治上则采取争取一些友好国家，孤立最反动的资产阶级政府。而广义的国际统一战线则是指一个国家的政府或政党为了国家的发展，与世界上其他国家的政府或政党结成统一战线。在世界古代史上，公元前492年，波斯军队侵入希腊，希腊和波斯的战争由此开始。面对波斯的进攻，雅典和斯巴达召集其他31个希腊城邦聚集在科林

---

① 《马克思恩格斯选集》第 1 卷，人民出版社 1995 年版，第 490 页。

斯，决定消弭内战，共御外敌，建立了"提洛同盟"①。公元前449年，同盟大败波斯海军，结束了希波战争，波斯被迫签订《卡里阿斯条约》，承认希腊各城邦独立②。而后来斯巴达组织的伯罗奔尼撒同盟在与雅典组成的提洛同盟的争霸中，与波斯结成同盟，在波斯的帮助下，打败了雅典③。在世界近代史时期的法国大革命期间，欧洲各国君主先后组织了七次"反法同盟"，对付法国军事奇才拿破仑的威胁。尤其是1813年春，俄国、英国、普鲁士、奥地利、瑞典等国结成的第六次反法同盟，人数比拿破仑领导的法军多一倍，最终打败了法国拿破仑的部队。④ 在世界现当代史中，1955年5月4日，苏联、东欧原社会主义国家波兰人民共和国、捷克斯洛伐克、德意志民主共和国、罗马尼亚、阿尔巴尼亚、保加利亚、匈牙利等组成了华沙条约组织，华沙组织是欧洲社会主义国家对抗资本主义国家阵营的政治军事同盟，是典型的国际统一战线。而美国与西欧发达国家英国、法国、意大利、德意志联邦共和国、西班牙、北美的加拿大等国为实现防卫协作而建立了一个国际军事集团组织——北大西洋公约组织，共有28个成员国。面对20世纪70年代世界风云急剧变化的局面，毛泽东在与坦桑尼亚总统卡翁达谈话时提出了"三个世界"的理论，号召第三世界国家联合起来，共同反对霸权主义。毛泽东指出，美国、苏联是第一世界；日本、欧洲、澳大利亚、加拿大是第二世界；第三世界人口很多，亚洲除了日本，都是第三世界。整个非洲和拉丁美洲都是第三世界。⑤ 毛泽东强调中国属于第三世界，要联合世界上一切可以联合的力量，结成最广泛的国际反霸统一战线。这个理论为中国团结更多国家的无产阶级和被压迫民族，建立最广泛的国际统一战线，反对霸权主义，提供了强大的思想武器。

三　危机的定义和种类

危机一词由"危"与"机"两个字构成的。比如，鸦片战争后的帝

---

① 白海军：《光荣希腊》，上海辞书出版社2011年版，第108页。
② 同上书，第110页。
③ 同上书，第147页。
④ 参见吕一民《法国通史》，上海人民出版社2007年版，第154页。
⑤ 参见中共中央文献研究室《毛泽东文集》第8卷，人民出版社1999年版，第441—442页。

国主义对中国的多次侵略，使中国沦为贫穷落后的半殖民地半封建社会，同时，这也使中国被动地融入世界资本主义体系，中国一批批先进的知识分子通过学习和运用西方的理论，不断探索促进民族独立、国家富强的发展道路。

在中国历史典籍当中，危机常用来描述事物的紧急状况。南朝沈约编辑的《宋书》所记录的民间诗歌，南朝宋天文学家何承天在义熙年间（405—418）私作了"鼓吹铙歌十五篇"，有一篇的名字叫"君马篇"，其中有这样的诗句："愿为范式驱，雍容步中畿；岂效诡遇子，驰骋趣危机。"其意为"……怎么能像那些行为不端的人那样，不懂礼法地在王都让马快跑，而给自己带来麻烦和危险"①。唐朝初年，房玄龄、李延寿所编的《晋书》和《北史》中已经较为频繁地使用"危机"一词。在中国近现代历史中，危机就是指相对于特定主体而言，在特定时空条件下客观存在的、可能导向重大负面价值而必须加以认知并做出决策的特定阶段。② 危机具有威胁性、不确定性和紧迫性。③ 比如，在当今社会里，随着信息化、知识化、全球化的快速发展，竞争日益激烈，一不小心就有可能因犯错被迫下岗，由于这种情况具有不确定性和紧迫性，许多人对于自己的工作、职位都具有一定的危机感，随时会感受到可能失业的威胁。

按照危机形成原因的不同，危机的类型主要有政治危机、军事危机、经济危机、社会危机。

经济危机是造成社会危机的直接原因。当经济领域出现危机的时候，社会领域的生活就不可能正常进行，也就必然引发社会危机。马克思说："危机的铁手一下子就把那些鄙俗的自由贸易的信徒的嘴给堵住了，这些信徒许多年来一直鼓吹，在谷物法废除后，市场上商品过剩和社会危机就永远成为历史掌故了。但是现在，市场上商品过剩已成为事实。"④ 鸦片

---

① 杨忠：《二十四史全译·宋书·第1册》，世纪出版集团、上海汉语大词典出版社2004年版，第557—558页。

② 参见高鹏程《危机学》，社会科学文献出版社2009年版，第13页。

③ ［荷兰］阿金·伯恩、保罗·特哈特、［瑞典］埃瑞克·斯特恩、邦特·桑德留斯：《危机管理政治学——压力之下的公共领导能力》，赵凤萍等译，河南人民出版社2010年版，第3页。

④ 《马克思恩格斯全集》第11卷，人民出版社1962年版，第109页。

战争后，西方列强的商品对中国社会产生了巨大的危机影响，马克思曾经指出，"成千上万的英美船只开到了中国，这个国很快为不列颠和美国廉价工业品所充斥。……牢固的中华帝国遭受了社会危机。"①

政治危机是指具体国家由特定区域、人民和政权构成因素整体性的丧失而导致的危机，国家危机的发生意味着特定社会集体生活安全和秩序的丧失，因而对国家中的多种形式的主体都会造成严重的损害。② 其类型包括基于国家领土类型的国家危机、基于人民类型的国家危机和基于政权类型的国家危机。这常常是由战争引起的，包括国内战争、国家间战争和国家联盟战争三种类型。它是造成社会危机的重要原因。政治领域的稳定能保证社会经济生产的正常进行，如果政治领域丧失了政治秩序，所引发的政治危机必然引发经济领域的混乱，使社会生产无法进行，这就会间接地导致社会危机的发生。对于现代民族国家而言，领土、人民、政府和主权的完整性是保持国家稳定和社会秩序的必要前提。正如马克思指出的那样，"将要在一连串战争（起初是区域性的，最后是全面的）中出现的这种崩溃，会加速所有这些炫耀武力、外强中干的国家的社会危机以及随之而来的灭亡"③。

社会危机，从广义上讲，是政治、经济、军事危机的综合体，是指由于社会中的具体个人或群体普遍地出现危险状况，而使彼此不能相互扶持和帮助。社会危机的类型主要有教育社会危机、卫生社会危机、婚姻社会危机以及健康社会危机等。社会危机论也是马克思主义社会理论的重要组成部分，它以唯物史观为基本出发点，通过经济、政治和社会领域三者之间多种形式关系的分析认为，经济基础对于社会危机具有重要的影响。马克思主义认为，社会危机的发生必须要到实际社会实践中去寻找，而不能仅仅从其精神和意识方面去寻找。随着社会的快速发展，社会领域的内容和复杂程度也不断地增长，社会问题、社会危机也越来越复杂。

国家危机是指具体国家由于特定区域、人民和政权构成因素整体性的

---

① 《马克思恩格斯全集》第7卷，人民出版社1959年版，第264页。

② 参见高鹏程《危机学》，社会科学文献出版社2009年版，第303页。

③ 《马克思恩格斯全集》第34卷，人民出版社1972年版，第297页。

丧失而导致的危机①，包括领土危机和战争危机等。领土危机是特定国家的人民以及作为人民整体代表的政权不能有效地排他性地控制和使用其领土，表现为领土分裂危机②（比如晚清民国时期，外蒙从中国分裂出去；抗日战争时期汪伪政府的成立、伪满洲国的成立等）、领土侵占危机③。一国的领土被其他国家占领，不但将使该国安全受到严重威胁，而且将使人民的生活、经济发展以及精神生活受到严重损害和创伤，也会削弱该国政权潜在的发展空间。

无论是领土分裂危机还是领土侵占危机，很多情况都是因为侵略战争造成的，也即战争危机（比如日本通过甲午战争侵占中国的台湾，英国通过鸦片战争侵占了中国的香港），它是具有民族、阶级、宗教、意识形态和国家特性的特定政治力量所遭遇的存在危机。④ 战争中不同政治力量之间通常有着相互的纵向关系和横向关系。所谓政治力量之间的纵向关系，是指在同一空间区域不同力量所具有的秩序关系。所谓政治力量的横向关系是指不同空间区域或者同一空间区域具有相同社会地位的政治力量之间的关系。比如，甲午战争时期，英国暗中支持日本。在民族国家成为世界主要政治力量的条件下，国家间战争和国家联盟战争开始成为战争危机的主要形式。其中，领土、自然资源、商品和基本经济制度之争是引起国家间战争的主要原因。在战争状态下，任何一方都会采取一切手段来消耗对方力量，保存自己的力量；任何一方都会采取一切手段来补充自己的力量，尽量拖延对方力量的补充。在这种情况下，士兵和平民的生命、社会财富和财产以及其他的一切都处在可能随时被毁灭的状态，比如，日本发动的南京大屠杀、重庆大轰炸、对抗日根据地的"三光"政策，都是

① 参见高鹏程《危机学》，社会科学文献出版社 2009 年版，第 324 页。

② 当特定政权不能有效管辖其领土，抵抗外部入侵和应付内部地方挑战的时候，往往发生领土分裂危机。

③ 领土侵占危机，根本原因是领土被占领国家的国家实力、军事实力、政治力量在与侵占国的力量对比中处于弱势地位；其次国际政治冲突也为领土侵占提供新形式。不同国家结成国家联盟进行阵营对抗式的战争，战胜国联盟有时将战败国家联盟中特定国家领土占领，以防止这些国家再度发动战争。比如，第一次世界大战结束后，法国对德国的处置，虽然从整体上看，法国当时的实力不如德国，但因为法国与英国、俄国结盟，打败了德国和奥匈帝国，德国也处于被宰割的地位。

④ 参见高鹏程《危机学》，社会科学文献出版社 2009 年版，第 356 页。

为了消耗中国军民的抗日力量。

四 危机应对

鉴于危机事件对政府、民众、社会造成的巨大冲击，政府或党派需采取积极正确的应对策略和具体措施来进行化解，转危为安，转危为机，这就是危机应对。

首先是建立危机处理的专门机构。危机处理机构常由"一把手"担任负责人，其他成员至少应包括相关部门的负责人、专家等决策和智囊人士，其任务是通过制定解决方案、执行谈判、交涉、决策和协调，克服困境和解决问题。在国际关系领域里，当国与国之间出现危机时就需建立专门的机构，采取积极的应对措施来化解危机。比如，因日本右倾引起的中日钓鱼岛之争、中国西北与中亚接壤的边境地区的持续骚乱等问题，使中国面临的安全挑战越来越紧迫和复杂，由此导致了中国国家安全问题。2014 年 1 月 24 日，中共中央专门成立了国家安全委员会。由中共中央总书记、国家主席、中共中央军委主席习近平任国家安全委员会主席，国务院总理李克强、全国人大常务委员会委员长张德江任副主席，下设常务委员和委员若干名，以加强中国各安全机构之间的协调，应对国内外危机。其次是对危机事件进行调查。通过调查，收集信息，形成基本的调查报告，为处理危机提供基本依据。危机调查强调针对性和相关性，一般应侧重调查下列内容：危机事件的基本情况，事件的现状和发展趋势，事件产生的原因和影响，在此基础上查明导致事件发生的当事人与责任人和涉及的公众对象。比如，针对冰冻雪灾造成的公共危机，政府相关应急部门和机构，应深入调查事件发生的原因、所造成的危害及影响，包括经济、社会影响，调查公众对此的反映和诉求。再次，分析危机，确定处理对策。针对调查情况，相关机构及时分析、决策，确定相应的对策，制定消除危机影响的处理方案，对策应是动态的，随着事态的发展更新对策，并及时放弃行之无效的处理方法。比如，针对 2003 年肆虐全国的"非典"所造成的公共卫生危机事件，政府应急管理部门应该在深入调查的基础上，制定防止"非典"疫情扩散的措施，抓好预防工作和治疗工作等。最后，分工协作，实施方案。积极组织力量，实施既定的解决危机、消除影响的活动方案，这是危机管理工作的中心环节。

当一国因被侵略或其他措施造成了国家危机时，为了有效应对危机，也常常需建立相应的机构，联系当时的国际国内形势，制定相应的对策，并积极实施，争取更多的国际力量的同情、支持和帮助，以有效应对危机。比如，"七七"事变爆发后，面对日本帝国主义的疯狂进攻，蒋介石在国民党中央宣传部中建立了一个对外宣传的机构——国际宣传处，并充实和加强外交部的力量，开展对美国、英国、法国、苏联、德国的宣传争取工作，以化解危机①。国际宣传处于1938年11月移驻重庆两路口原巴县中学办公。该处设有编辑科、外事科、对敌科、对地宣传委员会、国际广播电台宣传科等科室，有香港、上海、伦敦、纽约4个办事处。国际广播电台先后用英、法、德、俄、日等语言对外广播。国宣处曾聘用外国人担任重要科室或驻外机构的顾问和职员，如美国人范必宇、英国人田伯烈等。机构建立以后，制定了开展"国民外交"的方针和对策，并采取了一些措施来争取国际力量对中国抗战的同情和支持。他们通过向英、美、苏、法来华人员或在华人员加强对中国抗日的国际宣传，以及到国外参加各种活动和国际会议之际，向英、美、法、苏等国的政府和民众加强宣传和争取工作。当然，中国共产党在面对因日本侵略造成的民族危机和自身发展危机时，也建立了相应的机构，制定了相应对策，采取积极主动出击的方式，加强国际统战工作，这在后面有具体详细的介绍。

---

① 参见武燕军《抗战时期的国际宣传处》，《民国档案》1990年第2期，第118—119页。

第 二 章

抗战时期中共面临的危机

1937 年 7 月 7 日，武装到牙齿的日本军国主义者发动了全面的侵华战争，妄图以"闪电战"的方式在三个月内解决中国问题。进入相持阶段以后，侵华日军把主要精力放在对付中共领导的八路军、新四军和抗日根据地上，实行"三光"政策。与此同时，国民党则执行"消极抗日、积极反共"的政策，封锁中共领导的抗日根据地，挑起了多次反共军事摩擦，并秘密地与日本进行谈判，中华民族面临亡国亡种的民族危机，中国共产党及其领导的八路军、新四军、抗日根据地也面临较为严重的生存和发展危机。

第一节　抗战时期中国的民族危机

荷兰著名管理学家罗森塔尔（Rosenthal Uriel）等在《应对危机：管理灾难、暴乱与恐怖主义》（*Coping with Crises: the Management of Disasters, Riots and Terrorism*）一书中指出：危机是对一个社会系统的基本价值和行为架构产生严重威胁，并且在时间性和不确定性很强的情况下必须对其作出关键性决策的事件[1]。肖鹏军在《公共危机管理导论》一书则认为，危机是因突发事件的出现导致个人群体或者组织受到破坏，严重地威胁到了其正常的生存和发展[2]。依据危机发生的原因不同，可以划分为内因、外因两类：由自身行为引起的和由外部原因引起的危机。据此划分，

---

① 参见薛澜等《危机管理》，清华大学出版社 2003 年版，第 25 页。

② 参见肖鹏军《公共危机管理导论》，中国人民大学出版社 2006 年版，第 2—3 页。

抗战时期中国共产党所遇到的危机有民族危机和中国共产党自身发展面临的危机两类。民族危机，主要是日本对中国的疯狂侵略导致中华民族的生死存亡，而美英在抗战初期对日本的妥协、蒋介石与日本侵略者的秘密谈判、蒋介石发动三次大的反共高潮加剧了这种民族危机。

一 日本发动全面侵华战争使中国面临亡国的危机

人类社会在发展过程中，始终存在各种突发事件，引发各种各样的危机。尤其是在革命和战争年代，一个国家的国内战争以及国与国之间的战争都会对这个国家的生存和发展产生巨大的危机。比如，第一次鸦片战争后，英国、美国、法国等国先后逼迫清政府签订了《南京条约》、《虎门条约》、《望厦条约》、《黄埔条约》，割占了香港，赔款 2100 万银圆，给予帝国主义协定关税权和领事裁判权等权利，破坏了中国领土完整、司法主权、关税自主权①，使中国由一个封建主义国家逐步沦为半殖民地半封建的国家，在帝国主义和封建主义的联合压迫下，中国越来越贫穷落后，面临被帝国主义瓜分以及中华民族生死存亡的危机。

1937 年 7 月 7 日，武装到牙齿、早已做好准备的日本华北方面军借口一名士兵失踪，向中国部队发起了猛烈的进攻，全面的抗日战争爆发。因中日军事实力明显的差距和日本蓄谋已久的突然袭击，在一年时间里，日军相继占领了华东、华南、华北及华中的大部分发达地区，中国遭遇了巨大的民族危机。

（一）日本侵略者对中国民众造成的巨大生命财产损失

日本发动的侵略战争，在中国制造了数万起杀害中国平民的血案，给中国人民带来了深重的灾难，遇难的中国同胞达数千万人。

南京大屠杀。首先是民众生命的丧失。1937 年 12 月 1 日，日军在下达进攻南京命令的同时，下达了实际是要部队抢劫的"就地征收"命令。日军第十六师团中岛部队两个少尉军官向井敏明和野田毅在其长官鼓励下，彼此相约"看谁在占领南京时先杀满 100 人"。10 日中午，两人在紫

---

① 参见《中国近代史》编写组《中国近代史》，高等教育出版社、人民出版社 2012 年版，第 29—31 页。

金山下相遇，彼此军刀已砍缺了口。野田杀了105人，向井杀了106人①。13日，日军攻入南京后，开始了臭名昭著的南京大屠杀——机枪射杀、集体活埋等。总计南京大屠杀中，中国牺牲30多万人。后来的《大公报》曾给予报道：……（3）中岛部队集体屠杀263833人，任意屠杀366人，暗杀189人，伤害20人，强奸5人，拒奸致死8人，抢劫勒索32人，烧死178人，强制服役3人。（4）常谷川部队集体屠杀1600人，任意杀害2人，勒索2人，烧死2人。……总计日军集体屠杀294921人，任意屠杀403人……②其次是财产损失，主要是日军的劫掠纵火。据统计，南京沦陷之后的6个星期之内，大量建筑遭到破坏，财产损失严重。日军闯入南京市内的住宅、商店、机关、仓库等建筑洗劫一空，再用军用车辆把赃物运走。在占领南京后的一两年内，日军、日本宪兵还强占了大量中国人的店铺、住宅和建筑，有的直接由日军占用，有的则无偿交给来到南京的日本平民。中国的文化珍品也遭到了大掠夺。1938年4月8日至6月15日，滞留南京的金陵大学美籍教授、社会学家史迈士等人在南京附近6县进行了为期3个月的农村及南京市调查并写成了《南京战祸写真》一书，据其调查结果，南京市内房屋遭破坏者占89%；其中毁于纵火焚烧的有24%，有63%是由于抢夺和抢劫。城外地区房屋及房内财产损失估计为2.46亿元③。

再比如，日本在1938年2月至1943年8月的五年半时间内，对中国的战时首都重庆进行了无差别性大轰炸④，也导致了重庆民众的大量死伤，财产损失也很严重。据不完全统计，重庆死于轰炸者1万人以上，超过17600幢房屋被毁，市区大部分繁华地区被破坏。最为典型的是"五三"、"五四"大轰炸。1939年5月3日及4日，日本海军航空队的轰炸机连续轰炸重庆市中心区，且大量使用燃烧弹。重庆市中心大火两日，

① 参见《两名日本军官的"杀人竞赛"》，《东京日日新闻》1937年12月13日。

② 参见《南京大屠杀案首期调查工作结束 惨死同胞约三十万》，上海《大公报》1946年2月17日第二版。

③ 参见步平、荣维木主编《中华民族抗日战争全史》，中国青年出版社2010年版，第236页。

④ 无差别轰炸，出于非军事的需要，不分军事目标还是民用目标，对敌对国的平民和非军事设施进行轰炸，其目的是通过直接空袭敌对国的市民，给国民造成极大恐慌，挫败其意志。

商业街道被烧成废墟，4400 人死亡，3100 人受伤，损毁建筑物 1200 余栋，英、法、德等国使馆均受到重大损害，中外为之震惊[①]。根据 1945年 8 月重庆市政府统计处统计档案，1938—1941 年日机空袭对重庆造成的损失共计 692 亿元[②]。除对重庆进行轰炸外，日军还对后方城市成都、昆明、西安、兰州等也进行了轰炸，造成了巨大的损失。

表 2—1   抗战时期后方城市遭受日机轰炸损害表

城市名称	轰炸次数	日机架次	投弹数量	人员伤亡（人）		房屋损毁
				死亡	受伤	
重庆市	111	6416	15928	11052	12002	14138 栋，29507 间
成都市	31	—	—	1762	3575	—
昆明市	41	849	2606	916	1514	22316 间
贵阳市	9	约 80	150 余	520	703	1300 余间
西安市	145	1106	3440	1244	1245	6783 间
兰州市	36	670	2738	215	191	21669 间

资料来源：潘洵：《抗日战争时期重大轰炸研究》，商务印书馆 2013 年版，第 333 页。

从表 2—1 可以看出，日机在抗战时期对大后方城市的轰炸对城市造成了巨大的损害。尤其是中国的战时首都——重庆市，战时遭到日机轰炸111 次，轰炸重庆的日本军机达到了 6416 架次，造成 11052 人死亡，房屋损毁达到了 29507 间。其他城市也不同程度地遭到了日本军机的大轰炸。

日军还对手无寸铁的老百姓大肆屠杀。据中国国家档案局 2014 年 7月 9 日的网站上公布的日本战犯船木健次郎的笔供材料显示，他率领的日军步兵大队多次对王家山村进行覆灭，导致妇孺死伤达 40 余人。据北京市门头沟史料记载，在王家山村惨案中惨遭日本人杀害的遇难者达 42 人。包括古稀老人、中青年幼女，怀孕妇女 6 人，15 岁以下的孩子 27 人，最小的甚至刚满月。[③]

① 参见周开庆《民国川事纪要》（下册），（台湾）四川文献研究社 1974 年版，第 72 页。
② 参见《四川重庆市政府人员伤亡及财产损失》，台湾"国史馆"，档案 302 目，1431 卷。
③ 韩旭：《王家山惨案 6 名孕妇被活活烧死》，《京华日报》2014 年 7 月 9 日第 8 版。

据不完全统计，八年抗战中国人民付出了巨大的牺牲，中国军民伤亡3500 万人以上，群众军队伤亡 380 余万。遭受的直接经济损失达 1000 亿元，间接损失 5000 亿美元①。以广西省政府在 1945 年 8 月公布的统计数据为例，广西在抗日战争时期共有 215108 人被杀，431662 人受伤，54470 人失踪②。

（二）中国发达地区大多落入日本手中，经济困难加大了民族危机

抗日战争前期，已经密谋侵略中国很久的日本帝国主义，企图模仿德国法西斯在欧洲通过闪击战快速打败波兰、法国，以它明显的军事优势发起了对中国的猛烈进攻，尤其是日本陆军中央军对华作战采用"速战速决"的战略方针③。中国军队虽然经过艰苦的抵抗，但因军事实力相差较大以及国民党片面抗战政策的影响，中国东部、中部发达地区——华东、华南、华北、华中的绝大多数富裕地区落入日军之手，国民政府不得不退入相对比较落后的西部地区，这使中国的财政经济出现了很大的困难，中国的持久抗战面临巨大的困难，中华民族面临亡国的命运。

其一是华北地区的沦陷。卢沟桥事变爆发后，日军一边与国民党二十九军交涉，拖延时间，一边向华北大举增兵。7 月下旬，日军大批增援部队到达中国，日本依靠其先进的武器装备，向河北、北平、天津发动大规模进攻，第二十九军官兵虽英勇作战，但廊坊最终失守。7 月 28 日，香月清司指挥日军向北平和天津地区的第二十九军主力发起全面攻击，当晚，控制了平津地区④。8 月初，日军又以 30 万兵力，沿着平绥、平汉、津浦铁路向华北大举进攻。8 月 5 日，日本参谋本部在《形势判断》中指出，日本中国驻屯军在国内师团到达华北后，"迅速对中国军队特别是中央军的空军，予以沉重打击，使南京政府在失败感下不得已而屈服，并由

---

① 参见步平、荣维木《中华民族抗日战争全史》，中国青年出版社 2010 年版，第 393 页。

② 参见章伯锋编《抗日战争》卷 7《侵华日军暴行日志》，四川大学出版社 1997 年版，第 473 页。

③ 参见［日］香月清司《中国事变回忆录摘要》，见［日］小林龙夫、稻叶正夫等《现代史资料 12·中日战争 4》，东京美铃书房 1977 年版，第 563 页。

④ 参见胡德坤《中国抗日战争与日本世界战略的演变》，武汉大学出版社 2010 年版，第 73 页。

此造成结束战局的机会"①。为此，日军加大了对华北的进攻。8月9日，日军向南口进攻，13日南口失陷，27日攻占河北张家口。1937年8月31日，日本组建华北方面军，由寺内寿一大将任司令官，下辖第一军（司令官香月清司中将）3个师团，第二军（司令官西尾寿造中将）3个师团，方面军直辖2个师团，在华北地区攻击中国军队②。9月初，日军分路向晋西北攻击，日军平汉路之第五师团在板垣征四郎指挥下，进攻山西大同。以阎锡山为主力在大同附近集结，在聚乐堡与日军决战。因日军攻势太猛，12日大同失陷，不久，日军还占领了天镇、阳高、集宁各城市和大片地区。不久，阎锡山为挽救山西战局危局，保卫太原，决定利用忻口要隘进行正面阻击。蒋介石也急调中央军嫡系部队第14集团军总司令卫立煌率中央军第十四军、第九军、第八十五师、独立第五旅等部，赶来太原以北增援。21日，日军也抽调第二十师团全部、第一〇九师团一部、蒙疆兵团增援，向忻口发起猛烈进攻，虽然国共两党的军队奋力抵抗，但终因双方军事实力悬殊，11月2日，卫立煌下令撤离忻口阵地。11月8日，太原陷落。③太原会战日军伤亡约2万人，中国军队伤亡7.5万人。与此同时，日军沿平汉线南侵，9月24日占领保定，10月10日占领石家庄，中旬又相继攻陷邢台、邯郸④。与此同时，日本也组织另外的军队对绥远的进攻，10月17日攻陷包头，控制绥远省。至1939年7月前，日本先后攻占了河北、山西、山东、北平市、天津市、内蒙古等华北全部或大部地区。而抗战之前，南京国民政府的财政收入中有较大部分来自华北地区，尤其是当时的天津海关。

其二是华东发达地区的丧失。为了直接打击中国政府，并对西方各国施加压力，日本政府决心把战争迅速扩大到上海。1937年7月28日，日本海军省和海军军令部向驻上海日本海军第三舰队司令官长谷川清中将发

①　［日］防卫厅防卫研究所战史室：《战史丛书86·中国事变陆军作战1》，东京朝云新闻社1975年版，第231—232页。

②　参见胡德坤《中国抗日战争与日本世界战略的演变》，武汉大学出版社2010年版，第75页。

③　参见中共中央党史研究室《中国共产党历史　第一卷（1921—1949）》，下册，中共党史出版社2002年版，第483页。

④　参见王绘林《中国现代史》，北京师范大学出版社2004年版，第205页。

出机密电报，由于日军进攻平津地区，预计要转向全面对华作战，要求撤退汉口等长江上游沿岸地区的日侨①。8 月 8 日，长谷川清下令日本海军第 3 舰队做好应对扩大战争的准备②。8 月 9 日，日本海军陆战队大山勇夫中尉和一名士兵驱车闯进虹桥机场进行武装挑衅，开枪打死了机场保安人员，被机场保安队击毙③。日军以此为借口，要挟中国政府撤出上海保安队和拆除防御工事，并向上海增兵。蒋介石也先后调集并指挥 70 万兵力进行淞沪会战。④ 13 日上午 9 时 15 分起，日海军陆战队在铁甲车的掩护下，由宝山路商务印书馆旧厂址出发，向宝山路中国军队阵地进发。下午 3 时 50 分，日军开始大规模进攻，并以大炮轰击，国民革命军第九集团军在张治中率领下奋起抵抗。8 月 15 日，日本陆军参谋本部下达《临战命第 73 号》，决定组建日本上海派遣军，由松井石根大将为司令官，辖 2 个师团，准备开赴上海作战。8 月 21 日，日本上海派遣军到达上海进行登陆作战⑤。8 月 23 日，日军在川沙河口、狮子林、吴淞一带强行登陆，攻击中国守军左翼，遭中国守军的顽强抗击。随后，日军逐次增兵，加强上海派遣军的力量，9 月下旬至 10 月初，日军增援部队陆续在上海登陆。总计整个淞沪会战期间，日本先后投入兵力 20 多万⑥。9 月 30 日拂晓，日军向中国军队发起猛攻，中国守备部队陷于苦战，伤亡惨重。11 月 5 日，日军一部从杭州湾登陆，迂回守军侧后，合围上海，守军被迫撤退。11 月 12 日，日军完全占领上海。不久，日军对中国当时经济最为发达和富裕的地区——江苏、浙江发起了猛烈进攻，从上海沿京杭国道一路杀向南京——国民政府的首都，先后攻克苏州、常州、南通、无

---

① 参见 ［日］臼井胜美、稻叶正夫等《现代史资料 9·中日战争 2》，东京美铃书房 1978 年版，第 187 页。

② 参见 ［日］防卫厅防卫研究所战史室《战史丛书 86·中国事变陆军作战 1》，东京朝云新闻社 1975 年版，第 258 页。

③ 参见胡德坤《中国抗日战争与日本世界战略的演变》，武汉大学出版社 2010 年版，第 74 页。

④ 参见中共中央党史研究室《中国共产党历史　第一卷（1921—1949）》，下册，中共党史出版社 2002 年版，第 486 页。

⑤ 参见胡德坤《中国抗日战争与日本世界战略的演变》，武汉大学出版社 2010 年版，第 75 页。

⑥ 参见中共中央党史研究室《中国共产党历史　第一卷（1921—1949）》，下册，中共党史出版社 2002 年版，第 486 页。

锡、嘉兴、湖州、吴兴、杭州、镇江、宁波等地。日军每到一地即刻屠杀平民、掠夺财产、焚烧工厂商店，并占领大部分地区。比如，日军在杭州湾登陆后，一路烧杀，使无锡、苏州这些未设防的风景名胜古城，蒙受空前劫难①。而抗战之前，南京国民政府财政收入的来源支柱就是江浙一带，而上海、南京、杭州、苏州等江浙一带富裕地区，以及福建富裕地区沦陷在日本人手中，必然导致其收入大减，这使国民政府在一定程度上失去了持久抗击日本侵略的经济基础。

其三是华南地区发达城市的丧失。1937 年 8 月底，南京沦陷后，日本帝国主义军队为切断中国的国际交通线，于 10 月 12 日在广东大亚湾登陆。首先是对广州等重要地方进行大规模轰炸。据当时的广州《救亡日报》统计，每次最少有 12 架飞机袭击广州，最多时甚至达到了 52 架。"日军对南京的轰炸也是无差别性的，无论是军事目标还是民用目标，无论是政府机关，还是民房、学校和医院、市政设施、商店、供电设施和重要公路、铁路运输线都成为日军轰炸的目标，炸死无辜平民几千人，炸伤平民近万人。1938 年 7 月 31 日，日本大本营决定进行广东作战。日本第二十一军和海军陆战队共 7 万人在惠州大亚湾登陆，开始了从陆地上进攻和侵略富饶的广东省。虽然国民革命军也进行了一定程度的抵抗，但因估计不足，当时国民党认为日军不敢进攻广州，因珠江流域是英国的势力范围，加之距离香港很近，英国会出面干预。故中国没有派重兵，仅有 8 个师的兵力，日军占有绝对优势"②，淡水、惠阳、博罗、增城、石龙等地相继沦陷。与此同时，日军分兵截断广九铁路，攻占宝安和虎门要塞，攻占增城，并进击从化、花县，而国民党守军却不断撤退。10 月 21 日广州弃守，国民革命军在广东省的力量撤到了偏僻的粤北山区。下午 2 时侵粤日军的主力机械化部队 3000 人长驱直入轻取广州。

其四是华中地区比较发达地方的丧失。其中最为典型的是武汉会战。此次会战历时 4 个多月，战场延及安徽、河南、江西、湖北和湖南省，是

---

① 参见中共中央党史研究室《中国共产党历史　第一卷（1921—1949）》，下册，中共党史出版社 2002 年版，第 488 页。

② 参见胡德坤《中国抗日战争与日本世界战略的演变》，武汉大学出版社 2010 年版，第 99页。

抗战以来规模最大的一次战役。虽然毙伤敌人 4 万人，大大消耗了日军的有生力量[1]。武汉位于长江中游，汉口是商业的集中地，汉阳是工业重镇，是中国内陆的重要交通中心，同时也是将南方港口运来的对外援助运往内陆的枢纽。为了攻占武汉，日军在华中地区集中了 14 个师的兵力，武器装备优良。比如，仅日本第 11 集团军及海军第 3 舰队、航空兵团等，就有各型舰艇约 120 艘，飞机约 300 架。中国军队在英勇顽强的抵抗后，打死打伤了大量日本侵略军。比如，信阳作战中，中国军队重创日军第十师团，日军第三十九联队从出发时的 2800 人减少到不足 800 人[2]。在大别山作战中，日军第十三、第十六师团苦战 1 个多月，死伤 4400 多人。[3]但由于敌我力量悬殊，为保存军力以利长期抗战，国民政府军委会于 10 月 24 日下令放弃武汉，撤退武汉地区部队。日军第六师 26 日占领汉口。波田支队同日占领武昌。27 日，日军第一一六师团与第六师团一部占领汉阳。至此，日军攻占武汉三镇[4]。日军攻占武汉后，进而向江汉平原比较平坦和富裕的地区发起进攻，许多地方都相继沦陷于日本人之手，国民政府内迁重庆，国民党湖北地方政府甚至不得不迁移至恩施。

　　东部和中部发达地区沦陷，对中国的持久抗战造成了巨大的影响。因为这些地方是国民政府在抗战以前的主要经济发展的区域，拥有大量的工业，财政收入的很大部分来自这些地方，因此这些地方的沦陷使国民政府呈现很大的经济危机。尤其是江浙一带的江浙财团，更是蒋介石赖以起家和发展的重要经济势力。所谓江浙财团，不仅指江浙籍的资本家，而且指以上海为基地，以江浙籍金融资本家为核心，包括其他籍贯资本家在内的资本家[5]。它也不仅仅是金融集团，而且是以金融集团为核心，通过金融机构，控制或影响工商业、财界、政界。1927 年 4 月，蒋介石发动反革命政变时，江浙财团就在经济上给蒋提供大量援助。"四一二"政变后，

　　① 参见中共中央党史研究室《中国共产党历史　第一卷（1921—1949）》，下册，中共党史出版社 2002 年版，第 494 页。

　　② 参见［日］防卫厅防卫研究所战史室《战史丛书 89·中国事变陆军作战 2》，东京朝云新闻社 1975 年版，第 147 页。

　　③ 同上书，第 151 页。

　　④ 参见胡德坤《中国抗日战争与日本世界战略的演变》，武汉大学出版社 2010 年版，第 98 页。

　　⑤ 参见黄逸平《江浙"财团"析》，《学术月刊》1983 年第 3 期，第 74 页。

江浙财团又主动从经济上支持蒋介石。1927 年至 1931 年，南京政府发行十亿四千两百万元的国内债券，江浙财团是债券市场的主要支柱。仅上海钱业公会所属的钱庄，就以 1562 万元预付金购得 3060 万元的债券。① 南京国民政府十年内先后发行公债 26 亿多元。② 据估计，1931 年，仅上海的银行就拥有政府半数至三分之二的公债和债券。③ 据估计：公债整理使国民政府在 1932 年节约 8500 万元至 1 亿元的公债偿付款项④。当然，江浙财团与蒋介石之间也有矛盾，但是在抗战以前还不太明显。在此时期，以江浙地区为主的东部发达地区的工矿企业得到了较快的发展。首先，企业的数量和资本规模及生产能力都在不断扩大。据有关研究，在政府有关部门注册的工矿企业，在 1928 年年初至 1934 年 6 月，共计有 984 家企业注册，平均每年 1511 家；开办资本总额为 31130 万元⑤。其次，企业集团继续发展，并出现了联营现象。荣家集团的申新系统，到 1932 年时，纱锭总数达 521552 锭，比 1922 年的 134907 枚增长了 286.6%，占全国（华商纺织厂）纱锭总数的 18.8%；织布机总数达 5357 台，比 1922 年的 165 台增加了 231.7%，占全国织布机总数 26.98%⑥。上海郭家的永安集团，到 1936 年时总共已拥有纱锭 6 万锭、织布机 42 台，成为仅次于申新系统的纺织企业集团。刘鸿生的鸿生火柴厂，到 1934 年时已成为拥有 7 个火柴厂和 1 个梗片厂的全国最大的火柴公司，资本总额增加到 365 万元，年产火柴量约占江苏、浙江、安徽、江西、湖南、湖北 6 省全部火柴产量的 50%、约占全国火柴总产量的 15%。⑦ 在区域比较上看，华东地区的产业资本总额，在 1913 年时，占全国产业资本总额的 38.8%，1920 年时华东

---

① 参见〔美〕帕克斯·M. 小科布尔《江浙财阀与国民政府（1927—1937）》，蔡静仪译，南开大学出版社 1987 年版，第 43 页。

② 参见魏永理《中国近代经济史纲》（下），甘肃人民出版社 1990 年版，第 303 页。

③ 参见〔美〕帕克斯·M. 小科布尔著《江浙财阀与国民政府（1927—1937）》，蔡静仪译，南开大学出版社 1987 年版，第 46 页。

④ 参见姚会元、邹进文《"江浙财团"形成的标志及其经济、社会基础》，《中国经济史研究》1997 年第 3 期，第 186—187 页。

⑤ 参见许涤新、吴承明主编《中国资本主义发展史》第 3 卷，第 72—73 页。

⑥ 参见上海社会科学院经济研究所编《荣家企业史料》，上海人民出版社 1980 年版，第 219—221 页。

⑦ 参见青岛市工商行政管理局史料组编《中国民族火柴工业》，中华书局 1963 年版，第 63 页。

地区比例上升为39.8%，在1936年，产业资本总数有较大的增加，但受全国产业资本总数增加更大的影响，华东地区产业资本的总数占全国产业资本总数的比例有所下降，但仍在30%左右。华南地区1913年产业资本总数占全国产业资本总数的35%，1920年则变为28.8%；1936年时华南地区产业资本的总数占全国产业资本总数的比例为20%左右；华北地区1913年的产业资本总数占全国产业资本总数的18.9%，1920年则变为21.9%；受日本帝国主义扩大侵略威胁的影响，据调查统计，1936年时华北的产业资本总数约为26625万元，仅占全国总数的10.15%，其中工业资本总额为12441万元，矿业资本约为7564万元。1913年西南地区产业资本总数占全国产业资本总数的比例为4.4%，1920年下降为3.8%，1936年占全国总产业资本数的5.22%（其中工业资本为11790万元①，矿业资本为1620万元）。从以上各地区产业经济发展的情况来看，抗战以前，中国的经济发达地区首先是华东，其次是华南，再次是华北、华中和东北，这些是南京国民政府财政经济收入的主要来源地，面积广大的西南地区和西北地区是经济相对落后的地区。而抗战进入相持阶段后，华东、华北、华南、华中发达地区沦陷于日本手中，蒋介石不得不率领党政机关、工矿企业、学校、军队到西部地区，确实存在十分严重的经济困难，这影响了国民党坚持持久抗战，对在持久抗战中存在的摇摆心理造成了巨大的影响。

掠夺中国的税收。税收是国民党政府的主要经济来源。日本全面侵华后，沿海、沿江的海关尽数落入日本手中，辽宁、淮北、江浙、福建、广东产盐区的盐税，华北、华东、华中、华南等地城市的厂矿，也被日本侵占，对中国经济造成了沉重的打击。尤其是上海、天津、广州、福州、武汉等沿海、沿江口岸城市的丢失，使中国的海关收入几乎完全丢失。当然，在中国长江流域和珠江流域有着特殊利益的英国拒绝日本的要求，并决定抛开中国政府直接与日本进行谈判和交涉。因为在1937年中日战争

---

① 参见许涤新、吴承明主编《中国资本主义发展史》第3卷，人民出版社2005年版，第518页。

爆发时,英国持有的中国贷款份额达到 2 亿—2.5 亿美元①;中国对英国贸易总值为 56349000 美元,出口净值 23597000 美元,进口净值 32752000 美元,入超 9155000 美元②。为此,英国外交部致电英国驻华大使卡尔:"……即使中国拒绝接受郝伯枢(时任英驻华大使馆的财政顾问)与对方谈妥的条件,也不应妨碍有关英、美、法、日四国政府达成协议……"③中国的海关竟然排除中国,由英日直接交涉,中国政府强烈反对。为了排除中国的影响,1938 年 3 月英国决定与日本在东京就中国的海关问题进行谈判,到 1938 年 4 月中旬,英日双方初步达成协议④。在征得法美两国赞同意见后,1938 年 5 月 2 日,英日背着中国擅自处理了中国海关税款。英国的这种做法,严重侵犯了中国主权及行政完整,使中国受到极大的损害,引起了中国人民的强烈反对。通过这个协定,中国不仅将失去占全国关税收入近一半的江海关税款,而且要把沦陷区的全部关税收入交给日本人,"使中国一面拿血肉去膏敌人的弹火,一面更悲剧地以自己的海关收入供敌人置办弹火所需"⑤。但抗议归抗议,反对归反对,毕竟当时的许多沿海沿江海关都控制在日本人手里,所以日本人依靠自己强大的军事实力控制海关却不会因中国的反对有丝毫的减弱。1938 年 5 月 7 日,日本通过上海伪政权"接管"江海关,其他地方也跟着实施,这不仅有利于日本帝国主义向沦陷区倾销商品和掠夺沦陷区的原料,而且掠夺了中国的海关收入。仅以上海的江海关为例,在 1938 年 5 月至 1939 年 5 月,日本就从中夺取关税收入法币 2500 万元⑥。这使国民政府的海关收入锐减。1937 年中国的关税为 16409.9 万元,而到 1938 年仅为 3866.7 万元,

①　Arthur N. Yong, *China and the Helping Hand, 1937-1945*, Harward University Press, 1963, p. 88.

②　参见丁长清等《中外经济史纲》,科学出版社 2003 年版,第 553 页。

③　陈诗启:《中国近代海关史》,人民出版社 2002 年版,第 815—816 页。

④　参见陈诗启《中国近代海关史》,人民出版社 2002 年版,第 819 页。

⑤　中国近代经济史资料丛刊编辑委员会:《一九三八年英日关于中国海关的非法协定》,中华书局 1983 年版,第 208 页。

⑥　参见中国抗日战争史学会、中国人民抗日纪念馆《抗日战争时期的经济》,北京出版社 1995 年版,第 208 页。

关税减少了将近76%①。而由于以前南京国民政府的内外债务均以关税作担保，日本对中国发达地区的关税劫持，更使国民党财政困难。自1937年9月到1938年12月，财政部拨付内外债本息，共计27600余万元，其中关税收入不敷，总计向中央银行透支补拨达17600余万元②。

严密封锁。为切断中国的国际外援，日本依靠其强大的军事实力，对中国的海陆交通进行严密封锁。卢沟桥事变爆发后仅一个月，日本就封锁了中国北方至上海的航路。1939年5月，又禁止第三国船只在中国航行。第二年，日军侵入越南，滇越铁路逐渐被切断，大后方交通几至断绝。与此同时，日本利用对中国进行经济封锁以及降低关税等办法，使日本在沦陷区的贸易进口额大幅度增加。"七七"事变后，日本还实行严格的贸易统制，限制军事战略物资流向大后方和抗日根据地。据日本昭和十六年（1942年）经济封锁要领等规定，军器、弹药、火药、钢材、钢块、铣铁、石棉、电极用原料等，均限制贸易，实行管制。③ 1943年3月，日本在上海成立了"全国商业统制总会"并下设各专业委员会，形成一个严密贸易统制网，以遏制中国抗日经济。

二 日本在抗战时期对中国沦陷区的经济掠夺

日本为了掠夺中国的资源，维持和扩大其侵略战争，在沦陷区实行严厉的经济统制政策，建立各类经济统制机构，用"刺刀"威逼民众，对沦陷区所有的战略物资实行严密的控制和疯狂的掠夺。

（一）建立各种统制经济的机构

这是日本在中国的沦陷区进行经济掠夺的载体和工具，日军通过它实现对沦陷区的各类战略物资进行控制。首先是新建实行统制经济的机构。例如，日本在汉口成立"军需管理委员会"，对武汉地区的物资进行统制管理。1938年10月底，日军汉口军部将矿产、棉花、苎麻、猪鬃、桐油等列为军用专卖品，由指定的日商代军部收购，……中国商人如需运输货

---

① 参见中国第二历史档案馆编《孔祥熙关于1937—1939年财政实况的密报》（上），《民国档案》1992年第3期，第23页。

② 同上。

③ 参见中国抗日战争史学会等编《抗日战争时期重要资料统计集》，北京出版社1997年版，第322页。

物，只能委托日本商行代办，在运费之外另付日商20%的手续费①。1940年9月，日军汉口特务部下令成立"武汉经济调查处"，代表日本军方行使经济统制职能。② 1941年12月，汉口日军特务部又设置"物价统制委员会"，作为"统制物价机关"。③ 太平洋战争爆发以后，日伪的经济统制进一步升级。1942年年初，日军在汉口设立"武汉商业统制事务处"，对粮食、棉花纱布、油料和日用品，由指定的日本公司和敌伪政府收购和专卖；对于一些非禁运品，如土纸、火柴、香烟等，也指定由伪省、县、区合作社统制经营，一般中国商人不能染指。1943年1月8日，伪汉口特别市为统制日用生活品的流通，分别组织"纱布绸缎呢绒，以及砂糖、卷烟、火柴烛皂等配给四大组合"，"各组合正、副组合长暨理监事全体人选"均"经武汉经济统制事务处圈定"④。

与此同时，日本侵略者在沦陷区还利用各种合作社将统制经济的控制力渗透到城市的每个角落和沦陷区广大乡村。比如，1941年3月11日，日军指使湖北伪省市政府成立"湘鄂赣三省合作社联合会"，形成三省范围的商品运销垄断网络。到该年5月，"各县合作者已有四十三个单位，其分社亦达二十个左右"⑤。1941年2月，伪汉口市政府教育局拟定《各级学校办理消费合作社通则》，规定从当年春开学起，统制全市学校教职工消费品的供应。⑥ 1942年1月20日，"武汉合作社"宣告成立，成为武汉地区最大的合作垄断组织。⑦ 1943年4月15日，该合作社改组为"湖北全省合作社联合社"，发展成为全省规模的商品运销垄断组织。⑧ 在河南商丘，日本建立了商丘合作社联盟，设总务、服务、货币、存储和运

---

① 参见《由日本商行承办的由汉至申间货运情形》，武汉档案馆藏档案。转涂文学主编《武汉沦陷时期档案史料丛编③：沦陷时期武汉的经济与市政》，武汉出版社2007年版，第294页。

② 参见武汉地方志编纂委员会《武汉市志·大事记》，武汉大学出版社1990年版，第139页。

③ 参见《物价统制委员会组织》，载涂文学主编《沦陷时期武汉档案史料丛编③：沦陷时期武汉的经济与市政》，武汉出版社2007年版，第422—423页。

④ 《市卷烟等四大配给组合昨宣告正式成立》，《武汉报》1943年1月9日。

⑤ 《湘鄂赣三省合作社联合会正式成立》，《武汉报》1941年5月26日。

⑥ 参见《市立各级学校组设消费合作社》，《武汉报》1941年2月1日。

⑦ 参见《武汉合作社规定内部组织系统》，《武汉报》1942年4月27日。

⑧ 参见《湖北全省合作社联合社举行成立典礼》，《武汉报》1943年4月16日。

输四个部门，下设 127 个区合作社①。日本在抗战时期还大肆掠夺粮食。当河南在 1942—1943 年遭遇严重的旱灾和蝗灾时，日本通过"劝说宣传"、"派售和强征"、鼓励商人到共产党领导的根据地买粮食、印制假钞抢购根据地的粮食②，加剧根据地的经济困难。

（二）　破坏中国的金融，以进一步扰乱和削弱中国的经济

日本在战时破坏中国金融的手段，首先主要是发行名目繁多、缺乏或根本没有准备金的伪币以掠夺财富、取代法币。其次，采取措施打击法币。拿法币贬值一项来说，从 1941 年 1 月至 1942 年 5 月一年多时间里就接连贬值，从军用票 1 元兑换法币 2 元 1 角，贬到军用票 1 元可兑法币 10 元 4 角 8 分③。最后，套购外汇。日本用搜刮来的大量法币在上海套购外汇，对中国抗战经济的发展影响很大。孔祥熙在其财政密报中慨叹："……法币当有一部流入敌人手中。以之购买外汇，则影响我汇市；以之收买我物资，则间接取得外汇，亦均具威胁之势。"④ 经过经济统制和掠夺，日本不仅使中国工农业生产力遭到严重破坏，而且侵吞了大量中国资产。据国民党政府经济部档案披露，到 1942 年日本侵吞华北、华中、东北的中资工厂为 325 家，资本额为 1.9685 亿元，其中有 165 家的资本未能计入，有 26 家资本额为战前注册⑤。日本的掠夺也使中国的财源和自然资源遭到了极大的破坏。

在针对中共领导的敌后抗日根据地方面，日本也采取发放伪政府货币和假的法币等措施，扰乱和削弱根据地的金融秩序，打击根据地的经济。日本在战时的河北地区发放了"冀东银行券"以及印发中国中央银行、

---

①　［美］吴应铣（Odoric Y. K. Wou）：《河南的粮食短缺和日本的粮食掠夺活动》，载杨天石、庄建平主编《中日战争国际共同研究之一：战时中国各战区》，社会科学文献出版社 2009 年版，第 156 页。

②　同上书，第 157—162 页。

③　吴相湘：《第二次中日战争史》，台湾综合月刊社 1974 年版，第 636 页。

④　中国第二历史档案馆：《孔祥熙关于 1937 年—1939 年财政实况密报》，《民国档案》1993 年第 1 期，第 25 页。

⑤　参见杨立、柯绛《1942 年前日本在中国沦陷区掠夺公私工矿业经济及收益调查报告》，《民国档案》1992 年第 1 期，第 32—36 页。

中国银行、农业银行、交通银行的法币假钞，向抗日根据地和游击区渗透[1]。1939 年 7—8 月，日本利用农民的落后意识，用大量法币收买八路军在太行和冀东发行的冀东币钞[2]。

三 汪伪国民政府的汉奸政策加剧了民族危机

面对日本帝国主义的疯狂进攻，国民党内的亲日派和对抗战持悲观论调的汪精卫，公然投向日本当汉奸，在南京建立伪国民政府。1938 年 11 月 20 日，梅思平、高宗武奉汪精卫之命与日本人影佐祯昭、今井武夫在上海重光堂签订《日华协议记录》等文件。《日华协议记录》规定双方的"合作"条件有"缔结防共协定"、"承认日本军防共驻兵"、"中国承认满洲国"、日本人在中国有优先开发和利用华北资源的权利等六条。《日华协议记录》的主要内容：共同设置对苏机构，缔结军事同盟；日华合作，使中国从西洋的半殖民地地位解放出来等。[3] 该秘密条约不仅使汪伪与日本勾结对付中国军队，而且把矛头秘密对准英、美、苏。汪精卫召集陈公博、周佛海、陈璧君、梅思平等会商，决定接受"重光堂协议"。1940 年 3 月 30 日在南京成立伪国民政府。汪任代理国民政府主席兼行政院院长、军事委员会委员长，陈公博任立法院院长。汪伪政府建立后，先后与日本签订《中日基本关系条约》、《中日共同宣言》、《日本国与中华民国同盟条约》、《中日满共同宣言》等一系列卖国条约，并参加德意日法西斯同盟。为适应日本侵华战争的需要，组建和平军，配合日军对苏、浙、皖等省进行"清乡"，开展所谓"新国民运动"。太平洋战争爆发后，更是追随日本，在政治、经济、思想文化上全面实施"战时体制"，与日本帝国主义"同生共死"。

在国民党和国民政府内部，汪精卫资格老，地位高，关系多，一直担任国民政府的二号人物。在汪精卫的影响下，一大批中国人当了汉奸，并建立了特务机构以及配合日军侵略中国的皇协军等伪军，和日军一起进攻

---

① 参见魏宏运《抗战时期冀鲁豫抗日根据地的商业贸易》，载杨天石、庄建平主编《中日战争国际共同研究之一：战时中国各地区》，社会科学文献出版社 2009 年版，第 172 页。

② 同上书，第 173 页。

③ 参见［日］外务省《日本外交年表及主要文书（1840—1945）》下册，《文书》，东京原书房 1978 年版，第 402 页。

抗日根据地，对中国的持久抗战造成了巨大的影响。首先是建立汪伪特工总部，打击中共、进步力量。1939 年 5 月，丁默村、李士群分任汪伪"特工总部"的正、副主任。打击残害的目标主要是各界、各党派的抗日爱国志士，制造了一起又一起流血惨案。"76 号"下属的各"行动大队"中，充斥着地痞流氓。杀人如麻的"76 号"有一条规定：凡枪杀一个人，即发给 500 元的"喜金"，进一步刺激了汉奸特务们的杀人欲。此外，建立汪伪军队。汪伪政权军队的来源，除接收原"维新政府"已收编者外，大致为：原有国民党军队遗散在沦陷区自请收编者，接收日军已经收编者或日军移交国民党军队俘虏，收编来不及撤退的散兵游勇或招降部分、国民党正规军队等。1941 年太平洋战争爆发后，由于日本帝国主义在战场上暂时得势和政治上的诱降，一批国民党高级将领对抗战前途丧失信心，纷纷叛国投敌，形成了汪伪"和平军"发展的局面。日军为了弥补兵力的不足，遂采取"以华治华"政策，尽力扩大伪军、伪组织，培植、整顿亲日武装团体，使之成为维持当地治安的核心。[1] 在强化伪军方面，日军首先成立了"灭共自卫团"，随之又把"自卫团"升格为保安队或警备队，最后成为真正的伪治安军；在伪政权方面，……日本人将一部分落后分子拉过去，形成敌伪政权，构成村、区、县自下而上的办法。[2] 如 1940 年日军在冀中区"苦心孤诣地扩大伪军，几乎扩大了 1 倍，即 1940 年年初约 11600 名，年底扩大到 21000 名左右"[3]。伪军数量的不断扩充，极大地弥补了日军力量不足的缺点。据 1941 年年底统计，冀中"按敌伪军对比，六分区为 100∶253，七分区为 100∶80，八分区为 100∶443，九分区为 100∶130，十分区为 100∶1000"[4]。至日寇投降前夕，南京汪伪政府已拥有 7 个集团军和一些绥靖部队。除此之外，还有相对比较独立的华北伪军，共有 13 个集团。这些对中国抗战造成了巨大的影响。正如美国史

---

① 参见日本防卫厅战史室编《华北治安战》（上），天津人民出版社 1982 年版，第 109—110 页。

② 参见《晋察冀边区工作研究参考资料》（第 8 集第 10 分册），中共中央晋察冀分局秘书处印，1944 年 8 月 13 日，第 130—131 页。河北省档案馆藏，案卷号 578 - 1 - 31 - 4。

③ 吕正操：《论平原游击战争》，解放军出版社 1987 年版，第 136 页。

④ 中共河北省委党史研究室编：《冀中历史文献选编》（上），中共党史出版社 1994 年版，第 547—548 页。

学家约翰·亨利·博伊尔在其《中日战争时期的通敌内幕（1937—1945）》一书中所总结的那样：“不管是有意还是无意，汪实际上用他自己巨大的名望和威信，去帮助日本最坚决的大陆扩张主义者的'分治合作'计划”。

四 国民党与日本的多次秘密求和谈判，加重了民族危机

首先是 1937 年 10 月至 12 月底的陶德曼调停中日冲突。1937 年 10 月 21 日，日本外相广田弘毅约见德国驻日大使迪克逊，希望同为中日友好国家的德国出面调停中日“冲突”。第二天，德国政府就命令其驻华大使陶德曼负责调停“中日冲突”。蒋介石于 12 月 2 日约见陶德曼，表示愿意与日方谈判。条件是：（一）停止敌对行动；（二）同意以日方提出的条件为谈判的基础；（三）德国参加谈判的全过程；（四）中国在华北的主权和行政权不得改变等。但由于日军已经兵临南京城下，广田不同意按原来日方的条件与中方的谈判，提出了更苛刻的条件，一是分裂中国，二是变中国为其独霸的殖民地，遭到中方的拒绝。1937 年 12 月 16 日，蒋介石决定，通知陶德曼：“如倭再提苛刻原则，则拒绝其转达。”[①] 虽然这样，在整个 1937 年 10 月到 12 月的时间里，中国共产党领导的抗日战争随时面临蒋介石可能与日本谋和从而必须独自担负起抗日的重任的危险，这对整个中华民族的抗日战争是一个巨大的潜在危害。

其次是 1938 年蒋介石秘密指导下的对日秘密谈判。1938 年 4 月 9 日，蒋介石在其日记中写道：“此时可战可和，应注重时局与准备。”[②] 8 月下旬，蒋介石开始指导萧振瀛（时任第一战区长官部总参议）与日本军部特务“兰工作”负责人和知鹰二进行谈判。[③] 和知鹰二提出总原则 6 条，其中第四条就是：两国谋求国防上之联系，在共同防止共产主义目标下，商定军事协定。在其《军事协定基本原则》方面，则提出中日共同防卫，共同作战；平时训练，聘请日本军事顾问及教官，向日方订购及补充器

---

① 《蒋介石日记》（手稿本），1938 年 1 月 16 日。美国斯坦福大学胡佛研究院档案室藏。

② 《蒋介石日记》（手稿本），1938 年 4 月 9 日。

③ 参见杨天石《寻找真实的蒋介石——蒋介石日记解读》（上），山西人民出版社 2008 年版，第 248 页。

材；军事内容与情报之交换。① 双方先后经过多次会谈，互有让步和妥协。后因日本同盟社及板垣征四郎在 10 月 26 日、27 日发表好战言论，加之主张和谈的日本外相宇垣辞职，蒋介石判断形势，于 10 月 30 日，命何应钦转令萧振瀛等人，停止与日本的和谈，返回重庆。②

最后是 1940 年日本希望的"蒋汪合流的桐工作"。1940 年 1 月 1 日，日本中国派遣军在《解决中国事变的机密指导》中指出："以 1940 年秋季为目标，……随时捕捉与重庆政府的停战机会，指导蒋汪合流"③，并寄希望于"桐工作"④。1939 年 12 月中旬，日本驻香港特务机关的铃木卓尔中佐，与蒋介石的"小舅子"、时任西南运输公司董事长的宋子良取得了联系。12 月 27 日，铃木与冒充宋子良的军统特务曾广进行了首次面谈。1940 年 1 月 22 日、2 月 3 日、2 月 10 日，铃木、宋子良进行了三次会谈。2 月 14 日，日本中国派遣军派出今井武夫大佐到香港与宋子良见面，双方商定 2 月末各派 3 名代表参加会谈。2 月 21 日，日本陆相畑俊六要求参谋实施。3 月 7 日至 10 日，日本参谋本部和日本中国派遣军的代表，与蒋介石的代表，在香港举行了会谈。日方提出"和平"的条件是：中国承认"伪满洲国"，放弃抗日容共政策，缔结共同防共协定，允许日本在华北和内蒙古驻军，从日本招聘军事、经济顾问，并同汪派合作等。⑤ 如果日蒋谈判成功，那中国共产党将面临巨大的独自抗日压力，中国的抗战将遭到严重挫折。当然，蒋方代表不敢公开承认伪满洲国，要求采取默认态度。但在蒋汪合作上，蒋表示不能接受。⑥ 为此，日本发动了宜昌战役，并对重庆进行大轰炸。与此同时，日本利用对其有利的欧洲形

---

① 参见《对方特提稿》，1938 年 10 月，《蒋中正总统档案·特交档案·和平酝酿》（台北）"国史馆"藏，载杨天石《寻找真实的蒋介石——蒋介石日记解读》（上），山西人民出版社 2008 年版，第 249 页。

② 参见杨天石《寻找真实的蒋介石——蒋介石日记解读》（上），山西人民出版社 2008 年版，第 263 页。

③ ［日］臼井胜美、稻叶正夫：《现代史资料 9·日中战争 2》，东京美铃书房 1978 年版，第 583 页。

④ 桐工作，是日本对以蒋介石为首的中国国民党实力派进行诱降的代号。

⑤ 参见［日］稻叶正夫、小林龙夫等《走向太平洋战争之路别卷·资料编》，东京朝日新闻社 1963 年版，第 297 页。

⑥ 参见［日］日本政治学会《走向太平洋战争之路 4·中日战争下》，东京朝日新闻社 1963 年版，第 179 页。

势，迫使英、法对日妥协退让，法国和英国关闭了对中国尤其重要的滇缅路和中越边界线。这些都对蒋介石形成了巨大的压力。蒋介石不得不同意与汪精卫、板垣征四郎进行停战谈判。7月23日，日蒋双方代表签订了备忘录，初步定于8月上旬在长沙，由板垣征四郎与蒋介石协商日中停战问题。① 但日本成立了近卫内阁，蒋介石不信任近卫内阁，给计划中的谈判造成了冲击。而中共领导的百团大战的胜利，显示了中国抗战的力量，也给蒋介石造成了巨大的压力。与此同时，美国将向中国提供进一步援助的消息也使蒋介石不愿意在与日本的谈判中走得很远。曾参加"桐工作"的今井武夫大佐认为，由于"宋子文赴美，一亿美元贷款有望，美英在太平洋上对日压力正在加强"，故蒋介石"对和平表现踌躇，因此坂蒋会谈暂时静观为宜"②。

五 太平洋战争前美、英、法对日绥靖、德国"偏日"导致的民族危机

卢沟桥事变爆发后，世界局势也在发生深刻的变化。1937年11月，意大利正式签字加入德、日《反共产国际协定》。世界形成以英、法、美、德、意、日、苏联等为代表的多极政治格局，而美、英、法的对日绥靖政策以及德国、意大利对日本的暗中支持，都使以弱抗强的中国抗日战争存在失败的危险。

（一）美、英、法对日绥靖

日本发动全面侵华战争，欲把中国变为其独占的殖民地，必将直接损害西方帝国主义列强美英法在远东的利益。特别是日本进攻上海、华中、华南地区，使美英法与日本的矛盾急剧加深。面对日本对华东、华中、华南的侵略，英国在华利益受到损害。当时英国在上海直接投资达1.8亿英镑，相当于在华投资总额的72%。英国对日本发动全面侵华战争可能对其利益的损害有所警惕。曾任英国外交大臣的哈利法克斯评论说："中国……也附带地为我们在远东打一场战争，因为如果日本赢了，我们在那

---

① 参见［日］防卫厅防卫研究所战史室《战史丛书90·中国事变陆军作战3》，东京朝云新闻社1975年版，第250页。

② 重庆抗战丛书编纂委员会：《抗战时期重庆的对外交往》，重庆出版社1995年版，第29—30页。

里的利益必将丧失殆尽。"[1] 但当时的英国首相张伯伦是一个典型的绥靖主义者。受他的影响，在讨论中日战争的内阁会议上，海军部、空军部、财政部等也都反对与日本对抗，认为东亚的冲突会诱使德国和意大利在欧洲采取行动，如果英国支持中国，则日本很可能在东亚报复英国[2]。中日战争爆发后，1937 年 8 月 30 日，国民政府向国联递交《关于卢沟桥事变以来日本侵略中国的照会》，要求依据国联盟约第 10、11、17 条，宣布日本是侵略者并谴责其野蛮的战争行径，制裁日本侵略者。但英、法两国认为："制止侵略的任何国际行动，除非能说服华盛顿参加，仅向国际联盟申诉是不起作用的。"[3] 张伯伦一再表示，千万不能轻易对日制裁。他认为，制裁日本，就要冒战争的风险。他设想，英国要制裁日本，必须得到美国的支持。他说："在现在的欧洲形势下，派遣舰队赴远东将是不安全的。因此，如果不能从美国得到一项保证（共同对日采取强硬措施，制裁日本），……但是美国公众舆论孤立主义情绪比较严重。" 由于美国不响应英国的建议，英国只好在抗日战争初期采取对日绥靖妥协政策。故张伯伦的结论是："除非得到压倒性的支持，否则经济制裁将是无用的。"[4] 因此，1937 年 7 月 11 日，英国外交大臣艾登在下院声称日本及他国"有在华北数处驻屯军队之权利"[5]，实际上支持了日本对中国的侵略。当然，张伯伦的对日绥靖妥协政策也是有其深刻根源的。首先是以为对日妥协可以减少由于远东战争给英国在华利益带来的损害，同时限制中国采取过激行动，避免被拉入战争旋涡。无论是从欧洲政治形势还是从经济利益上看，英国都不希望远东爆发战争，担心英国在中国、中国香港、新加坡、印度的利益被日本所夺占，也担心英国如果直接介入，将会激起日本军方进一步行动，对英国更为不利。对于中日战争，英国不分是非曲直要求双方"克制"，进而消极调解。其次，英国害怕德日结盟并对其远东的殖民地进行报复性打击。日本由于可预见性的德日结盟后对英国的不利，因此

---

① Harold S. Quiglo, *Far Easten War*, *1937 - 1941*, Boston, 1943, pp. 41 - 42.

② 参见石源华《中华民国外交史》，上海人民出版社 1994 年版，第 509 页。

③ 《顾维钧回忆录》第 2 分册，第 461 页。

④ 《英国远东战略》，第 224 页，载李巨廉、王斯德主编《第二次世界大战起源历史文件资料集（1937.7—1939.8）》，华东师范大学出版社 1985 年版，第 37 页。

⑤ 王绘林主编：《中国现代史》，北京师范大学出版社 2004 年版，第 205 页。

肆意起来。最后，缺乏美国的协同行动。英国政府的大多数官员认为，英国不具有相应的实力左右远东形势，只有获得美国的明确支持，英国在这一地区才会有所作为，但美国受国内孤立主义的影响一步也不愿意多走。因而，英国从"实利主义"出发，曾幻想对日让步，缓和同日本的矛盾，促使日本北进，将矛头指向苏联。1939 年 7 月，日英达成有田—克莱琪协定。英国承认日本在中国进行大规模战争时，日军有权"铲除任何妨碍日军或有利于敌人之行为和因素"，"英国政府无意赞助有碍于日军达成上述目的之任何行为"①。这一协定是英国牺牲中国主权与日本妥协的产物。1940 年 7 月 18 日，英国政府不顾中国政府的反对，与日本正式签订了《关于封闭滇缅公路的协定》，规定英国政府从即日起的 3 个月内，禁止武器、弹药和铁路器材等通过缅甸和香港运往中国。至此，英国对日绥靖政策达到了顶点。

面对日本的威胁，正处于快速上升阶段的美国在华利益也受到了极大的损害，曾经对日本的全面侵华加以谴责。1937 年 8 月，日本炸沉美国一艘巡洋舰，封锁中国海岸。12 月 12 日，日本飞机对美国炮舰"帕奈号"的轰炸，造成美日关系再度紧张。日军占领中国南京、上海后，无端搜查或殴打英美侨民或强行没收英美侨民财产、亵渎美国国旗和国徽等事件也频频发生。仅 1938 年，日军损害美国在华侨民财产事件就达 296起之多②。日本还采取劫夺海关、管制外汇、限制贸易、独占经济经营、垄断航运等许多强制措施，排斥和打击美英法在华经济利益。③ 为此，早在 1937 年 10 月 5 日，美国总统罗斯福发表了著名的《防疫演说》，指出："目前的恐怖盛行和国际上无法无天的情况，已达到严重威胁文明社会本身的基础的地步。……为防止攻击，爱好和平的国家必须作出一致的努力去反对违反条约和无视人性的行为。"他建议用"隔离"的方法对付侵略者。④ 次日，美国国务院也发表声明指出："美国政府鉴于远东事态的发展，不得不得出结论说，日本在华之行动，与国与国之间的关系不符，也

① 军事科学院军事历史研究部军事历史研究室：《二次世界大战大事纪要》，解放军出版社1990 年版，第 239 页。
② 参见 ［美］哈因利克斯《日美外交与格鲁》，东京原书房 1969 年版，第 162 页。
③ 参见方连庆等主编《国际关系史》（现代卷），北京大学出版社 2001 年版，第 282 页。
④ 参见关在汉编译《罗斯福选集》，商务印书馆 1982 年版，第 151 页。

有违九国公约、白里安·凯洛格公约的条款。"① 但是美国此时国内孤立主义影响很大，认为美国有两大洋的天然屏障，没有必要为了其他国家而让美国火中取栗。尤其是美国考虑到英国正受到来自德国的威胁而自顾不暇，害怕与英国一起"干涉"或调停日本在远东的侵略，将担负起调停的全部责任，因此极力避免与英国采取共同行动，加之美国与日本的经济利益联系很密切。自 1932 年至 1937 年，美国对日贸易逐年上升，1932 年为 6400 万美元，1937 年达到 6.3 亿美元，增长近 10 倍。1938 年略有减少，但也达到 4.9 亿美元。对于刚遭受沉重经济危机打击、亟须寻求产品出路的美国资本家来说，他们是不愿意放过这个发财机会的。美国不肯放弃对日贸易中的利润，继续以大量军用原料输出日本。以 1937 年和 1938 年为例，日本由美国输入的军需物资，1937 年占日本全部输入的军需物资的 54.54%，1938 年占 56%。② 罗斯福手下的内阁成员（与财团有密切联系）也多半不支持他的主张。国务卿赫尔甚至因总统事先未同他商量讲话内容而对演讲持强烈的批评态度。③ 1937年 7 月 16 日，美国国务卿赫尔发表《关于国际政策基本原则的声明》，其中对于日本帝国主义在中国的侵略根本没有予以谴责，只是空谈"维持和平"，"切戒在推行政策中使用武力"，"切戒干涉中国内政"，"以和平谈判及协议之程序，调整国际关系中的问题"④，等等。日本政府甚至对赫尔发表的声明"表示同意"。因此，美国政府只好坚持"不干涉主义"、"孤立主义"。罗斯福表示此前的演说重点在"美国正在积极地寻求和平，根本没有必要使隔离办法同保持中立背道而驰"⑤。其政策的实质是纵容日本侵略者的"两面"政策，即一方面企图利用中国的抗战削弱与之争霸亚太地区的主要对手——日本；另一方面企图利用日本扑灭中国共产党领导的中国人民的革命斗争，甚至还希望将日本进攻的矛头

① ［美］罗伯特·达莱克：《罗斯福与美国对外政策（1932—1945）》，陈启迪等译，商务印书馆 1984 年版，第 264 页。

② 参见沈庆林《中国抗战时期的国际援助》，上海人民出版社 2000 年版，第 52 页。

③ 参见陶文钊《中美关系史 1911—1950》，重庆出版社 1993 年版，第 180 页。

④ 《科德尔·赫尔回忆录》（The Memoirs of Cordell Hull）第 1 卷，纽约麦克米伦出版公司 1948 年版，第 535 页。

⑤ ［美］内森·米勒：《罗斯福正传》，祥里等译，新华出版社 1985 年版，第 552—553 页。

向北引向苏联。

8月，美国驻日大使格鲁在给国务卿赫尔的信中说："在目前情势下，我们觉得美国的基本目标是：（一）避免卷入；（二）极力保护美国人的生命财产和权利；（三）在保持中立的同时，维持我们对交战双方的传统友谊。"① 美国国务卿赫尔在布鲁塞尔会议开幕后，曾训令美国驻日大使格鲁向日本外相广田弘毅解释，外间所传布鲁塞尔会议系由美国发起，完全不是事实，所以与会国家不会超过对远东局势交换意见的限度。美国代表戴维斯在会上宣称："我们来此并未希望做出奇迹，而仅企图诉诸理智"，并期待日本予以"合作"。② 甚至在"八一三"淞沪战役后，日本侵略直接威胁和损害美国在华利益的情况下，9月14日，美国总统罗斯福发表声明，承认日本对中国沿海的封锁，并且宣布："在没有新的指示以前，凡属美国政府的商船一律禁止向中国或日本运送任何种类的军火、军用装备或军需品。"③ 同时还声明，其他任何悬挂美国国旗的商船，如企图向中国或日本运送军用物资时，责任自负。这个声明无疑是帮助日本封锁和孤立中国。特别是1937年5月1日新修订的中立法规定"现款自运"的条款，有利于日本而不利于中国。7月29日，美国共产党机关报《工人日报》发表的社论指出："中立法的条款会使拥有强有力的海军和在美国有巨量预备金之日本可以任意购买一切武器与军火，而使中国反不能得到美国的任何帮助。"④

中日战争全面爆发后，面对日本对美国在长江流域利益的损害，为什么还采取绥靖日本的政策呢？除了前面所述原因外，经济因素也是重要原因之一。美国迟迟不肯给日本以实际经济制裁，并给中国以有力的援助，美国的经济利益实际起着重要作用。在抗战初期，美国大量军事物资源源不断地运往日本，大发战争财。据官方发表的数字，1937年美国对日出口总额为2.88558亿美元；1938年为2.39575亿美元；1939年为2.31405

---

① 复旦大学历史系中国近代史教研组编：《中国近代对外关系史资料选辑》（1840—1949年）下卷，第二分册，上海人民出版社1977年版，第25页。

② 同上。

③ 《中美关系二百年》，新华出版社1984年版，第100页。

④ 《工人日报》社论：《中国的胜利大有助于世界和平》，《解放》周刊第23期，1937年11月13日。

亿美元。其中，军用物资占出口总额的比例：1937年是58%；1938年是66%；1939年是81%。1938年，美国输日的作战物资，竟占日本全部消耗额的92%①。此外，美国垄断资本集团从对日贸易中获得了大量巨额利润。中日战争爆发后，美国不肯放弃对日贸易中的利润，继续以大量军用原料输出日本。以1937年和1938年为例，日本由美国输入的军需物资，1937年占日本全部输入的军需物资的54.54%，1938年占56%。②抗战初期，美国实际上是日本军用物资原料的主要供应者。美国洛克菲勒财团不仅给日本军部军需企业帝国燃料国策会社足够的石油，而且供给了创办新石油工业所必需的技术设备。美日钢铁公司合资建立炼钢工厂，负责派遣工程师担任技术指导。其次，抗战初期美国在远东的军事力量与日本有很大的差距，美国海军和陆军远远落后于日本。到1939年美国陆军才发展到190000人，而且部队的装备陈旧。而日本1937年就拥有训练有素的陆军将士400000人。而在海军方面，1935年美国除在主力舰方面接近于华盛顿条约所规定的吨位，其他舰艇明显落后于日本。③当日本进逼中国华南时，美国在西太平洋上还没有建立起有效的防卫，无法与日开战。因此，罗斯福总统发表的"隔离演说"遭到国会议员中孤立主义者的猛烈攻击。美国六大和平组织联名发起一场征集250万人的签名运动，要求避免使美国卷入战争。1937年的民意测验表明70%以上的美国人支持孤立主义。但是，日本对中国长江沿岸富裕地区的占领，严重危害了美国的在华利益，美国也采取了对日本的强硬措施。1938年12月30日，美国政府向日本提出严重抗议，措辞强硬地谴责了日本近卫首相提出的"建设东亚新秩序"主张，强调美国的"门户开放"原则"不容由一方片面行为取消"，美国不能同意"新秩序的内容和条件"，不能同意任何美国的权利被日本的"武力行为所废止"④。

　　1937年7月7日，卢沟桥事变爆发后，中日之间不宣而战的大规模战争直接影响法国在远东的利益。因此，法国驻英、美大使立即建议与

①　参见龚古今等主编《中国抗日战争史稿》，湖北人民出版社1983年版，第86页。

②　参见沈庆林《中国抗战时期的国际援助》，上海人民出版社2000年版，第52页。

③　参见颜声毅《现代国际关系史》，知识出版社1984年版，第369页。

④　《美国对外国际关系文件集（1938—1939）》，波士顿1939年版，第246—251页。载方连庆等主编《国际关系史》（现代卷），北京大学出版社2001年版，第282页。

英、美两国政府接触，希望通过共同行动警告东京和南京保持克制。7月下旬，法国尝试与中国合作以对抗日本，保护法国在华和在印度支那的利益以及保持中国南海路线的畅通。① 但英国、美国不太作为，为此法国不愿意得罪日本，故不得不表面禁止开放滇越通道，让中国运入军火与物资。8月2日、6日、16日、23日，中国驻法大使顾维钧分别与法国外交部部长德尔博斯、总理达拉第、外交部秘书长莱热会谈，由于法国害怕因中国假道运输"而引起对日纠纷"，不是推脱，就是以"从长考量"、"必要时再予以研究"为借口而搁置。9月，一批苏联援华军火假道越南内运成为亟待解决的问题。蒋介石致电当时在法国的孔祥熙："俄军械愿备船运安南（越南）起货，约十日内即可由俄装出，务请从速与法国政府交涉允准为盼。"② 日本政府提醒法国驻日大使亨利注意支持中国的"严重后果"；9月27日，日本驻法大使馆参赞内山岩太郎向法国政府明确提出，禁止经由法属印度支那向中国输送武器。于是，法国政府向日本作出了一定的让步，但也不完全得罪中国。法国内阁于10月17日作出了"军火运华，无论为国有或私有，均可照准"③，"但假道越南转运一事则在禁止之列，并声明因虑日人轰炸交通机关，不得不如此"④，并提醒中国政府空运武器时可以经过越南领空。但日本仍然置若罔闻继续扩大侵华战争，法国加大了暗中援助中国的力度。1937年10月23日，中国驻法大使顾维钧致电外交部，称法国允许中国货物秘密借道越南。顾维钧在电文中称：自日本侵华战争爆发后，日本即于8月25日、9月5日两度宣布封锁中国濒临太平洋各口岸，以图阻断我国对外交通。昨晚见法外长谈我国假道越南事，悉法国内阁昨已决议在比京会议决定办法以前，法方允准

① 参见陈三井《抗战初期中法交涉初探》，《近代中法关系史论》，台湾三民书局1994年版，第242—261页。

② 《蒋委员长自南京致电孔祥熙特使嘱从速与法政府交涉允准苏军武器运安南起货电》，载秦孝仪主编《中华民国重要史料初编——对日抗战时期》第三编，战时外交（二），台北："中国"国民党中央委员会党史委员会，1980年，第731页。

③ 中国社会科学院近代史研究所译：《顾维钧会议录》第2分册，中华书局1994年版，第523—540页。

④ 《驻法大使顾维钧自巴黎呈蒋委员长报告法阁议决定禁止军火假道越南转运拟即访法外长交涉电》，载秦孝仪主编《中华民国重要史料初编——对日抗战时期》第三编，战时外交（二），台北"中国"国民党中央委员会党史委员会，1980年，第733页。

我国一切在途中之货物通过越南。唯切望我方慎密行事，勿致泄露。比京会议决定各国假道后，日如对法为难，各国应协助法国一致对付。① 1938年年底至1939年上半年，法国的对华假道政策逐步向有利于中国的方向发展，并逐渐趋于稳定。1938年战争物资经越南运往云南的吨数增加了1/3，1939年这个数字翻了一倍，达到20万吨。② 在中国中央政府和地方政府以及驻扎在海防军方的号召下，中国人以巨大的爱国热情成立了数十个公司，他们通过货车、小车、人力驮背等各种方式，经由河内到郎松的公路向中国输送物资③。法国为了远东殖民地印度支那，也尽可能为中国提供一定的军事援助。不过，由于法国对日本的顾忌和欧洲局势的变动，物资援助交涉不仅秘密，而且量少。1937年8月孔祥熙到法国寻求贷款，中法签订了总额为2亿法郎的信贷用途借款协议。但法国为避免给日本以法国介入中日冲突的借口，安排给中国的信贷完全由私人银行提供，并要中国保证不用于军事。可是，1939年9月爆发的欧战打破了这一相对稳定的政策。因法国疲于应付欧战，无暇也无力东顾，遂主动与日修好，幻想日本不侵占越南。又鉴于国民党军事方面的糟糕表现以及法国在印度支那的微弱兵力，加之法国的"死敌"德国法西斯在欧洲的疯狂进攻，使法国不可能分兵保护其在远东的殖民地，而在印度支那，法国海军分遣队也仅有4艘军舰，根本不能应对日本在远东的进攻。因此，法国不敢得罪日本，而使自己陷于两面作战。1939年11月，日本再次要求法国"统制"向中国运送包括汽油和卡车在内的一切物资。法国表示对日本的要求可以考虑，但没有真的实行。随着时局的发展，法国驻华大使致电法国政府，如果加入日本与汪精卫一边，将能保全法国在东亚的现有利益，并能防止将日本推向苏联一边，以防苏联加入德国侵略欧洲的计划，建议法国与日本和汪伪政权联合。1940年尤其是1940年6月4日，趁法国即将被德国攻占之际，日本外务次官谷正之向驻日法国大使亨利提出了停止滇

---

① 参见《中华民国史事纪要（初稿）》（1937年7—12月），第558页。

② M. F. Bourdin 巴黎大学法学院未出版博士论文，1946，第86页。载［法］巴斯蒂著，侯中军译《法国远东结盟论（1931—1940）》，载杨天石、侯中军编《战时国际关系（中日战争国际共同研究之四）》，社会科学文献出版社2011年版，第580页。

③ 参见刘卫东《经营》，第36、139—140页，载杨天石、侯中军编《战时国际关系（中日战争国际共同研究之四）》，社会科学文献出版社2011年版，第580页。

越铁路的要求，以切断已经撤退到重庆的国民政府的外援通道。不久，德国占领法国后，法国政府在远东的外交努力彻底失败，并逐渐变成日德法西斯势力的被奴役者。6月17日，法印总督以自己的权限禁止向中国运送武器弹药以及卡车和汽油。这样，法印（印度支那，即越南）路线的援华物资于1940年6月正式完全终止[①]，下令禁止武器、机械、卡车、汽油等物资经越南运往中国[②]。

（二）德国由"中立"到偏向日本

中国的全面抗战爆发后，蒋介石在1937年7月17日发表庐山谈话，号召全中国人民投入抗日战争。之前与中日同时保持友好关系的德国，处境比较尴尬。一方面，当时蒋介石的特使、时任南京国民政府行政院副院长的孔祥熙刚结束在德国的访问，得到了希特勒关于维护中德合作与友好的亲口承诺。1937年6月13日下午，中国政府特使孔祥熙在希特勒驻地"鹰巢别墅"（Eagle's Nest）得到希特勒的接见，得到了德国元首希特勒关于发展中德关系的亲口承诺。希特勒对他说，德国是一个工业国，中国则富有矿物和农产品，两国间自然要进行易货往来，德国在远东没有任何政治或领土的要求，只想发展贸易[③]。中德关系正趋高潮。另一方面，德国与日本又签订了《反共产国际协定》，德日成为政治盟友，外交往来也热闹非凡。但是单从对待中日战争的态度分析，德国人在内心深处是同情中国而不满日本行为的。因为德国是想日本在德国未来的世界战略中，拖住美国和苏联。日本对华开战，与德国的希望南辕北辙，一旦日本陷入中国战场，德国也就失去了日本战略盟友的意义。其次，中国是一个正在供给德国战略资源的国家，日本对中国的侵略侵犯了它的核心利益[④]。只是为了"盟友"的面子，面对日本的暴行，它也只好宣称在中日冲突中保

---

① 外交史料馆：《支那事变关系一事 各国的武器供给关系 经过法印援蒋物资运送杜绝相关》，转引自石岛纪之《围绕经由云南省的援华路线展开的国际关系问题——以日本方面的应对为中心》，载杨天石、侯中军编《战时国际关系（中日战争国际共同研究之四）》，社会科学文献出版社2011年版，第82页。

② 参见杨元华《中法关系史》，上海人民出版社2006年版，第102—103页。

③ 吴景平：《从胶澳被占到科尔访华——中德关系1861—1992》，福建人民出版社1993年版，第171页。

④ 马振犊、戚如高：《蒋介石与希特勒：民国时期的中德关系研究》，九州出版社2012年版，第313—314页。

持"中立"态度。① 1937 年 8 月 16 日，希特勒指示，目前德国在中日之间应该保持中立。只要中国用外汇支付或原料抵偿，过去按中德间易货协定已同意供应中国的武器和物资就要尽快运往中国，并"相应地运回原料，此事必须尽最大的可能瞒住日本人。但应拒绝进一步对华提供信用贷款，或新的军火订货"②。随着国际国内局势的变化，德国的对华政策发生改变，逐渐偏向日本。早在 1937 年 8 月 21 日，因《中苏互不侵犯条约》的签订，冲击了德国外交部中对中日战争采取中立态度的传统派势力。后因德国这一东亚政策的调整，将在中国失去许多重要的经济利益，而日本方面却不能保证德国在华贸易的优势。戈林在压力下不得不改变了立场，指示德国供应商可以继续向中国提供军火。据资料统计，在 1938 年 1 月中国进口的 3 万余吨军火中，绝大部分来自德国，2 月间，德国又运华 12 架德制 HS123 大型轰战两用机。3 月间，一批价值 3000 多万马克的军火又自德国运抵香港，包括迫击炮 300 门（各配炮弹 3000 发）、高射炮 300 门（各配炮弹 5000 发）、驳壳枪 2 万支（各配子弹 2000 千发）③。进入 1938 年 2 月，德国驻华大使陶德曼调停失败后，德国感到中日和解无望，希特勒开始作出倾向日本的选择。1938 年 2 月，希特勒对其政府进行大清洗，撤换了亲华的国防、外交、经济等部部长，并以突然手段承认"满洲国"。中国驻德大使程天放随即报告国内："……在此种情形下，我方如无严重表示，似与我国国际地位有关，放认为政府似可明令招回大使，以表示对德不满。"④ 国民政府为顾全抗战大局，对此事采取了比较低调的批评政策。2 月 23 日，国防最高会议全体会议讨论欧洲局势与德国承认伪满洲国问题，大多数人主张对德国暂不做激烈表示⑤。但德国却继续咄咄逼人。3 月，德国单方面决定中止已实施多年的中国军

---

① 参见《德国外交政策文件集》，1918—1945D 辑 1 卷，华盛顿 1950 年版，第 463 页。

② 同上书，第 750 页。

③ 参见马振犊、戚如高《蒋介石与希特勒：民国时期的中德关系研究》，九州出版社 2012 年版，第 360 页。

④ 《程天放致蒋介石电》，1938 年 2 月 20 日，载秦孝仪主编《中华民国重要史料初编——对日抗战时期》第 3 编（2），台北国民党中央委员会党史委员会 1981 年版，第 679—680 页。

⑤ 参见《王世杰日记（手稿本）》第 1 册，1938 年 2 月 23 日。转引自中国社会科学院近代史研究所民国史研究室、四川师范大学历史文化学院编《1940 年代的中国》（下卷），社会科学文献出版社 2009 年版，第 664 页。

事学员赴德训练的合作项目。4月，戈林下令禁止对华输出军火，德国外交部向中方交涉召回全部在华军事顾问。6月底，德方以中国未能如期允准全体德国顾问离华为由先行召回驻华大使陶德曼。7月5日，以法肯豪森为首的德国军事顾问团离华返德。面对德国首脑希特勒的强硬，为了继续获得德国的军火，国民政府采取了相对比较"温和"的应对政策。1938年10月，中德两国出于各自在战争物资上的需要而签订中德新易货协定，暗中恢复了物资往来①。1939年欧战爆发后，英、法是德国的交战国，德国从其世界战略出发，指望日本在亚洲牵制英法苏的力量，相比较而言，1939年的日本比蒋介石国民政府要强大得多，蒋介石甚至不得不退到贫穷落后的西部"苟延残喘"。受德国的影响，意大利独裁者墨索里尼也于1937年年底下令从中国撤除各种意大利军事和经济师团，并下令把中国已经付款购买的正在运往中国的一船意大利武器在南中国海沉没。②

而与此同时，蒋介石也在秘密寻求与日本的妥协。1940年3月7日至10日，蒋介石也派代表与日本在香港进行秘密谈判。③ 1940年7月23日，日蒋代表签订了备忘录，初步定于8月上旬在长沙，由板垣征四郎与蒋介石协商日中停战问题。④ 中华民族处于生死存亡的危急关头。

第二节 抗战时期中共面临的
生存和发展危机

共产党自身发展所面临的危机，主要是日本对抗日根据地的"三光政策"，国民党扣发八路军、新四军军饷，重庆国民政府对抗日根据地的封锁等造成的抗日根据地和八路军、新四军的发展困难，这在1940—1943年达到高潮。

---

① 参见吴景平《太平洋战争爆发前中德军事和经贸合作关系的若干史事述评》，《民国档案》2006年第4期。

② 参见丹尼斯·麦克·史密斯《墨索里尼其人》，军事译文出版社1985年版，第281页。

③ 参见胡德坤《中国抗日战争与日本世界战略的演变》，武汉大学出版社2010年版，第119页。

④ 参见［日］防卫厅防卫研究所战史室《战史丛书90·中国事变陆军作战3》，东京美铃书房1983年版，第259页。

一　日本"扫荡"、"蚕食"、"清乡"对中共的影响

抗战进入相持阶段以后，日本把主要兵力用于对敌后抗日根据地的进攻。尤其是彭德怀指挥的百团大战，沉重打击了日本帝国主义在华北的统治，日本加紧向敌后抗日根据地报复。日军损失惨重，更引起了华北日军的极大恐慌，"均由痛苦的经验中取得了宝贵的教训，改变了对共产党的认识"[①]。1941 年 6 月，日本华北方面军制定了《肃正建设三年计划》，把华北划分为"治安地区"、"准治安地区"、"未治安地区"。对三类地区的政策是，巩固"治安地区"，占领"准治安地区"，缩小"未治安地区"，争取在三年内，"治安地区"由 10% 上升到 40%，"准治安地区"由 60% 减少到 40%，"未治安地区"由 30% 减少到 20%。[②] 为此，日军调集重兵，多次发起"治安强化运动"，"三分军事、七分政治"，实行军事、政治、经济、文化、交通、特务为一体的"总力战"。在对抗日根据地的政策上，日军由以往对八路军作战使用的击溃战，改为歼灭战，"以'扫荡'为主，实行极其野蛮残忍的'三光'政策，杀光、烧光、抢光，企图以此在解放区人民中制造严重的物质困难与失败情绪。……而'清乡'、'蚕食'与'扫荡'，三者又密切相配合，总的目的是要摧毁我解放区，消灭我军，以便'确保华北'。"[③] 日本华北方面军在《剿共施策要纲》中写道："除直接消灭共产党的势力外，还要捣毁其机关的设施，铲除地下组织，毁坏生活资源，以经济封锁相配合，使其不得不放弃根据地。"[④] 尤其是 1942 年 1 月，日本华北方面军对抗日根据地的"扫荡"就高达 1682 次，平均每天作战 50—60 次。[⑤] 在军事上采用"双重包围"、"急袭包围"、"分进包围"等战术，企图

---

① 防卫厅防卫研究所战史室编：《华北治安战》（上），东京朝云新闻社 1968 年版，第 326 页。

② 参见《岛贯武治大佐回忆录》，转引自［日］防卫厅防卫研究所战史室《战史丛书 18·华北的治安战 1》，东京朝云新闻社 1968 年版，第 533 页。

③ 第十八集团军总政治部宣传部编：《抗战八年来的八路军与新四军》，1945 年，第 123—124 页。

④ 防卫厅防卫研究所战史室：《战史丛书 90·中国事变陆军作战 3》，东京朝云新闻社 1975 年版，第 365 页。

⑤ 参见［日］《华北方面军相关电报集》，转引自［日］防卫厅防卫研究所战史室《战史丛书 50·华北的治安战 2》，东京朝云新闻社 1971 年版，第 21—23 页。

将八路军"一网打尽"，对根据地实施"灭绝作战"，捣毁设施，烧毁物资。①

　　1942 年期间，在河北唐山地区担任第 117 师团长的铃木启久中将曾指出："为了进一步保持对河北地区的占领，将凡是不利于日军的一切事情，全部加以消灭。实施'三光政策'才能确保日军的势力范围。"② 根据他的命令，日军在河北省遵化、迁安等县境内制造了"无人禁作地带"，把居民的房屋悉数烧毁，"稍作反抗的人就杀死，不反抗的人就抓起来送到'满洲国'去当劳工"。曾任日军第 59 师团第 57 联队第 1 机枪中队伍长的菊池义邦也回忆，他们的部队"抢掠粮食，砸烂生活用品，把没来得及逃走的青壮年男人全部抓捕起来。对女人，命令抓捕一切剪发、不缠足的妇女。因为不缠足、不蓄长发的妇女，绝大多数是共产党员或所谓的'顽固分子'。在当时，这些妇女一般的命运，都要经严刑拷打，强迫供出八路军的情报，最后被杀掉"③。他还回忆道："我们被再三教导，在敌人地区凡是活的东西，连猫也要杀光。说到歼灭'共匪'，那可已经彻底了。而且杀得越多，就越能得到金勋章呀！"④ 1941 年 8 月 24 日，菊地修一以"凡协助八路军的非杀他们不可"的命令，屠杀了高茆村 30 名无辜村民。⑤ 1942—1943 年在山东省泰安县附近参加作战的日军新兵佐野勋，在 1971 年座谈当年暴行时谈到，日军在作战中有一个不成文的规定，"要是一个人受到攻击，那就一个不剩地把当地人杀光"。一旦发现哪个村庄有八路军的活动，即使没有找到八路军，也要把村子抢光。用锅煮完东西吃饱后，把锅一下子掀翻，拿块石头把锅底砸得不能再用。⑥ "潘

　　① 参见［日］《华北方面军相关电报集》，转引自［日］防卫厅防卫研究所战史室《战史丛书 50 · 华北的治安战 2》，朝云新闻社 1971 年版，第 40—42 页。

　　② 《1956 年 6 月 10 日上、下午对被告人铃木启久被指控的犯罪事实进行调查》，载王战平主编《正义的审判——最高人民法院特别军事法庭审判日本战犯纪实》，人民法院出版社 1991 年版，第 409—410 页。

　　③ ［日］森山康平：《南京大屠杀与三光作战——记取历史教训》，四川教育出版社 1984 年版，第 55 页。

　　④ 同上书，第 97 页。

　　⑤ 参见《1956 年 6 月 14 日下午对被告人菊地修一被指控的犯罪事实进行调查》，转引自王战平主编《正义的审判——最高人民法院特别军事法庭审判日本战犯纪实》，人民法院出版社 1991 年版，第 582—583 页。

　　⑥ 参见［日］森山康平《南京大屠杀与三光作战——记取历史教训》，四川教育出版社 1984 年版，第 92—94 页。

家峪惨案"制造者日本战犯铃木启久供认，他在 1942 年 10 月得到了"某村庄和八路军有联系"的报告后，马上传达给第一连队长田浦竹治"要彻底肃正该村庄"的命令。田浦即集合骑兵队，对潘家戴庄 1280 名的农民采取了枪杀、刺杀、斩杀及活埋等野蛮办法进行了集体屠杀，并烧毁了全村 800 户的房屋，掠夺了 1000 斤主食、很多的被服及家畜约 40 头、车 40 辆。①

在日军疯狂"扫荡"和残酷报复下，中共及领导的抗日力量遭受很大的损失，根据地迅速萎缩，日伪势力猖獗。吕正操对比了冀中抗日根据地变化情况后强调指出，1938 年年底，冀中的部队号称 10 万人，并占有 24 座县城，这就是人们所说的冀中抗战的"黄金时代"②；但到 1942 年年底，敌寇在冀中共计建筑了 1753 个据点与碉堡。挖掘了 8373 里封锁沟，平均每 1.2 平方里即有一里封锁沟。点线沟碉互相联结，中间空隙，平均在 5 里左右，最大空隙不超过 15 里。使冀中抗日根据地即被分割成为 2670 小块。在这些小块中，还有交叉公路和封锁沟。"打开冀中地图来看，就像一张极不规则的棋盘，满布着像繁星一样的钉点。"③ 这不仅使八路军和根据地的发展受到了极大的影响，甚至影响八路军和根据地的生存。一部分干部政治不坚定，消极、动摇、自动脱党，有些叛党投敌。八路军副总指挥彭德怀曾感慨地指出，在敌人强化统治区与正在强化统治区的人民，多数表示苦闷，表现在全村逃亡与全家自杀事件的不断发生；另一部分少数敌占区人民则表现消极，对抗战前途表示失望，少数的知识分子被敌威胁利诱，加入新民会、兴亚会；更有少数堕落的知识分子被敌收买充当敌寇的特务。④ 如辽县县佐唐士荣投敌，冀西公安处处长张金投敌。⑤ 由晋冀豫边区党委 1941 年 8 月的统计可知，其所属 5 个地委一年中

① 中共中央党史研究室、中央档案馆编：《中共党史资料》（第 74 辑），中共党史出版社 2000 年版，第 83 页。

② 吕正操：《吕正操回忆录》，解放军出版社 1987 年版，第 167 页，

③ 吕正操：《论平原游击战争》，解放军出版社 1987 年版，第 175 页。

④ 参见彭德怀《敌寇治安强化运动下的阴谋与我们的基本任务》（1941 年 11 月 1 日），载中央档案馆、中国第二历史档案馆、吉林省社会科学院合编《华北治安强化运动》，中华书局 1997 年版，第 14 页。

⑤ 参见《中共晋冀豫边区党委组织工作报告》（1941 年 8 月 1 日），载山西省档案馆编《太行党史资料汇编》第 4 卷，山西人民出版社 1994 年版，第 547—550 页。

共损失干部 458 名，其中牺牲、被捕和病死者 113 名，而因"投敌叛变"、"动摇逃跑"、"消沉回家"、"贪污腐化"损失的干部达 326 名，竟占总数的 71%。①

许多地方民众对八路军的态度也发生了动摇。在"扫荡"中损失很大的一些民众甚至认为"这是八路军打日本的结果，因此将怨恨转到自己军队和干部的身上"②。吕正操发现，"冀中在大'扫荡'后，曾有一个时期，群众不愿八路军在本村打仗，不敢接近八路军，怕敌人找茬子报复"③。到 1942 年，晋察冀边区核心地带北岳区面积大幅度缩小，冀中区几乎成为游击区或敌占区，冀热察区则被撤销，所辖平西、平北、冀东 3 个地区直属边区领导。八路军机动范围大大缩小，各部之间联络与协同非常困难。冀东地区"基本区已被敌封锁分割，大部队已无法进去活动"④。表 2—2 列出了冀中区的八路军活动情况。

表 2—2　　1939—1942 年冀中区每年日军修筑据点数及八路军活动规模情况

时间	1939 年	1940 年	1941 年	1942 年
据点数	173 个	367 个	585 个	628 个
独立活动单位	团	营	连	排、班

资料来源：吕正操：《论平原游击战争》，解放军出版社 1987 年版，第 166—167 页。

从表 2—2 可以看出，随着日军在 1940 年开始把主要精力用于对付八路军和新四军，采取"囚笼"封锁根据地，1942 年日军在冀中根据地修筑的据点是 1939 年时的 3.5 倍。再从八路军独立活动的单位来看，1939 年时，八路军还能以团为单位进行独立活动，而到 1942 年时，八路军独立活动空间大大缩小，只能是以排、班进行独立活动。即便是小部队活动

① 参见《中共晋冀豫边区党委组织工作报告》（1941 年 8 月 1 日），载山西省档案馆编《太行党史资料汇编》第 4 卷，山西人民出版社 1994 年版，第 564—565 页。

② 《中共晋冀豫边区党委宣传部关于晋冀豫区一年来对敌宣传斗争工作报告》（1941 年 8 月），载山西省档案馆编《太行党史资料汇编》第 4 卷，山西人民出版社 1994 年版，第 628 页。

③ 吕正操：《论平原游击战争》，解放军出版社 1987 年版，第 181 页。

④ 晋察冀人民抗日斗争史编委会冀热辽分会编辑室编：《冀热辽报告》（一），晋察冀人民抗日斗争史编辑部内部出版 1982 年版，第 84 页。

也非常困难，日军"如遇我小部队接触，一处枪响，四周点碉一齐出动向我合击，使我无法突围，以便其各个击破"①。因此，为了减少损失和坚持长期抗战，遵照八路军总部的指示，1942年6月，冀中区"只留一部分基干团和地方游击队继续坚持斗争，其余机关和部队则离开冀中区分别外转"②。

为了保证占领区的安全，日军"在准治安区和未治安区的交界处，修筑适当的隔离壕沟或小堡垒（岗楼、据点之类）或两者并用"，仅"在京汉路两侧各10公里的地带就修筑了长达500公里的隔离壕沟，以与共军根据地相隔绝，切断了冀中、冀南的丰富物资向其根据地运送的通路，起到经济封锁的作用"③。1940年以后，日军又在长城沿线等地制造"无人区"，实行"民匪隔离"，彻底断绝八路军同群众的"鱼水关系"，达到"竭泽而渔"的阴谋。④ 日军还普遍推行保甲制以确保占领区的治安。华北伪政府颁布了《保甲条例》，规定，如果一甲中有"通匪与以便宜或隐匿匪徒令脱逃时"、"对临时政府有叛乱阴谋并对铁路公路及通信线施行破坏或知情隐匿庇护时"，"除本人依法处罚外，警察分局长对该甲之各户长（甲长在内）得课以二元以下之连坐罚金"⑤。冀中行署指出，"敌伪的统治因为没有政治资本，所以单凭残暴的高压手段，保甲连坐就是具体的表现。……一家出事，全甲负责，一甲出事，全保负责，一有事故，株连太多"⑥。

二　日本细菌战和毒气战对中共领导的抗日队伍和根据地人民的影响

与常规武器相比，细菌武器不仅杀伤力强，而且生产技术比较简单，成本低、投资少。为此，日军在华北实施了针对八路军和抗日根据地人民

---

① 中共河北省委党史研究室编：《冀中历史文献选编》（上），中共党史出版社1994年版，第696—697页。

② 《聂荣臻回忆录》，解放军出版社1988年版，第535页。

③ 日本防卫厅战史室编：《华北治安战》（上），天津人民出版社1982年版，第419页。

④ 参见陈平《千里无人区》，载南开大学历史系、唐山档案馆《冀东日伪政权》，档案出版社1992年版，第350页。

⑤ 《冀东日伪政权》，档案出版社1992年版，第333页。

⑥ 中共河北省委党史研究室编：《冀中历史文献选编》（中），中共党史出版社1994年版，第86页。

的细菌战。早在1938年3月，日军飞机即飞到山西、陕北等地投掷细菌弹，在铁道、公路沿线的重要村镇饮水井内散放大量霍乱、伤寒等菌种，造成华北地区疫病流行，一些民众因感染而死亡。尤其是从1941年起，日军开始在华北战场上频繁使用细菌。据曾在战时担任日军小队长主冈义一1956年的笔供，1942年2月，他所在的旅团"扫荡"山西太谷、榆社等县，向根据地军民撒伤寒菌和霍乱菌，并把细菌涂抹在居民家中的碗、筷、面杖等上面，还向水缸、水井及河流投放细菌①。1942年7—8月，日军第1军细菌组人员在山西五台县麻子冈村施放了带有鼠疫的老鼠，短短一个月内，被感染者48人，其中死亡35人②。1943年后，更是演变为大规模的细菌战，对华北军民造成极大的伤害。1944年9月上旬至10月上旬，日军防疫给水班在林县县城、合涧镇、东窑、林县城北部等地撒霍乱细菌，造成100多居民染霍乱而死③。

为了削弱抗日部队的战斗力，日军向根据地施放毒气弹。1939年4月24日，在河北河间战斗中，日军一个联队被八路军包围，日军施放毒气，造成八路军官兵500余名中毒，师长贺龙级旅长王震也中毒负伤。④据不完全统计，自1937年9月至1940年5月，八路军中毒官兵达10470名。⑤ 1942年5月24日，日军第110师团"扫荡"冀中，找到地道口并向里面投掷装有毒气的"赤筒"和"绿筒"，当时在地道里面的800多平民，全部因毒气窒息而死。1944年8月10日，日军为了报复八路军伏击对它造成的伤害，把在后丰梁堡村抓到的70余名村民赶到一间屋子内，施放毒气，日军将他们毒杀后，又焚尸灭迹。⑥ 总计日军在敌后战场对八路军用毒造成的伤亡至少在3.7万人以上，其中死亡1400余人⑦。

---

① 参见中央档案馆编《日本帝国主义侵华档案选编——细菌战与毒气战》，中华书局1989年版，第366页。

② 同上书，第369页。

③ 同上书，第373页。

④ 参见《救国时报》1937年11月7日。载中央档案馆编《日本帝国主义侵华档案选编——细菌战与毒气战》，中华书局1989年版，第449页。

⑤ 参见步平、荣维木《中华民族抗日战争全史》，中国青年出版社2010年版，第299页。

⑥ 参见《解放日报》1944年10月20日，载步平、荣维木《中华民族抗日战争全史》，中国青年出版社2010年版，第300页。

⑦ 参见步平、荣维木《中华民族抗日战争全史》，中国青年出版社2010年版，第301页。

三　国民党扣发军饷、反动军事摩擦、对抗日根据地的封锁造成的困难

（一）国民党扣发新四军、八路军的军饷

面对武装到牙齿、企图把中国变为殖民地的日本帝国主义的疯狂侵略，国共两党携手抗日，双方进行了多次谈判，共产党领导的工农红军成功接受国民政府的改编，分别被改编为八路军和第四军。国民政府给中共领导的抗日军队提供一定数额的军饷和物资。在相持阶段以前，这是八路军和新四军非常重要的一笔收入。"八一三"淞沪会战后，国民党为了争取中国共产党领导的红军尽快配合国军抗日，同意中共主力红军改编三个师的番号，共4.5万人。不久，八路军就收到了南京国民政府发给的第一批30万银圆军饷。按照协议，国防政府对八路军发饷数目，每月应发给军饷法币63万元，其中生活费30万元，战务费20万元，补助费5万元，医疗补助费1万元，米津贴补助及兵站补助费7万元①。新四军1938年1月核定四个支队月各发1.5万元，军部6千元，共6.6万元。自3月起每月增发经费2万元，共8.6万元。6月重新核定该军经费11万元。② 到1939年时，国民政府对八路军、新四军的拨款略有增加，但永远赶不上八路军、新四军的发展速度。据中共中央给共产国际执委会书记季米特洛夫的电报显示，1939年蒋介石每月才拨给中共领导的抗日军队73万元，其中八路军每月拨款60万元，新四军每月拨给13万元，这个数字只相当于全部军事开支的1/40。"……因此，现在中共只能自力更生了。"③ 总计从1937年7月到1940年10月，陕甘宁边区收到国民政府发给八路军的

---

① 参见《第十八集团军及新四军编制经费情形报告表》，1941年3月，载秦孝仪主编《中华民国重要史料初编——对日抗战时期》之《中共活动真相》（一），台北"中央"文物供应社1985年版，第315页。

② 第十八集团军及新四军编制经费情形报告表，1941年3月，《中华民国重要史料初编——对日抗战时期》之《中共活动真相》（一），台北"中央"文物供应社1985年版，第315—316页。

③ 参见《中共中央给季米特洛夫的电报》（1940年2月22日），全宗：495　目录：184卷宗：13　第27—29页。载中共中央党史研究室第一研究部译《联共（布）、共产国际与抗日战争时期的中国共产党（1937—1943.5）》，中共党史出版社2012年版，第26页。

军饷计 16405340 元法币①。

但是抗战进入相持阶段以后，在中共及其领导的抗日军队不断发展壮大的情况下，国民党在消极抗日的同时，却以"防共、限共、反共"为主要任务，寻找种种借口，逐渐减少划拨新四军、八路军的军饷。经过极力争取，国民党不得不对八路军、新四军的拨款有所增加，比如，从1939 年 8 月起加发八路军兵站临时补助费 2.5 万元，再加之前的每月 63 万元，合计月发 65.5 万元。1939 年加发新四军战争临时费每月 2.2 万元，再加之前的每月 11 万元，每月共 13.2 万元②。而 1939 年冬至 1940年春，胡宗南部队进攻陕甘宁边区时，国防政府就暂对八路军停发军饷。尤其是中共领导的百团大战暴露了八路军实力，1940 年 10 月，国民政府暂时切断对八路军供应，12 月，国防部部长何应钦宣布停发延安方面的军饷。皖南事变爆发以后，国民党甚至停止给新四军发军饷。1941 年 5 月 16 日，中共中央给共产国际执委会书记季米特洛夫的电报（绝密）中强调，从 1941 年 1 月至 5 月，蒋介石没有拨给八路军、新四军 1 分钱。中共遇到了很大的财政困难，请苏联拨给中共 1941 年总额100 万美元的款项③。

而与此同时，中共领导的抗日军队不断发展壮大起来。八路军 1937年改编时只有 4.5 万人，1939 年达到 20 万人，1940 年年底更达到 50 万人，还建立了大量的地方武装和民兵④。面对中共领导的军队快速增加，国民党非常不安，采取了减少甚至停止给八路军、新四军拨款的措施，边区财政也出现了严峻的形势，这年财政亏空 567.2 万余元。

（二）抗战时期国民党发动的三次大的反共摩擦

抗战进入相持阶段以后，国民党消极抗日，积极反共，发动了多次反

---

① 参见张扬《陕甘宁边区是怎样"休养民力"的》，载财政部科学研究所编《抗日根据地的财政经济》，中国财政经济出版社 1987 年版，第 91 页。

② 参见《第十八集团军及新四军编制经费情形报告表》，1941 年 3 月，载《中华民国重要史料初编——对日抗战时期》之《中共活动真相》（一），台北"中央"文物供应社 1985 年版，第 315—316 页。

③ 参见《中共中央给季米特洛夫的电报》（1941 年 5 月 16 日），全宗号：495　目录：184卷宗：4　第 153 页。《共产国际、联共（布）与抗日战争时期的中国共产党（1937—1943）》第19 卷，中共党史出版社 2012 年版，第 185 页。

④ 参见《中国近代史》编写组《中国近代史》，高等教育出版社 2012 年版，第 499 页。

共军事摩擦。比如，在陕甘宁边区，1938 年 12 月，国民党军无理侵占陇东赤城、白马铺等地。1939 年 4 月，国民党军又以武力包围袭击镇原、宁县等地，被我击退。5 月，国民党军侵占关中旬邑县城。国民党顽固派的军事进攻，使边区的面积由 129608 平方公里减少为 98960 平方公里，人口由 200 万减少为约 150 万。在这些反共摩擦中，比较大的有三次反共高潮。第一次反共高潮是 1939 年冬至 1940 年春季。1939 年 1 月 21 日至 30 日，国民党五届五中全会在重庆召开，确定了"溶共、防共、限共、反共"的方针。其后，国民党成立反共的"特别委员会"，制定了《沦陷区防范共产党活动办法草案》、《防制异党活动办法》、《异党问题处理办法》等一系列文件。这些法令指出，要在军事、党政和行政方面，采取各种措施，严禁第十八集团军的发展；取缔共产党的抗日民众运动及所组织的抗日群众团体①；等等。在这些反共法令指导下，国民党顽固派在华北、山东、陕西、山西等地制造多起摩擦、惨案，国民党发动的"第一次反共高潮"爆发。1939 年 4 月秦启荣率领国民党军队袭击了八路军山东纵队第三支队，制造了"博山惨案"，捕杀团以下干部战士 400 余人②。与此同时，河北省保安司令张荫梧，袭击了深县八路军第三纵队一部的后方机关，残杀八路军指战员 400 余人。1939 年 12 月初，阎锡山借口"反攻"，诬蔑新军"叛变"，调集重兵围攻山西决死队第二纵队和八路军晋西独立支队，杀害抗日干部及八路军后方医院的伤病员 200 余人③。在华中地区，1939 年 11 月 11 日，国民党籍的确山县县长纠合军警特务 1800 余人，包围袭击在该县竹沟的新四军留守处，杀害伤病员、抗日家属及革命群众 200 余人④。在陕甘宁边区，胡宗南纠集地方反共势力，在边区西部陇东地区和南部关中地区袭击八路军，摧毁地方政权，捕杀工作人员⑤。

国民党第二次反共摩擦是在 1940 年秋季至 1941 年春季。1940 年春，

---

① 参见王绘林主编《中国现代史》，北京师范大学出版社 2004 年版，第 225—226 页。

② 同上书，第 226 页。

③ 参见《中国共产党历史（1921—1949）第一卷》下册，中共党史出版社 2002 年版，第 530 页。

④ 同上书，第 549 页。

⑤ 同上书，第 530 页。

德军横扫欧洲，9 月德意日成立三国军事同盟，并加紧引诱国民政府议和。同时，英美苏为了拉拢蒋介石，避免蒋介石投降日本，也向国民政府贷款，运送援华物资，在此情况下，蒋介石决定利用有利的"国际时机"发动一次大的反共摩擦。1940 年 10 月 19 日，国民政府军事委员会正副参谋长何应钦、白崇禧致电八路军朱德总司令和彭德怀副总司令、新四军军长叶挺，要求在大江南北坚持抗战的八路军、新四军于一个月内全部开赴黄河以北，并将 50 万军队缩编为 10 万军队①。中共中央对国民党的企图进行了斗争，但为了争取国民党继续抗日，中共作了让步，让皖南的新四军部队渡过黄河。1941 年 1 月 4 日，皖南的新四军 9000 余人奉命北移，路经安徽泾县茂林地区，遭到八万余国民党军队的袭击。在叶挺军长的指挥下，新四军经过七昼夜的浴血奋战，终因敌众我寡，弹尽粮绝，除了约有 2000 人突围外，大部壮烈牺牲。叶挺去谈判被扣俘，项英遇害。② 这就是震惊中外的皖南事变。接着，蒋介石又宣布取消新四军番号，声言把叶挺交国民政府军事委员会军事法庭审判。

第三次反共高潮是从 1943 年春季至秋季。1943 年 5 月，随着世界反法西斯战争的胜利进展，蒋介石一方面对日军采取避战观战为主的政策，把抗战胜利的希望寄托在美、英、苏等国际力量上，尽量保存实力；另一方面，面对敌后抗日根据地和中共领导的抗日军队的发展，力图削弱和消灭共产党领导的抗日力量。而 1943 年 5 月 15 日，共产国际执行委员会主席团决定"国际"已完成自己的历史任务，宣布解散，由各国共产党独立领导本国革命。蒋介石以为有机可乘，指使特务假冒民众团体叫嚣"解散共产党"、"取消陕北特区"。国民党西安劳动营训导处处长、复兴社特务头子张涤非于 6 月 12 日召开座谈会，以群众团体名义电告毛泽东，叫他"解散"中国共产党，"取消陕北特区"。狂叫：中国绝无产生共产党之条件。诡称"中共既系自外生成，今第三国际已告取消，各地支部全行解散，则中共失所秉承，自应乘此机会，宣告解散"③。胡宗南调集大量河防部队准备闪击陕甘宁边区。6 月 18 日，国民党第八战区司令长

---

① 参见《中国近代史》编写组《中国近代史》，高等教育出版社 2012 年版，第 572 页。

② 参见王绘林主编《中国现代史》，北京师范大学出版社 2004 年版，第 226 页。

③ 参见《中共应善谋自处之道》，《西京日报》1943 年 7 月 26 日。

官胡宗南召开反共军事会议，部署从对付日军的河防主力撤出 6 个师四五十万军队，向西调动，兵分九路"闪击延安"。① 7 月 7 日，国民党军炮击陕甘宁关中分区，袭扰边区境内。为击退国民党的反共活动，6 月 14 日中国共产党组织 3 万人的群众大会，致电蒋介石，呼吁团结抗日。7 月 9 日又召开 3 万人的群众大会，动员边区军民积极备战，为保卫抗日根据地而斗争。

（三）国民党对抗日根据地的封锁

抗战进入相持阶段以后，日本把其主要精力用来对付在敌后抗日根据地坚持抗战的中国共产党及领导的八路军、新四军，对国民党采取以政治诱降为主的策略。面对日本的诱降以及中国共产党领导的敌后抗日根据地和抗日军队的发展壮大，国民党采取消极抗日、积极反共的政策。1939 年 1 月，在国民党五届五中全会上，国民党顽固派不顾国民党左派和民主派的反对，制定了"溶共、防共、限共、反共"的反动政策，并不断加强对抗日根据地的军事封锁。尤其是对于中共中央的驻地陕北，蒋介石更是严厉封锁，妄图削弱中国共产党的力量，甚至想把共产党困死在陕甘宁边区。蒋的嫡系、号称"西北王"的胡宗南率领以其部队为主的大批部队，分驻在边区周围的各县，形成多道包围封锁线，以监视、限制抗日根据地的发展。在进出边区的大小路口设立哨卡，不准边区的农副产品向外输出，禁止国统区的物资进入边区，以切断边区同外界的一切联系。

受严密封锁政策的影响，各抗日根据地与国民党统治区域之间的货物流通，几乎完全停止，尤其是布匹、棉花等必需品被禁止运往敌后抗日根据地，导致根据地布匹来源少，布价飞涨，而购买布匹在贫苦农民家庭的支出中占有很高的比例。例如，据当时对延安一乡 20 户新来移民、难民的调查，其买布开支占家庭总支出的 66.8%②。张闻天在陕北神府县农村调查后，在其所写的报告中说："在衣着方面，（受国民党封锁的影响）

---

① 《中国共产党历史（1921—1949）第一卷》，下册，中共党史出版社 2002 年版，第 634 页。

② 参见陕甘宁边区财政经济史编写组、陕西省档案馆《抗日战争时期陕甘宁边区财政经济史料摘编》第 3 编《工业交通》，陕西人民出版社 1981 年版，第 550 页。

近年来布匹昂贵，买布做新衣的比从前少了。"① 在顽固派的军事包围、经济封锁以及日本帝国主义军队的扫荡、蚕食下，各抗日根据地的面积缩小，人口锐减。例如，抗战初期，陕甘宁边区的总面积为 12.96 万平方公里，人口约 200 万。但在 1940 年时边区面积减少到 9.89 万平方公里，人口减少到约 150 万②。与此同时，国民党的封锁，也使海外华侨及后方进步人士的捐款几乎中断了。1941 年，边区财政出现了严峻的形势，这年财政亏空 567.2 万余元③。毛泽东回顾当时困难状况时曾说："我们曾经弄到几乎没有衣穿，没有油吃，没有纸，没有菜，战士没有鞋袜，工作人员在冬天没有被盖。"④

哈里森·福尔曼在其所著的《红色中国报道》一书中也写了许多相关的报道："我们参观了在崖边室洞里的旅医院病房，这是一个令人难忘的经历，虽然医院和护士们正在尽最大的努力给予伤病员最好的医治，但他们几乎没有用于治疗的药物，药房的两旁是一排排整齐的西药的瓶子，所有瓶子都是空的，外科医生动手术的仪器也都是用搜集日本炸弹碎片的废钢制成的。"⑤

四 自然灾害对抗日根据地的影响，需要争取外援

中国共产党领导的抗日根据地一般都是山区，山多地少，地瘠荒凉，抗战之前居住在那里的人们大都过着一种原始自然经济的生活，自然灾害比较频繁，尤其是在八路军活动的主要区域——华北地区，属于降水量比较稀少的地区。加之"由于华北的降雨受制于季风的状况，华北地区每年的雨量变化相差甚大"，"遇到雨量不足的年份，降雨应该集中的三个

---

① 张闻天：《神府县兴县农村调查》，人民出版社 1986 年版，第 72 页。

② 参见陕甘宁边区财政经济史编写组、陕西省档案馆《抗日战争时期陕甘宁边区财政经济史料摘编》第一编《概述》，陕西人民出版社 1981 年版，第 10 页。

③ 参见西北财经办事处《抗战以来的陕甘宁边区财政概况》，1948 年 2 月 18 日，载《抗日战争时期陕甘宁边区财政经济史料摘编》（下称《史料摘编》）第六编《财政》，第 13、48、14、15、16、20、236、367、374—375、426—427 页。

④ 毛泽东：《抗日时期的经济问题和财政问题》，载《毛泽东著作选读》下册，人民出版社 1992 年版，第 892 页。

⑤ Harrison Forman, *Report from Red China*, New York: Henry Holt and Company, 1945, p. 43.

月也会发生严重干旱"①。太行山根据地从 1940 年到 1943 年，"年年苦旱"。尤其是 1942 年夏开始，太行山抗日根据地旱灾继续蔓延，形势严峻。1942 年，"六、七两个专区的大部，一、四两个专区的一部，麦收仅有三四成，秋季收成更是大幅度减少"。而在 1943 年旱灾更显严重的趋势——受灾面积差不多遍及全区，尤其是太行四、五、六专区等地的旱灾，更是百年一遇的特大旱灾。据当时的《申报》报道，华北（包括河北、河南、山东、山西四省）各省久旱成灾，灾民众多，惨况空前，灾民至少占三分之一。②

而与旱灾伴随而来的还有虫灾，尤其是蝗虫的肆虐。除此之外，由于华北地区缺水，加之环境卫生的恶劣，医疗设备落后，还常发生瘟疫。以太行区为例，到 1942 年疟疾就几乎遍及全区，造成了人口死亡率的上升。1943 年夏秋之交冀南旱灾严重的时候，霍乱肆虐，二专区就病死 3000 多人。与此同时，日寇在晋察冀根据地实施细菌战，残忍地毒害边区军民。如 1942 年 3—4 月，日寇在定县油味村及周围村庄施放疫鼠，致使当地居民死亡 70 多人，油味村附近的西城村、深泽县的西内堡和杨村也发现了鼠疫③；1943 年日寇在晋察冀灵寿县上下石门村、吕生庄、西岔头、万司言一带投放鼠疫菌老鼠和跳蚤，引发鼠疫流行，致使当地群众每天死于鼠疫者 40—60 人④。晋察冀根据地的疾疫流行也造成了巨大的人员伤亡。1946 年 2 月晋察冀军区卫生部以疾疫流行时期的最低限度估计，抗战 8 年中边区人民发病数为 4000 余万人，死亡为 240 余万人⑤。

水灾对敌后抗日根据地的影响也很大。1939 年的大水灾，导致冀西、察南和晋东北的广大地区灾情十分严重，其中有 4 个县损失财产 467 万元，有 7 个县房屋倒塌 61984 间；有 4 个县田地淹没 415842 亩，被大水

---

① 朱汉国、王印焕：《1928—1937 年华北的旱涝灾情及成因探析》，《河北大学学报（哲学社会科学版）》2003 年第 4 期。

② 参见《刻不容缓的华北赈灾》，《申报》1943 年 5 月 20 日。

③ 参见金成民《日本军细菌战》，黑龙江人民出版社 2008 年版，第 521—522 页。

④ 参见郭成周、廖应昌《侵华日军细菌战纪实——历史上被隐瞒的篇章》，北京燕山出版社 1997 年版，第 247 页。

⑤ 参见北京军区后勤部党史资料征集办公室《晋察冀军区抗战时期后勤工作史料选编》，军事学院出版社 1985 年版，第 568 页。

冲毁的田地 584990 亩。① 整个晋察冀边区被毁良田 17 万顷，被冲走的粮食 60 万石，损失总值达 1.5 亿元以上。②

连续几年破坏性空前的自然灾害、日伪军的疯狂扫荡，使根据地元气大伤，人民的生活水平不断下降，这不仅影响了人民的生产和生存能力，也威胁了整个根据地的巩固与坚持。比如，时任晋冀鲁豫抗日根据地政府副主席的戎子和曾谈道："1942 年、1943 年连续发生了 50 年来最严重的旱灾，冀南区大部分地区、太行区的 3 个专区，冀鲁豫沙区和平汉铁路东侧，农业收成平均只达到二至三成，个别村庄甚至颗粒无收。"③

---

① 参见屈光《边区救灾总述》，《抗敌报》1939 年 10 月 3 日。

② 参见水生《八年来晋察冀怎样战胜了敌祸天灾》，《北方文化》1946 年 7 月 1 日第 2 卷第 3 期。

③ 桂世镛：《戎子和文选》，中国财经出版社 1991 年版，第 375 页。

第三章

经验之一：准确把握局势，
创建机构，制定方针

危机管理是管理机构通过建立必要的危机应对机制，采取一系列必要的措施，防范、化解危机，恢复社会秩序，保障人们正常生产和生活的活动，维护社会稳定①。当涉及国际环境的危机来临时，政党需要采取机智果断、灵活细致的外交技巧或国际统战技巧来化解危机。抗战时期，中国共产党面对民族危机和自身发展危机，采取了积极的措施进行应对并取得了很好的成效，其成功经验之一首先就在于准确把握国际形势，积极创建国际统战机构和对外宣传机构。

第一节　抗战时期中国共产党加强
国际统一战线的背景

抗日战争时期，中国共产党加强对外国来华人士（无论是官方还是民间人士）的国际统一战线工作，是在中共与外国政府都有改善关系的愿望背景下进行的，双方都为了共同反对日本法西斯，以维护在华的共同利益。

一　战时中共加强与美、英、苏等国来华人员统战的必要性和重要意义

首先，中国的抗日战争是一场弱国抗击法西斯强国艰苦卓绝的战争，

---

① 参见陈福今、唐铁汉主编《公共危机管理》，党建读物出版社 2006 年版，第 3 页。

其斗争的残酷性和持久性，在世界反法西斯战争中也是罕见的，作为中国抗战中流砥柱的中国共产党需要尽量争取世界反法西斯的主要力量——英国、美国和苏联。在世界反法西斯战争中，中国一直是世界反法西斯战争的东方主战场。当时日本是有预谋的侵略中国，企图把中国作为其殖民地进而争霸世界，因此，从"九一八"事变后，日本就不断加快侵略中国的步伐，尤其是"七七"事变爆发后，日本更企图以"闪电战"的方式，以其"武装到牙齿"的优势武器装备，妄图在三个月内灭亡中国，进攻势头很猛，也在全面抗战爆发后一年多的时间里，很快占领中国富裕的东部沿海、江浙一带以及北方比较发达的地区。从当时日本的综合国力来看，自从甲午战争中国被日本打败签订屈辱的《马关条约》后，日本利用从中国获得的巨额赔款，迅速拉大与中国的差距，不久打败比较强大的沙俄，跻身世界强国之列。无论是经济实力、国民素质、武器装备、将士的综合素质，都比中国强很多。以淞沪会战为例，国民党方面先后投入8个集团军有48个师、15个独立旅、9个暂编旅、中央军校教导总队、炮兵7团以及部分海军部队等60万以上兵力，其中许多是国民党中央军的嫡系部队，而日军投入的军队是5个师团和1个旅团13万人，后增加到20万人。日军依靠强大的火力，依靠空军和机械化陆军部队，经过两个月的鏖战，突破了国民党的火力防线，最终国民党军队只好撤退。中方伤亡人数达29万人，而日军伤亡只有40372人。① 由此可见当时中日之间战力差距之大，说明中国共产党领导的抗日战争必须争取国际支持的紧迫性和必然性。

　　而苏德战争和太平洋战争的爆发，也使中共争取美英苏成为可能。1941年6月22日，德国撕毁了《苏德互不侵犯条约》，以"闪电战"的形式大举突袭苏联；该年年底，日本也偷袭美国在亚太上的重要军事基地——珍珠港，世界局势发生重大变化，苏联、美国、英国、中国、荷兰等国组成了世界反法西斯统一战线。面对生死存亡，苏联全身心地投入卫国战争，已不能像抗战初期那样用大量军需物资援助中国抗日；美国、英国等西方国家出于"先欧后亚"的全球战略以及维护其远东利益的考虑，

---

① 参见日本防卫厅防卫研究所战史室编《中国事变陆军作战史》第1卷，第2册，中华书局1979年版，第83页。

也不得不加大对华军事援助和经济援助的力度，并借此不断地对中国施加政治影响力。中国共产党准确把握到了这种变化，并确定对外活动以美英为主。周恩来在1943年的一次中央政治局会议上指出，现在中共的对外活动，以美国为主，其次是英国。① "英国和美国站在反对日本方面，成为中国抗战的同盟军。"②

其次，武汉沦陷以后，国民党执行"消极抗日、积极反共"的政策，并发动多次反共摩擦，其中大的有三次，不仅使中国的抗日民族统一战线随时有破灭的危险，而且使中共及其领导的抗日军队发展困难，随时有陷入内战的危险。而蒋介石在抗战时期为了维护其在大后方的统治，为了打击日本和汪伪，也不得不依靠美英苏的援助，尤其是美国的援助，对蒋介石非常重要。因此，中共在第二次世界大战期间加强与美、英两国政府的关系共同抗日，有利于使它们出于维护其远东利益，希望国共合作共同抗日，并加强对国民党的压力，反对国民党的一党独裁，劝说国民党在抗战时期放弃"反共"和实行民主。

再次，苏联、美国、英国三大反法西斯盟国的关系密切发展，为中共中央开展对美国、英国的国际统战（包括半官方外交和民间外交），扫除了意识形态方面的障碍；1943年年初，美国政府和英国政府先后主动与中国政府签订废除不平等条约和放弃在华特权等行动。1943年1月11日，《中美关于取消美国在华治外法权及处理有关问题条约暨换文》在华盛顿签字，《中英新约》也同时在重庆签字③，这进一步使中共中央在战时与美、英大力合作。考虑到战后必须要面对的国共关系问题，中共中央更是必须要争取与美国、英国建立起积极的合作关系。因此，在1943年之后，努力加强与美英两国人员的联系并积极对其施加政治影响，就自然成为共产党人的一项极为重要的工作。而抗战时期不少来到中国的美英政府官员和军队中的将士，都对中国共产党人抱有好感，包括时任中印缅战区美军司令的史迪威将军。此时，虽然绝大多数在华的

---

① 参见中共中央文献研究室《周恩来年谱（1898—1949）》，中央文献出版社、人民出版社1989年版，第563页。

② 中共中央文献研究室编辑委员会：《周恩来选集》（上），人民出版社1980年版，第208—209页。

③ 参见陶文钊《战时美国对华政策》，武汉大学出版社2010年版，第328页。

美国人其实与中国共产党人从未有过太多接触，然而他们对国共两党的看法差别很大。而蒋介石则为了保持一党专政，憎恨和企图消灭中国共产党，以绝"后患"。于是蒋耍心机，保存了美国租借物资名义供给他的一切武器，以便在日军撤退时，他可以很快进攻和占领中共领导的敌后根据地①。

最后，在抗战时期，国民党不仅极力阻挠中共与美国和英国驻华大使馆人员的交往，拒绝派中共代表参加国际会议，而且积极地为战后争夺胜利果实做准备。中共加强与英国政府的关系，还可打破国民党对中共国际活动空间的"封杀"，避免被国民党政治边缘化，从而争取在中国政治上的政治"话语权"。

二 战时中共开展国际统战的可能性——美、英、苏愿意加强与中共接触

作为当时世界的一流强国、奉行资本主义理念的美国、英国政府为什么愿意与奉行共产主义的中国共产党改善关系呢？这主要是以下几个因素造成的。

首先，抗战的爆发使美国和英国在中国的利益遭到日本帝国主义的破坏，当时在英国殖民统治下的中国香港、印度、新加坡也随时都有可能被强大的日军所强占，为了维护它们在远东地区的利益，需要借助中国共产党领导的军队和民众与中国国民党领导的军队和民众联合，共同牵制日本。这需要美、英两国政府与中国共产党及中国国民党都至少有相互接触和交往的渠道。而美、英两国政府在抗战前与中共的关系十分冷漠，几乎没有接触，有时甚至是相互严厉抨击。在抗战这一特殊背景下，如果双方再相互仇视的话，这对于奉行"没有永久的朋友，也没有永久的敌人"的美、英两国政府来说，无疑对其维护其远东利益是十分不利的。这就使中共与美、英两国政府的关系具有由抗战前的相互敌视逐渐转化为潜在盟友的可能，从而为双方关系的改善创造了基本的条件。就美国而言，欧战全面爆发后，德、意、日三国于 1940 年 9 月签订了军事同盟，明确地把

①　参见史迪威《史迪威日记》，骆伯鸿译，海光出版社 1948 年版，第 154—155 页。

东亚、南洋地区划分为日本的势力范围①，把美国和英国当作主要的敌人，企图利用三国同盟迫使美英放弃援助中国，这使世界法西斯阵营与反法西斯阵营逐渐明显。同年3月日本扶植成立了汪精卫傀儡政权。7月26日日本通过了《基本国策纲要》（《适应世界形势变化的时局处理纲要》），提出："在中国事变未能解决的情况下，如果内外形势特别有利，也可以行使武力解决南方问题"②，从而把南进政策提高到了国策的高度，这都表明日本独占中国吞并整个东南亚的野心并没有丝毫改变。日本的这些行动进一步触及了美国的切身利益，美国"援华制日"的立场日趋明朗。由此1940年之后，美国对华援助由消极转向积极，同时对日本实施某些战略物资的禁运。美国此时的战略考虑是，如想集中力量对付德国而无后顾之忧，实现先欧后亚的战略方针，就需尽可能地推迟日美战争的爆发，为此维持中国的抗日活动方能实现。正像罗斯福所说的，援华"是生死攸关的大事……如果我不去做……就可能意味远东将爆发战争"③，这样将会使美国在东南亚的利益受到重大损失。正是基于以上考虑，美国从1940年开始给中国提供大量的经济、军事援助，而这些援华物资也全部用来装备国民党军队。1940年3月和10月，美国先后向中国提供2000万美元和2500万美元的借款，中国分别以锡和钨砂为借款担保。11月，美国又向中国提供1亿美元的贷款。1941年2月，中美又签订《金属借款合同》，美国向中国贷款6000万美元。④ 3月，美国国会通过了《租借法案》，规定"凡美国认为他们的防御，与美国利益有关，均可取得美国军火与补给品"⑤。租借法的实施使美国开始向中国援助军需物资。1940年之后，美国的援华步伐已明显加快。太平洋战争爆发后，美国的援华活动达到了顶峰，在物资和军事上开始全面与中国合作。1942年3月21日，中美签订了5亿美元的贷款协定。这项贷款是抗战时期国民政

---

① 参见胡德坤《中国抗日战争与日本世界战略的演变》，武汉大学出版社2010年版，第125页。

② ［日］外务省：《日本外交年表及主要文书（1840—1945）》下册，东京原书房1978年版，第437—438页。

③ ［美］罗伯特·达莱克：《罗斯福与美国对外政策：1932—1945》上，陈启迪等译，商务印书馆1984年版，第396页。

④ 参见沈庆林《中国抗战时期的国际援助》，上海人民出版社2000年版，第59页。

⑤ 沈庆林：《中国抗战时期的国际援助》，上海人民出版社2000年版，第60页。

府接受数目最大、条件最为宽松的一笔外援。6 月 2 日，中美政府签订了全面合作的《抵抗侵略互助协定》，规定美国政府全面给予中国各方面的援助。

而在抗日战争爆发的最初几年，美国对中共的了解极其有限。即便有一些具有冒险精神的外国记者报道了"红色中国"的情况，然而西方国家对中共仍知之甚少，"红色中国"对于他们来说仍然是个谜。正如斯诺所说："在世界各国中，恐怕没有比红色中国的情况更大的谜，更混乱的传说了。"① 罗斯福也只是从斯诺的《西行漫记》中约略得知一些有关"红色中国"的信息。

其次，抗战时期，中共及其领导的抗日队伍取得了显著的抗日业绩，并迅速发展，美国政府和英国政府出于战后世界全局尤其是在亚洲的利益考虑，也不得不加强与中共的接触。而 1943 年以后，由于国民党一党专制、贪污严重、通货膨胀加剧、豫湘桂战役大溃败等原因，在一些美英政府在华大使馆的官员看来，其已在政治、军事、经济、民心上处于危机中。与此同时，中国共产党实行全面抗战的路线，其领导的八路军、新四军得到了广大民众的拥护和支持，队伍迅速壮大。这就使中共在抗日战争结束之后的中国政治博弈中具有与国民党一较"高低"的实力，甚至会成为执政党。而英国在中国大陆、中国香港、新加坡、印度等远东地区的利益无疑与此有很大的关系。从某种程度上讲，如果战后中共在中国获得政权，会对英国在全球的利益都有十分明显的影响。因此，为了尽可能地保护它在远东的最大利益，英国不得不"两面下注"——在与国民党保持良好关系的同时也逐渐改善与中共的关系。而美国希望不断改善与中共的关系，在战时合作抗日，在战后中国建立一个国民党占主导，包括共产党在内的资产阶级民主联合政府。而抗战时期英国人布朗基在延安对毛泽东进行访问时，毛泽东提出，解决国共斗争的最民主办法也是国共联合。② 1944 年 9 月 15 日，林伯渠在国民参政会上正式提出建立联合政府的主张，得到了民主党派和民主人士的支持。中国共产党第七次全国代表

① ［美］埃德加·斯诺：《西行漫记》，董乐山译，解放军文艺出版社 2010 年版，第 1 页。
② 参见李世安《战时英国对华政策》，武汉大学出版社 2010 年版，第 283 页。

大会再一次强调，废除国民党一党专政，建立联合政府①。

再次，抗战时期，在广大的敌后抗日根据地，中共在政治上实行民主选举和"三三制"政权、经济上实行减租减息的政策，有别于苏联的社会主义的政治、经济政策，在一些美国政府官员和英国政府官员眼里，尤其是在两国驻华大使馆官员看来，毛泽东等中共领导人更像是"民族主义者和土地改革者"。美、英两国为了以后离间中共与苏联关系，防止中共"一边倒"的需要，也需改善与中共关系。

对于当时中共在抗日根据地实行的民主政权选举，美、英两国在华和来华友好人士都给予了高度的评价。对于选举，边区政府曾专门发出指示信，强调"民主政治选举第一"。各地乡选时，根据当时乡村地广人稀、文化落后、群众识字不多的实际情况，普遍采取了"投豆子"、"画圈"、红绿票选法等灵活的投票方式，使那些不识字者、行动不便的病弱残者、居处偏远者都能行使选举权。其中，红绿票法和投纸团法常结合使用：红票表示同意，绿票意味着反对，投票人对每个候选人只能投一种颜色的票。投票时，让候选人坐在台前，背对着投票者，每人背后一个票箱。选举委员会成员发给投票人额定的红绿票，农民把所投的票搓成一个小小的团，投的时候让人看不出颜色，然后再投出去。当场投票，当场开箱验票，红票多于绿票者当选②。豆选法，也是解放区的直选法之一。是用豆子代表候选人，选举时，给每个选举人发一定数量的豆子，并把每个候选人投豆的碗置于窑洞之内，再把碗口用纸封起来，只留下一个能投豆子的小孔。这样，选民互相间不知道谁投谁的票，也不知道候选人已经得票的情况，避免了受已有投票数的影响，最大限度地保证了投票的秘密性和公正性③。

再比如，在西方人士看来，中共在抗日根据地实行"三三制"的政权模式，相比于国民党在国统区的"党国"政府、一党独裁专制，更加

---

① 中共中央党校中共党史教研部《新编中共党史简明教程》（第四版），中共中央党校出版社 2001 年版，第 95—96 页。

② 参见张鸣《中共抗日根据地基层政权的选举与文化复归》，《浙江社会科学》2001 年第 4 期，第 151 页。

③ 参见《淮南抗日根据地》编审委员会《淮南抗日根据地》，中共党史资料出版社 1987 年版，第 272 页。

民主，给人民的权利更大。所谓"三三制"政权，指抗战时期中国共产党为了争取包括地主阶级在内的根据地广大的民众抗日，在实行减租减息的同时，在参议会的人员构成上，规定中国共产党员、非党的左派进步人士、不左不右的中间派各占1/3①。1941年4月27日，中共中央政治局批准《陕甘宁边区施政纲领》，5月1日由中共陕甘宁边区中央局颁布。规定边区参议会实行"三三制"原则，共产党员必须与党外人士实行民主合作，不得把持包办。按照"三三制"原则，各根据地先后通过民主选举建立起临时参议会和政府机关。中国共产党严格执行"三三制"。1941年11月，陕甘宁边区第二届参议会召开第一次会议。会议选出的边区政府18名委员中，有共产党员7名，略超过1/3。共产党员徐特立当即申请退出，经大会通过，以党外人士白文焕递补。开明士绅李鼎铭被选为边区政府副主席。在工作中，毛泽东要求共产党员发扬民主作风，遇事多同党外人士商量，取得多数然后去做。毛泽东强调指出："共产党员只有对党外人士实行民主合作的义务，而无排斥别人、垄断一切的权利。"② 在"三三制"政权中，参议会不仅仅是民意机关、咨询机关、议政机关，而且是最高监督机关。政府要由参议会选举产生，并受其监督；政府要尊重参议会的决议、创制权。"各级参议会之决议案，咨送同级政府执行……如下级参议会议决案件有不当时，同级政府受上级政府或上级参议会之指示，得停止执行。"③ 尊重和保障人权。这是实行民主的一个前提条件和重要内容，如果连基本的人权都不能保证，就根本谈不上什么民主。在抗日战争时期，中国共产党是非常重视保障人权的，不仅保障劳动人民的人权，而且明确保障地主、富农的人权，这与国民党在抗战时期继续一党独裁，军统和中统特务机构、宪兵秘密绑架和暗杀进步人士，形成了鲜明的对比。1941年5月1日公布的《陕甘宁边区施政纲领》（即"五一纲领"）明文规定：保证一切抗日人民的人权、政权、财权及言论、出版、

---

① 参见《中国共产党历史（1921—1949）第一卷》下册，中共党史出版社2002年版，第592页。

② 毛泽东：《在陕甘宁边区参议会的演说》（1941年11月16日），载《毛泽东选集》第3卷，人民出版社1991年版，第809页。

③ 陕西省档案馆、陕西省社会科学院编：《陕甘宁边区政府文件选编》（第4辑），档案出版社1986年版，第157—158页。

集会等自由权①。

因此，很多中外人士考察根据地后，都认为根据地是中国最民主最清廉的地方。比如，时任燕京大学教授的英国人林迈可和班威廉等一批滞留平津的外国人，被中共地下党营救进入晋察冀抗日根据地和延安，生活了数月至数年，经历了 1942—1943 年敌后根据地所发生的所有重大事件。他们留心考察和记录了根据地建设的重大活动和各项成就，并确信他们看到的中国农村的巨大变革，正是中国走向现代化的重要一步。在美国年轻外交官如戴维斯、谢伟思等人眼里，中共不同于苏联共产党，他们看好中共在战后未来的发展，并极力想把中共引上与苏联不同的发展道路。而战时苏联共产党对中国共产党的不满让一些西方人加深了这种认识。1944年 6 月，斯大林在与美国驻苏大使哈里曼的谈话中，直截了当地告诉哈里曼，称中国共产党人不是真正的共产党人，是"人造黄油式"的共产党人。② 苏联外交委员会委员莫洛托夫在与美国总统特使赫尔利的谈话中，也对中共有类似的评价。这让一些美英官员认为，可以通过加深与中共的接触，从而离间苏共和中共的关系。

最后，中共在抗战时期还采取务实态度，在舆论宣传和实际行动上都高度重视加强与英美来华人士的接触和交往，强调西方民主精神，也推动了英美与中共接触交往的意愿。

中共提出，社会主义社会与资本主义社会都有民主制度，有着共同的历史使命。在这一时期的中共报纸上，对美国等西方国家的推崇不仅表现在民主制度上，而且表现在对美国的友好态度上。媒体的宣传力求用热情洋溢的话语勾勒西方民主的图景，叙述西方国家民主所带给人们的种种利益。《新华日报》、《解放日报》向人民介绍西方民主政治时，对代议制民主极为推崇。1942 年的《解放日报》介绍了罗斯福当选美国总统后马上与大选时的政治对手合作的事例，指出这表明了美国政府即使在战争的情况下，也非常尊重民众的言论自由，充分体现了民主精神，值得中国学习。1944 年 7 月 4 日，中国共产党在《新华日报》上发表社论。社论指

---

①　参见《陕甘宁边区施政纲领》，《新中华报》1941 年 5 月 1 日。
②　参见沈志华《中苏关系史纲》（1917—1991），社会科学文献出版社 2011 年版，第76 页。

出，中国共产党人现在所进行的工作，乃是华盛顿、林肯、杰弗逊等早已在美国进行了的工作，它一定会得到而且已经得到了民主的美国的同情。① 抗战胜利前夕的 1945 年 7 月 4 日，《新华日报》社论强调，美国在民主政治上为落后的中国做了一个示范，教育了中国人应学习华盛顿、林肯、杰弗逊，使中国人懂得了建立一个民主自由的中国需要大胆、公正、诚实。②

对于中共与苏联共产党来讲，双方虽然意识形态和奋斗的基本目标是一致的，但是毕竟是两个国家的共产党，都有各自不同的国情、世情和党情，在反对日本法西斯的问题上，既有共同的一面，但从国家和民族利益来讲，双方也有战略和战术上的诸多不同，在一些问题上存在明显的分歧，需要加强沟通。比如，在战时国共关系问题上，苏联共产党与中国共产党在认识上就存在一些差异，需要双方加强沟通、交流。关于这一点，我们在后面将详细谈论。

三　抗战时期中共对英、美、苏政策的演变

早在抗战前夕，中共就采取争取国际力量反对日本帝国主义的政策。1935 年 8 月 1 日草拟了《中国苏维埃政府、中共中央为抗日救国告全国同胞书》（即"八一宣言"），10 月 1 日正式在法国巴黎出版的《救国时报》第十期上发表③。宣言提出了抗日救国十大纲领，其中第十条就提出："……联合一切同情中国民族解放运动的民族和国家，与一切对中国反日解放战争守善意中立的民族和国家建立友谊关系。"④ 1935 年 12 月的瓦窑堡会议停止了"打倒一切帝国主义"的口号，中共提出"同一切和日本帝国主义及其走狗卖国贼相反对的国家、党派，甚至个人，进行必要的谅解、妥协，建立国交，订立同盟条约等等的交涉"⑤。同月，毛泽东

---

① 参见《新华日报社论：祝美国国庆》，《新华日报》1944 年 7 月 4 日。

② 《新华日报社论：民主颂——献给美国的独立纪念日》，《新华日报》1945 年 7 月 4 日。

③ 参见《中国共产党历史（1921—1949）第一卷》上册，中共党史出版社 2002 年版，第 411 页。

④ 《中国共产党历史（1921—1949）第一卷》上册，中共党史出版社 2002 年版，第 412 页。

⑤ 中共中央统战部、中央档案馆：《中共中央抗日民族统一战线文件选编》（中），档案出版社 1985 年版，第 67 页。

在党的活动分子会议上作报告，针对日本帝国主义加紧侵略中国、中华民族危机进一步加深的时局，向与会者指出："……国际援助对于现代一切国家一切民族的革命斗争都是必要的，是中国抗日战争和中国革命取得胜利的一个必要的条件。① 1936 年 7 月 16 日，毛泽东在与美国记者斯诺以《中国共产党和世界事务》为题的谈话中指出：……我们期望各友好国家不要帮助日本帝国主义，或者至少采取中立的立场，希望他们积极援助中国抵抗侵略和征服。……必须把统一战线推广到包括所有与太平洋地区和平有利害关系的国家。"② 毛泽东与斯诺的以上谈话内容说明，中国共产党和中国人民同包括"资产阶级民主国家"在内的世界各国结成"国际抗日统一战线"。"国际抗日统一战线的完成，是中国战胜日本帝国主义的重要条件之一。"③ 当然，毛泽东也明确表示中国共产党在抗日进程中希望得到更多的援助，但并不依赖援助。④ 毛泽东还具体分析了美国对中国抗日可能采取的态度，认为"美国的东方利益同抵抗日本帝国主义紧密连结在一起，批评一些目光短浅的美国政治家的'孤立主义'政策⑤。1937 年 5 月，毛泽东在党的全国代表会议上作了《中国共产党在抗日时期的任务》报告和《为争取千百万群众进入抗日民族统一战线而斗争》的结论。在报告中，毛泽东分析了"九一八"事变特别是华北事变以来的形势，指出中国共产党和中国人民所面临的任务，是建立"抗日民族统一战线"和"世界的和平阵线"。他指出："日本帝国主义实行了完全征服中国的政策，使英国对日本的政策日趋强硬。因此，便把若干其他帝国主义国家和中国的矛盾推入次要的地位，而在这些国家和日本帝国主义之间，扩大了矛盾的裂口。⑥ ……我们的统一战线应当以抗日为目的，不

---

① 参见《论反对日本帝国主义的策略》，载《毛泽东选集》第 1 卷，人民出版社 1991 年版，第 161—162 页。

② 《毛泽东一九三六年同斯诺的谈话》，人民出版社 1979 年版，第 109—110 页。

③ 同上书，第 125 页。

④ 参见《毛泽东一九三六年同斯诺的谈话》，人民出版社 1979 年版，第 125 页。

⑤ 《毛泽东一九三六年同斯诺的谈话》，人民出版社 1979 年版，第 130—131 页。

⑥ 《何梅协定》签订后，日本的行动直接威胁英、美在华北华中的利益，英美逐渐改变了对日本的态度。尤其是西安事变爆发后，英国曾表示只要国民党政府还能够继续统治中国人民，就不妨"和共产党采取某种形式的联合"，以便打击日本企图独占全中国的政策。

是同时反对一切帝国主义。"① 与此同时，当时的中共临时负责人张闻天也告诫那些历来把帝国主义看作一丘之貉的共产党人："目前绝不是和帝国主义算总账的时候，必须注意帝国主义之间的矛盾并善于利用它们，以便为自己的目的服务。尽管英美帝国主义各国不过是为了他们自己的利益，'暂时的赞助中国的统一与和平'，共产党人仍应努力促使这些国家共同反对日本。"为此，张闻天阐述了新形势下中共的对外政策，指出："……我们愿意根据平等互助的原则，同英、美、法、苏等国订立太平洋集体安全制度或个别的互助公约……在不损害领土主权的情况下可以利用外资……"② 美国记者斯诺在访问毛泽东等人后，写出了《红星照耀中国》（Red star over China，which was published by Random house in 1938）。在书中，他记述了与毛泽东见面时毛泽东向他讲述的抗日主张："日本帝国主义不仅是中国的敌人，而且也是所有世界上所有爱好和平的人们的敌人。特别是那些对太平洋地区包括美国、英国、苏联、法国在内的国家的民众的敌人。我们期待至少友好国家不帮助日本帝国主义，我们特别希望这些爱好和平的将积极帮助中国反抗日本的侵略和占领。"③ 毛泽东还向斯诺阐述了反帝、反法西斯和争取和平的关系——"反帝、反法西斯同盟都是爱好和平的联盟。中国的反法西斯斗争与资本主义国家反对法西斯主张民主的结合是完全可能的和必要的。"④《红星照耀中国》的出版，在一定程度上改变了西方社会对中国共产党和中国工农红军的认识，使国际社会第一次可以比较清晰地看到中共的对外政策。

"七七"事变爆发后，面对日本帝国主义的疯狂入侵，中共中央针对抗战的实际和当时的国际环境，受苏联推行集体安全政策以及国际反法西斯统一战线政策的启示，提出了建立国际反日统一战线，并把中国的抗日民族统一战线与世界和平阵线相结合⑤。1937 年 7 月 23 日，中共中央发

---

① 《中国共产党在抗日时期的任务》，载《毛泽东选集》第 1 卷，人民出版社 1991 年版，258—259 页。

② 洛甫：《我们对于民族统一纲领的意见》，《解放周刊》第 3 期，1937 年 5 月 11 日，第 5 页。

③ Edgar Snow, *Red Star over China*, New York：Grove Press, Inc. 1961, p. 87.

④ Ibid. , p. 90.

⑤ 参见中共中央毛泽东选集出版委员会编《毛泽东选集》（合订本），人民出版社 1964 年版，第 233 页。

表宣言，表示拥护国际和平阵线，反对法西斯侵略阵线，同英、美、法、苏等国订立各种有利抗日救国的协定[①]。中国共产党也明确反对另一种观点，即认为中共只要联合苏联就够了，不必理睬与德国、意大利、日本关系比较暧昧的英、美、法三大强国。这种观点也是错误的。[②] 1937 年 7 月 26 日，《解放周刊》全面阐述了中共对美、英、法等国的政策，即日本及其盟友的侵略对于英美远东利益的威胁，在客观上将推动它们走上反日的道路。如果美、英、法等国能够很好地同中国联合，给予中国抗日以同情与帮助，那中国共产党当然是非常欢迎的。英美法等的帮助，可以促进或加速中国抗日战争的胜利。[③] 中国共产党主张抗日救国保卫民族的坚强外交，这绝不是什么"莫斯科路线"，更不是什么"伦敦华盛顿路线"[④]。1937 年 8 月 25 日，中共中央在陕北洛川县召开政治局扩大会议，会议通过的《抗日救国十大纲领》重申了建立国际统一战线的主张。《纲领》提出："拥护和平阵线，反对德日意侵略阵线"，公开呼吁同英、美、法、苏订立各种条件有利于中国抗战的协定；联合朝鲜和日本国内的工农人民反对日本帝国主义。[⑤] 1938 年 3 月，周恩来对英国著名记者贝特兰说："在两年来我们的正式宣言和声明中，我们坚决地说我们今日的敌人只有日本帝国主义，同情我们的国家和人民，我们极愿维持最好的关系。……假如我们胜利了，我们仍可以要求外国资金和技术的帮忙。"[⑥]

1939 年，美、英、法等国在面对德国、日本和意大利的侵略时，采取了绥靖政策，企图"祸水东引"使他们去进攻苏联，苏联不得不放弃集体安全政策，与德国签订互不侵犯条约，并重新对第二次世界大战的性

---

① 参见《中国共产党为日本进攻华北第二次宣言》（1937 年 7 月 23 日），载《中共中央文件选集》第 11 册，中共中央党校出版社 1991 年版，第 297 页。

② 参见黎平《日本的进攻与中国所应取的对外政策》，《解放周刊》第一卷第 13 期，1937 年 8 月 9 日，第 4 页。

③ 同上。

④ 黎平：《日本的进攻与中国所应取的对外政策》，《解放周刊》第一卷第 13 期，1937 年 8 月 9 日，第 4 页。

⑤ 参见《中国共产党抗日救国十大纲领》（1937 年 8 月 15 日），载《解放》第一卷第十六期，1937 年 9 月 13 日，转引自《中共中央文件选集》第 11 册，第 297 页。

⑥ 参见［英］贝特兰（James Beteram）《周恩来谈中共对外政策》，卓云译，《国际文摘》1938 年第 1 卷第 4 期，第 2 页。

质进行阐释——第二次世界大战与第一次世界大战一样，都是"帝国主义的非正义的战争"，要求各国共产党不支持本国政府的反法西斯斗争，而是实现"消灭资本主义奴隶制度"的任务——变帝国主义战争为国内战争。① 尤其是英法绥靖德国的"慕尼黑协定"公布后，中共中央很快将英法绥靖德国同远东形势联系起来。1939 年年初，日本占领武汉和广州后，英国驻华大使卡尔根据英国政府外交部的意旨，极力劝说重庆国民政府，以让中国尽快与日本达成停战妥协。是年 6 月，中共中央向全党发出关于反投降的指示，指出目前最大的危险之一就是"出现新的慕尼黑的可能"②。毛泽东还认为，英、美、法等非侵略国对于侵略国所进行的侵略战争所采取的放任政策，鹬蚌相争渔人得利——这就是英美法帝国主义者的现时政策。英美法策动的远东慕尼黑，现在接近了一个紧要时节③。

1940 年夏季，德国在欧洲"闪电战"屡获成功，猖獗一时。受此刺激，以军部为核心的日本军国主义分子也开始丧失理智，确定了"南进计划"——通过突袭战争，迅速抢占美英在东南亚丰富的自然资源。英国和美国对日本的态度逐渐变得强硬起来，对中国的政策则逐渐积极——加大了对中国暗中支持的力度。1940 年 7 月，美国总统罗斯福代表美国政府颁布第一道禁运令，至 1941 年 1 月，几乎每个星期都有新的物资列入禁运名单④。1939 年春，为了稳定由于日本对华金融战而日趋紧张的中国币制，英国宣布予以中国 50 万英镑的借款。针对以上情况，中共对英美的政策也发生了积极的变化，调整了对外政策。1940 年 6 月，毛泽东在中共中央政治局会议上作了《形势与党的任务》的报告。报告指出，由于英、法在欧洲的失败和日美在远东利益矛盾的扩大，英、美、法搞东方慕尼黑的危险已经不存在了，或至少可以说很大地减少了，提出在政策

① 参见《季米特洛夫文集》，解放社 1950 年版，第 335—396 页。
② 《中央关于反对投降危险的指示》，1939 年 6 月 7 日，载中央档案馆编《中共中央文件选集》第 12 卷，中共中央党校出版社 1992 年版，第 80—81 页。
③ 参见《反投降提纲》，1939 年 6 月 10 日。载中央档案馆编《中共中央文件选集》第 12 卷，中共中央党校出版社 1992 年版，第 94—95 页。
④ 参见［美］赫伯特·菲斯《通向珍珠港之路》，周颖如、李家善译，商务印书馆 1983 年版，第 167 页。

上不再强调英美法搞东方慕尼黑的危险性[1]。8 月 2 日，中共中央致电中共中央南方局和新华日报社，要求他们在宣传工作中必须把握国际形势的新特点，强调再也"不要在英美改变对日对华政策后去反对利用英美的外交"，并认为"孙科派的亲苏美政策是对的"[2]。

1941 年 6 月，苏德战争爆发，德国想以"闪电突袭战"打败苏联，准备不足的苏联在战争前期损失惨重，不得不再次提出建立国际反法西斯统一战线的主张，得到中共的积极响应。1941 年 6 月 23 日，中共中央通过了《关于建立反法西斯国际统一战线的决定》，强调党的首要任务是坚持抗日民族统一战线，驱逐日本帝国主义，并以此援助苏联的反法西斯。[3] 1941 年 7 月 7 日，中共中央在纪念抗战四周年宣言中重新提出"拥护国际反法西斯战线，促进中、美、英、苏及其他一切反对法西斯的国家民族一致联合"[4] 的口号。不久，中共中央再次强调："对于英国的对德战争，美国的援苏、援华、援英行动及可能的美国反日反德战争，都不是帝国主义的，而是正义的，我们均应欢迎，均应联合一致，反对共同敌人。"[5] 中共中央还设调研机构收集国内外各方面情报，而中央直属调研局中还专设国际研究组。1941 年 11 月 1 日，中国共产党领导的陕甘宁边区政府主席徐特立在《边区参议会应有的任务》中指出："目前是法西斯企图征服世界，和世界联合反法西斯的时期。……目前战局不是一个民族一个国家的问题，也不是社会主义与法西斯主义对立的问题，而是法西斯征服世界的问题。站在反法西斯最前线的在西方的是苏联，在东方的是中国。中苏两国的存亡问题，关系世界民主国家存亡问题，所以英美人民和政府在西方一致援助苏联，在东方一致援助中国。不久以前，在莫斯科的美英苏三国会议，最近美英中在香港的金融会议，这些友谊的合作，使得向来政体不同、利害关系不同的国家在打倒法西斯主义的基础上团结了起

---

① 参见中共中央文献研究室《毛泽东年谱》中卷，人民出版社、中央文献出版社 1993 年版，第 196 页。

② 《中共中央书记处关于目前国际形势与我党的宣传方针》，1940 年 8 月 2 日。转引自唐洲雁《毛泽东的美国观》，陕西人民出版社 2009 年版，第 88 页。

③ 参见《毛泽东选集》第 3 卷，人民出版社 1991 年版，第 806 页。

④ 中共中央档案馆：《中共中央文件选集》第 13 卷，中共中央党校出版社 1991 年版，第 156 页。

⑤ 同上书，第 164 页。

来。因此，我们参议会的第二个大任务，就是团结一切反法西斯主义的友邦。"①

　　1941 年 12 月 8 日太平洋战争爆发，美国等 20 余个国家对日本宣战，世界形成两大阵线——法西斯战线和反法西斯战线，因苏联忙于与德国的生死之战，无暇顾及远东，中共加强了与美、英的合作，这种合作一直延续到 1945 年 3 月。此时无论是对于中国共产党还是对于英、美、苏，合作打败日本帝国主义和德国法西斯，永远要比双方意识形态的歧异造成的冲突要重要得多。珍珠港事件爆发的当天，中共中央书记处马上表明立场：党对英国和美国政府的政策，是展开与它们进行广泛真诚的合作，建立国际统一战线，共同反日反德，不应作不真诚与狭隘的表示。并在各种场合"与英美人士作诚恳坦白的通力合作"，各解放区也应"放手大胆"地与英国和美国方面进行情报与军事合作。② 中共中央还强调指出，对日本占领区中的英美两国及其系统下（殖民地）的人士，不问其是否顽固，应多方设法欢迎并保护其到根据地，或经抗日根据地撤退。③ 根据中共中央的指示，华北、华中、华南的党组织和人民抗日武装均安排了一批英美人士从北平、上海和香港等地秘密撤离，产生了良好的国际影响。这一时期党的国际统战工作以对美外交为中心，主要是当时在中国的政治中心重庆的中共中央南方局来开展的。1944 年 8 月 18 日，中共中央在党内发布了《关于外交工作的指示》，要求党员干部们特别是高级干部，应高度重视和学习外交工作，并强调指出，国际统一战线的中心任务是共同抗日与民主合作。……而在当前，美英与中国共同抗日，尤以美为最密。……因此，我们外交工作中心，应放在扩大影响、争取国际合作方面来。欢迎盟国在边区和抗日根据地派遣使节，或设外交机构。④ 1944 年 9 月，毛泽东和刘少奇在给张云逸等人的党内指示中再次强调，中国共产党应放手与美

---

　　① 徐特立：《边区参议会应有的任务》（1941 年 11 月 1 日），《解放日报》1941 年 11 月 1 日第 3 版。

　　② 参见《中央关于保护敌占区英、美人士的指示》（1941 年 12 月），中共中央书记处给周恩来的电报，1941 年 12 月 8 日。转引自中央统战部、中央档案馆编《中共中央抗日民族统一战线文件选编》下册，第 590 页。

　　③ 同上。

　　④ 参见《中央关于外交工作的指示》（1944 年 8 月 18 日），载中央档案馆编《中共中央文件选集》第 14 卷，中共中央党校出版社 1992 年版，第 318 页。

军合作，对他们处处表示诚恳欢迎，这是中共的既定方针。[①]

　　1945 年 3 月后，德国和日本的战败已成为是必然趋势。美国、英国对华政策开始向战后远东长远利益考虑，逐渐采取"扶蒋反共"政策，中共对英、美、苏的政策发生变化——与苏联关系密切，而与美国关系开始冷淡。随着意大利的投降，德国在美、英、苏三大国的夹击下即将失败，而美国在与日本太平洋之战中取得了很大的胜利，美国利用中国大陆攻击日本本土的计划被暂时搁置，苏联在打败德国后承诺将进攻日本在中国东北的关东军。这些都使原本主张与中国共产党合作的美国总统罗斯福等人，为了其战后远东长远利益考虑，开始执行"扶蒋反共"。在这种情况下，中共中央认识到，苏联将是战后在中国制约美国的一个重要因素，因此中共也逐步将外交重心转移到联合苏联，利用配合苏军作战，创造解决国内问题的有利的外部条件。毛泽东在中共七大上所作的《论联合政府》中，就外交问题，毛泽东阐明了中国共产党的外交态度："中国共产党主张在互相尊重国家独立与和平地位的基础上，……倡导在建立国际统一战线时，既要做到苏、美、英并重，又不能对美、英抱有幻想。"[②]

第二节　准确把握国际形势，创建国际统战机构

　　抗日战争时期，以毛泽东、周恩来为代表的中国共产党人依据中国抗战实际和战时国际形势，积极开展国际统战工作。为了开展对英、美、苏等国驻华大使和来华外国人员的外事工作，中共专门成立了对外宣传机构，积极利用各种合法渠道与英美驻华官员广泛接触，努力开展半独立的"以外促内"的外交活动。

一　中共中央长江局国际宣传委员会的建立

　　淞沪会战结束后，日本迅速发起对国民党的统治中心——南京的进

---

　　① 《毛泽东、刘少奇关于我党与美军合作的方针问题给张云逸、饶漱石、曾山等的指示》，1944 年 9 月 9 日。载中共中央文献研究室《刘少奇年谱》（上），人民出版社 1996 年版，第 226 页。

　　② 参见毛泽东《论联合政府》，《解放日报》1945 年 5 月 2 日。

攻。因国民党之前在淞沪会战中投入了大量的主力,淞沪会战失败后,蒋介石来不及再组织大规模的中国军队抵抗日本对江浙一带的进攻,因此1937年12月13日,国民政府的首都南京失守,国民政府的许多党政军重要机关临时迁到了武汉,武汉成为中国暂时的政治中心。为了适应这种形势,中共中央政治局专门在延安召开了"十二月会议",决定设立中共中央长江局,负责管理长江以南、主要是国统区和沦陷区的党组织,领导南中国的抗日斗争。中共中央长江局由刚从苏联回国的王明担任书记,周恩来为副书记,委员有叶剑英、董必武、林伯渠、项英和博古。① 周恩来作为长江局的副书记和中共中央代表团的负责人,主要是负责统一战线方面的工作。

为了加强中共的外事联络工作,更好地争取反法西斯的国际民主人士和外国政府对中国抗战的支持,1938年4月,周恩来在中共中央长江局成立了专门的国际统战机构——国际宣传委员会。周恩来负总责,委员有何克全、吴克坚、王炳南等人,主要在武汉和香港开展这方面的工作。在武汉的是王炳南②任组长的国际宣传组。而据王炳南的回忆,成员还有章汉夫、毕朔望、王安娜(王炳南的妻子,德国人)、许孟雄,办公地点位于汉口的意大利饭店。该宣传组的任务包括:负责翻译出版对外发行中共领导人的著作;为共产国际刊物写稿,同外国友人进行联络。③ 为了有效地开展国际统战工作,周恩来对国际宣传组的人员强调工作重点在于外国记者、机构和友好人士和团体。也即,经常保持与在武汉的40多名外国记者的密切联系,只要中共代表团举行记者招待会,都邀请他们参加,并

① 参见《中国共产党历史(1921—1949)第一卷》下册,中共党史出版社2002年版,第489页。

② 王炳南,在和平解决西安事变的过程中,不仅担任周恩来的联络员,而且充当着杨虎城和张学良之间的牵线人,并担任西北民众指导委员会主任委员。他积极向国内外广泛说明西安事变的真相,宣传我党对西安事变的态度和立场。同时,杨虎城将军在西安会见史沫特莱、斯诺、爱泼斯坦、贝特兰等国际友人时,都由王炳南牵线安排,并由王安娜担任翻译。在此期间,王炳南协助周恩来为中共代表团做了大量有益的工作,毛泽东和朱德均亲笔致信,予以高度赞扬。1937年,在杨虎城将军被迫出国前,王炳南被杨虎城介绍给国民党的宋子文,从事中共与杨虎城的联络工作,同时担任上海文化界国际宣传委员会常务委员等职。

③ 参见中共中央文献研究室编《周恩来年谱(1898—1949)》(修订本),中央文献出版社1998年版,第411页。

及时提供《新华日报》的新闻资料；除此之外，还要与在武汉的外国机构保持联系，要尽可能参加接待那些受到国民党接待的外国友好人士和进步团体等。① 国际宣传组的第一个任务是翻译毛泽东撰写的《抗日战争的战略问题》、《论持久战》等著作，并积极地向国外发行。第二个任务是给莫斯科国际通讯英文版投稿，宣传中国的抗日情况和中国共产党在抗战时期的方针和政策。第三个任务就是利用一切机会积极开展对来武汉的外国友好人士的国际统战工作。1938 年 1 月，周恩来同志在"八办"二楼会客室里接见了美国和加拿大医疗队的领队白求恩大夫。周恩来用熟练的英语向他表示欢迎，并向他介绍了中国的抗日战争的形势和中国共产党的主张。白求恩一再要求到敌后战场上去，到第一线的战斗中去，为了安全，周恩来嘱咐国际宣传组的组长王炳南，为白求恩一行去延安做安排②，中共中央长江局派专人护送他送到了延安。

同年 10 月 7 日，周恩来还在"八办"接见了印度援华医疗队的柯棣华、巴苏华、爱德华等人。巴苏华在其日记中记载了周恩来等人在武汉接见他们的详细经过。巴苏华在其日记中写道："下午，我们去看望周恩来同志，他正在召开记者招待会，有许多外国记者在那里。我们坐在一个角落里，听他分析中国的军政局势，以及怎样通过全面发动群众抗击敌人。……得知我们要去八路军那儿，显得非常高兴，说八路军将给我们最热烈的欢迎。"③

同年，国际新闻电影界的著名制作人、荷兰人伊文斯到武汉，他也是一个荷兰共产党员。周恩来到他住的旅馆看望他。伊文斯想拍一部反映中国民众团结抗日的电影，已经拍了国民党的一些镜头，还要拍摄一些共产党怎样领导抗战的场面，但国民党不允许。为了弥补这种缺陷。他要求拍摄武汉八路军办事处的中共的抗日活动④。周恩来大力支持他的请求，并

① 参见金冲及主编《周恩来传（1898—1949）》第 2 卷，人民出版社、中央文献出版社1989 年版，第 462 页。

② 同上书，第 463 页。

③ 金冲及主编：《周恩来传（1898—1949）》第 2 卷，人民出版社、中央文献出版社 1989年版，第 464 页。

④ 参见金冲及主编《周恩来传（1898—1949）》第 2 卷，人民出版社、中央文献出版社1989 年版，第 463 页。

让八路军参谋长叶剑英配合他的拍摄。伊文斯拍摄了叶剑英指着军事地图介绍战况以及叶剑英与其他领导人员讨论军事计划的各种镜头。后来，伊文斯还将摄影机、胶片赠送给中共，由吴印咸带到延安。周恩来还在"八办"接见了斯特朗、史沫特莱、艾黎、爱泼斯坦、吴德施主教、美国驻武汉总领事戴维斯、英国驻华大使卡尔等人。因此，国际宣传组被外国人誉为"中共最早的外交机构"[①]。比如，周恩来与在武汉的美国圣公会主教鲁茨（Bishop Roots，中文名叫吴德施）也有很深的交往。鲁茨也因与共产党人接触较多，获得了"粉红色主教"的称号。鲁茨带头动员教友捐钱捐物，并向在汉的西方友人募捐，很快就募集到 10.3 万元的医疗器械及药品。因此，当 1938 年 4 月 19 日鲁茨主教离开武汉回美国时，《新华日报》以"吴主教临行赠言，巩固统一战线"为题发表了吴德施的告别辞。[②] 在香港方面，1937 年 12 月底，周恩来派廖承志、潘汉年去香港，1938 年 1 月成立香港八路军办事处，开展对港英当局、澳葡当局以及在香港和澳门的外国民主人士的统战工作。

二 中共中央南方局外事组的建立

1939 年，国民政府内迁重庆，1940 年 6 月定重庆为陪都。重庆起着战时首都的功能和作用，各国驻华使团和新闻机构及各国人民相继迁来重庆，重庆的地位大大提高，成为战时中国和国际交往的中心。[③] 美、英、苏、法、比等 22 个国家也先后在渝设立驻华外交机构；苏、美、英、法、波（兰）、荷（兰）先后派出驻华军事代表团常驻重庆；一些外国的反法西斯组织亦先后在渝建立机构，开展活动；同盟国的一些重要军事会议在渝召开；为了加强和协调对日作战，美、英、苏等国军政首脑和军政要员也频频来渝，重庆成为国际反法西斯斗争的外交中心之一。表 3—1 列举了民国时期驻重庆的大使馆和主要外交使节。

---

① ［加］罗纳德·C. 基思：《周恩来的外交生涯》，中共中央党校出版社 1992 年版，第 22 页。

② 《吴主教临行赠言，巩固统一战线》，《新华日报》1938 年 4 月 20 日。

③ 参见中共重庆市委党史研究室《中国共产党重庆历史（1926—1949）第一卷》，重庆出版社 2011 年版，第 368 页。

表 3—1　　　　　　　民国时期驻重庆的大使馆和主要外交使节

国别	机构	姓名	抵渝时间	职务	馆址
苏联	大使馆	奥莱尔斯基	1938 年 1 月	大使	枇杷山
		潘友新	1939 年 9 月	大使	
		崔可夫	1938 年 1 月	军事顾问团长	
美国	大使馆	詹森	1938 年 6 月	大使	两浮支路 185 号（健康路 1 号）
		高思	1938 年 6 月	大使	
		赫尔利	1945 年 1 月	大使	
英国	大使馆	卡尔	1938 年 11 月	大使	领事巷 15 号 1941 年 7 月迁南岸马鞍山 29 号
		薛穆	1942 年 3 月	大使	
法国	大使馆	那齐亚	1938 年 11 月		市中区领事巷 1 号
		戈斯默	1939 年 3 月	大使	
		贝志高	1945 年 1 月		
德国	大使馆	毕维廉	1938 年 8 月	代办	南岸马鞍山 29 号，1941 年 7 月关闭
		柏里山	1938 年 8 月	秘书	
意大利	大使馆	亚历山大	1938 年 8 月	参事	南岸枣子湾 16 号，1941 年 7 月关闭
		师秉礼	1940 年 8 月	代办	
		白鲁格	1941 年 12 月	公使	
		普宁斯基	1943 年 3 月	代办	
		罗芬克	1943 年 4 月	大使	

资料来源：周焕强：《重庆市志》第 14 卷之《外事志》，西南师范大学出版社 2005 年版，第 638—640 页。

　　战时在重庆建立大使馆的还有荷兰、比利时、巴西、智利、缅甸、波兰、秘鲁、阿根廷、挪威、墨西哥、捷克斯洛伐克、加拿大、瑞士，建立公使馆的有土耳其、伊朗、瑞典，印度 1942 年 5 月则在重庆建立了专员公署[①]。

　　在抗战时期的重庆外来人士方面，据 1943 年 10 月底重庆官方统计，常驻渝的外籍人士达 1192 人，其中英国人 329 名，美国人 168 名，苏联

---

　　① 参见周焕强《重庆市志》第 14 卷之《外事志》，西南师范大学出版社 2005 年版，第 640 页。

人 163 人，包括政治、经济、文化、军事、商业、外交等各个领域。①

　　许多外国人，尤其是外国记者也多次向中共南方局（八路军驻重庆办事处）打听一些中共、中共与国民党的关系、中共军队的情况。为加强国际统战工作，1939 年 4 月，周恩来在重庆专门成立了中共中央南方局对外宣传小组，1940 年改称外事组。外事组直接由周恩来领导，外事组的组长由具有丰富的国际宣传和交往经验的王炳南担任，副组长陈家康，自 1942 年起又增补龚澎为副组长。成员包括蒋金涛、李少石、乔冠华、罗清、章文晋、傅大庆、沈蓉等人。② 在美国战时新闻处工作的孟用潜、刘尊祺、刘思慕等以及在"保卫中国同盟"工作的廖梦醒等人也参与南方局的涉外工作。南方局外事组的主要工作是搜集各国对华态度和政策情报，宣传中共的对外政策，广交朋友，扩大影响；同时开展华侨工作，指导香港和东南亚地区的中共国际统战工作。

　　遵照周恩来"广交朋友，深交朋友"的指示，王炳南等人开展了灵活多样的外交攻势，接触了各种持不同政治观点的美国在华人物，其中有美国名将马歇尔将军、美国驻华大使高斯、参赞范宣德、外交官戴维斯和谢恩兄弟，还有美国驻华新闻处的麦克、费正清、包瑞德等。尤其是他和曾任美国远东战区总司令的史迪威将军有着十分友好的关系。王炳南在重庆工作的 7 年中，无论是同国民党，还是同美国的一些政治家、军事家、民主党派和各界人士，都保持着良好的个人关系。通过这些渠道，他及时为周恩来收集和提供了各种珍贵的情报。周恩来曾说过："炳南不但是我的左右手，他还是我的耳朵和嘴巴呢！"

　　龚澎是南方局从事国际统战工作的主要人员之一，其公开身份是《新华日报》记者，后改任周恩来的秘书兼英语翻译，她英语娴熟、思维敏捷、办事干练，很快赢得了一批外国人士的信赖。其主要任务是与各国驻重庆记者联络，通过这些外国人向全世界报道抗战时期中共的政策和抗日功绩，争取国际力量对中共的同情和帮助。比如，休迪恩曾在其著述中写道："在皖南事变发生前的几周里，杰克·贝登和我，有时还有其他的

　　① 参见乔松都《乔冠华与龚澎——我的父亲母亲》，中华书局 2008 年版，第 47 页。
　　② 参见中共重庆市委党史研究室编《中共中央南方局史》，中共党史出版社 2009 年版，第34 页。

人，每周到红岩村中国共产党的办公地方去几次，问周恩来和他的助手陈家康或龚澎。"① 为此，她经常出席中外记者招待会，并代表共产党在会上慷慨陈词。为了打开对外宣传的局面，龚澎还与外国记者聊天、谈家常，从不把自己的观点强加于人，而是尽量寻求共同点。她善于接受每个外国人的独特个性，对意见不同者不抱有成见。一位美国记者曾说，他也知道龚澎是为共产党说话的，但她的话不但听来令人信服，日后也能得到时间的检验。② 因此，外国记者和外国民主人士都对龚澎很敬重、钦佩。费正清指出，龚澎的勃勃生机在 1943 年沉闷、单调的重庆，就像一缕缕清新的空气。③ 龚澎的魅力倾倒了美国大使馆和外国记者招待所里的许多年轻人，成了"中国言论自由的象征"。费正清在给其夫人的信中写道："……布鲁克斯·埃特金森也同样感到了她那奔放的热情，别的记者更不用说了，纽约先驱论坛报记者约瑟夫·艾尔索普因她的魅力发狂，美国哥伦比亚广播公司记者爱律克·萨瓦莱德一见到她就容光焕发。英国大使馆中的部分人士也都是这样。"④

　　外事组的重要成员乔冠华也大力开展对英美人士的统战工作。乔冠华与美军司令部的某些人的关系也比较密切。为了美国在远东的利益，史迪威倾向进步，希望国共合作抗日，他对蒋介石在抗战时期挑起反共摩擦及对中共的封锁极为不满，他同情中国共产党，反对国民党的腐化堕落。乔冠华通过与史迪威总部的戴维斯交流，达到了"双赢"——通过戴维斯，乔冠华与美军总部发生军事资料上的来往，将日军动向的材料传递给美方，美方则回报以中共急需的军事材料。乔冠华还保持与美国大使馆的两位参赞科弗兰、阿德勒经常的往来。通过他们了解了不少美国经济、财政等方面的情况，而中共可以让他们知道的情况，乔冠华也及时提供给他们，彼此很默契。对此，乔冠华曾有叙述："当时我们熟悉到这种地步，经常争论问题，争论得很激烈，不伤害双方的关系和双方的感情。"⑤ 中

① Stephen R. Mackinnon and Oris Friesen, *China Reporting：An Oral History American Journalism in the 1930s&1940s*, Los Angeles：University of California Press, 1987, p. 103.

② 参见乔松都《乔冠华与龚澎——我的父亲母亲》，中华书局 2008 年版，第 50 页。

③ 参见［美］费正清《费正清自传》，黎鸣等译，天津人民出版社 1993 年版，第 327 页。

④ 乔松都：《乔冠华与龚澎——我的父亲母亲》，中华书局 2008 年版，第 49 页。

⑤ 乔冠华：《口述自传》，《那随风飘去的岁月》，学林出版社 1997 年版，第 168 页。

共中央南方局也特别注意文化交流，一批英国作家远涉重洋来到中国，在南方局成员的努力下，成为中共与英国人民、政府和文学交往的主要渠道。南方局领导的中华全国文艺界抗敌委员会中的中英协会，也成为中国抗战文化向英国文化界宣传中共抗战业绩的先锋①。

三 延安交际处的建立

抗战时期，中国共产党为了开展对外国人士的统战工作，特别希望外国人士到抗日根据地考察访问，促进外界对中国共产党及其领导的抗日根据地的了解，并专门成立了延安交际处（全称为陕甘宁边区政府交际处），开展国际统战工作。第二次国共合作形成后，在陕北的中华苏维埃共和国临时政府改名为国民政府陕甘宁边区政府，原来的中央政府西北办事处外交部撤销。1937 年 11 月底，陈云回到延安，建议中共中央加强外事工作。1938 年 5 月，陕甘宁边区政府颁发了《改变边区政府招待所的建设》的决定，规定"取消招待所，改设交际科，……负责登记、考查、计划分配与各负责人谈话，及参加会议和帮助客人解决一切困难问题"②，任命曾在白区做上层统战工作的金城为科长。1940 年交际科又改为交际处，处长为金城③。交际处最初的办公地址设在延安城南的陕甘宁边区政府招待所内。1938 年夏天，因发洪水被淹，交际处进行重建，地址设在延安城南的南门外半山坡上，归边区政府秘处管理。其主要工作首先是接待包括国际人士在内的广大民众。为了招待长期生活在优裕生活条件下的外国朋友，交际处的成员们还学会了做西餐，像炸猪排、牛排、沙拉、鸡蛋糕、奶油鸡汤等。④ 交际处的第二项工作是承担国际统战工作，即开展战时到延安的外国友人的争取工作。关于这一点，中共中央主要领导人都高度重视。毛泽东对交际处的工作提出明确要求，希望交际处切实发挥自身职能来发展党的统一战线。他进一步指出："交际处统一战线工作一展开，交际处的工作会越来越多，……今后，外边来延安找党、政、军、

---

① 参见重庆抗战丛书撰委员会编《抗战时期重庆的对外外交》，重庆出版社 1995 年版，第 241 页。

② 李忠全：《陕甘宁边区的对外活动》，《历史档案》1989 年第 1 期，第 110 页。

③ 参见缪平均《抗日战争时期的延安交际处》，《兰台内外》2008 年第 1 期，第 49 页。

④ 金城：《延安交际处回忆录》，中国青年出版社 1986 年版，第 314—315 页。

民、学的中外来宾，都由你们统一接待。"①

延安交际处建立以后，积极开展对国际人士的统战工作，下面以延安交际处接待中外记者西北参观团为例来加以说明。1944年6月，中外记者参观团21人访问延安。外国记者主要有美联社、《曼彻斯特导报》的记者斯坦因，美国《时代》杂志的记者爱泼斯坦，英国合众社、伦敦《泰晤士报》的记者福尔曼，路透社的记者莫里斯·武道等人，这是中共接触到的阵容最为强大的外国媒体。为此，周恩来要求延安交际处精心安排参观考察。在交际处的安排下，中外记者参观团访问了陕甘宁边区政府、新华社、《解放日报》社及中央印刷厂、托儿所等单位，并听取了边区政府副主席李鼎铭、秘书长李维汉和部门的报告。毛泽东也抽空与一些外国记者进行了深入的个别交谈，毛泽东曾向延安交际处处长金城表示："要我接待几次就接待几次，不要怕浪费时间。"② 通过与中共领导人的交谈，外国记者对中共的各项政策有了比较深入切实的认识，并写了大量的报道文章宣传根据地、八路军、新四军和抗日民众，使国人尤其是爱国知识分子从中共身上看到了民族的希望和国家的前途，取得了新闻和外交战线的重大胜利，对巩固和发展抗日民族统一战线起到了积极的作用。

第三节　抗战时期中共开展国际
统战工作的原则和方针

抗战时期，中共依据当时的国际形势不仅成立了相应的机构，为了更好地开展国际统战工作，还制定了一些行之有效的国际统战原则、方针和政策。

一　"来去自由"的原则

对于外国来华记者、官员、民主人士，中共首先制定了来去自由的原则，本着志愿，不搞强迫。中共中央也为延安交际处制定了"来则欢迎，

---

① 金城：《延安交际处回忆录》，中国青年出版社1986年版，第4页。
② 同上书，第11页。

去则欢送，再来再欢迎"① 的接待原则，从 1938 年到 1941 年，延安交际处就接待中外客人 7000 多人，而 1942 年则接待了 2000 余名中外客人②。这种"来去自由"的原则与国民党的外事工作方针有很大的不同。中共中央南方局的负责人周恩来为南方局外事组制定了对外国人"来去自由"的接待原则。

国民党面对一些外国官员、将士、记者、民主人士到中国后要求与中共交流和接触，要求到中共领导的抗日根据地和军队访问，往往采取拖延、阻挠的政策，妄图阻止外国人与中国共产党的接触和了解，封锁中国共产党的抗日消息，打压中国共产党在抗战时期的国际活动空间，削弱中国共产党的影响力。从 1939 年秋天开始，国民党对敌后抗日根据地区域的消息实行严密的新闻封锁，即外国记者不得进入根据地采访，如果有同情中共的外国记者到敌后抗日根据地进行了采访，记者将进入黑名单，遭到国民党的严密监视。③ 如，1939 年 7 月，美国记者斯诺抵达重庆，重庆卫戍总司令部就密电国民政府军事委员会政治部，认为斯诺与八路军联系太密切，应进行监视并随时通报其活动消息。④ 再比如，英国著名记者贝尔登到第一战区采访时，国民党害怕他未经允许私自访问延安，向外宣传中共及领导的抗日民众的情况，蒋介石就指示陕西地方当局和特务机关严密监视贝尔登的行动，使贝尔登的采访受到严重受阻。后来他要求到苏皖一带游击区采访，也被国民政府国际宣传处设法劝回。1943 年 4 月 20 日，国民政府明文规定，凡赴战区采访的记者必须持有随军记者证。6 月 28 日，蒋介石手令，以后外国记者赴各地采访，必须得到军委会批准⑤。因此，1944 年年初，当中外记者团、美军观察组以及一些外国记者在战时陪都重庆提出到抗日根据地考察、采访的要求时，国民党顽固派就以各

---

① 缪平均：《抗日战争中的延安交际处：来欢迎去欢送再来再欢迎》，《光明日报》2011 年 12 月 14 日。

② 参见缪平均《抗日战争中的延安交际处：来欢迎去欢送再来再欢迎》，《光明日报》2011 年 12 月 14 日。

③ 参见胡栓、吴燕《抗战时期外国记者对我党控制区的报道》，《军事记者》2006 年 6 月 15 日。

④ 参见张克明、刘景修《抗战时期美国记者在华活动纪事》，《民国档案》1988 年第 2 期，第 127 页。

⑤ 参见王泓等《周恩来与国际友人》，重庆大学出版社 1995 年版，第 124 页。

种理由加以阻止。后在中共和史迪威的努力下，1944 年 2 月 9 日，罗斯福正式向蒋介石提出派遣美军代表团前往陕北以及华北工作的要求。蒋介石对此十分恐惧，乃复函委婉拒绝。之后，罗斯福又两次致电蒋介石，明确要求向延安派军事代表团。6 月 9 日，罗斯福派副总统华莱士访华，专门向蒋介石提出派美国军事观察团赴延安的要求。在华莱士启程来华时，国务卿赫尔打电报给高斯，指示他必须向蒋介石说明"国民党政府应与中共领导人达成协议，撤销对中共控制地区的军事包围，以便使国共双方的军队均用于对日作战"[①]。至此，蒋介石才不得不同意美军观察组访问延安。

再比如，1940 年，华侨陈嘉庚率领"南洋华侨回国慰劳考察团"回国考察时，蒋介石等国民党领袖亲自在豪华的宾馆接待，并污蔑中共。但是，陈嘉庚与在重庆主持中共中央南方局工作的周恩来等人见面交谈后，感觉国民党对中共的指控有许多不实之处，提出了希望到敌后抗日根据地特别是到延安考察的计划，国民党极力阻止，在陈家庚的强烈要求以及周恩来等人周详的安排下，陈嘉庚终于到达延安考察，并住宿在延安交际处，与党的领导人和群众亲密接触，进行实际调研了解。他在延安先后参加了四次群众性的集会，并同毛泽东、朱德等人进行了交谈。经过实地考察，陈家庚加深了对中共及其领导下的根据地、民众的了解，并表示这次访问延安，真正看到中共坚持团结抗战到底，立场坚定，看到边区军民一致、官兵一致的和谐景象，对边区各界艰苦奋斗的精神尤为感动。正是经过访问重庆与延安的深刻对比，陈嘉庚在思想认识上逐渐倾向共产党，断定战后"共产党必胜，国民党必败"。

二　"宣传出去，争取过来"的统战方针

抗战时期，针对国民党打压中共国际活动空间以及封锁中共及其领导的八路军、新四军抗日功绩消息的行为，在武汉、陪都重庆从事国际统战工作的周恩来，制定了"站稳立场、坚持原则、机动灵活、多做工作，扩大影响，争取多数、孤立少数"的国际统战工作的基本立场[②]，以及

---

① The U. S. State Department edited, *Foreign Relations of the United Stats*, Diplomatic Paperes, 1944, China, p. 103.

② 参见乔松都《乔冠华与龚澎——我的父亲母亲》，中华书局 2008 年版，第 41 页。

"宣传出去，争取过来"的方针。依据此方针，中共中央长江局国际宣传组的成员们、中共中央南方局外事组的成员们积极地行动起来，开展对外宣传工作，争取国际友人对中共的同情、理解、支持和帮助。1938 年 5月，世界学联代表团①访华。他们强调来华"不是代表一党一派，而是代表全国的青年"②。代表团于 5 月 17 日和 22 日分两批由香港抵达武汉，在华活动以汉口为中心，辐射全国。25 日，当国际学联代表团访问武汉时，中共代表团举行了隆重的欢迎茶会。当时到会的除了八路军驻汉办事处的主要领导陈绍禹、周恩来、博古外，还包括著名民主人士黄炎培、左舜生以及日本反战作家鹿地亘夫妇在内的共 300 余名代表出席。陈绍禹代表中共中央致欢迎辞。会上代表们命笔题词，柯乐满题词"中国共产党和第八路军给我们代表团的招待，是中国人民目前团结的明显证明"；雅德女士题词"尤其是王明先生关于中华民族团结、各党各派为中国解放及世界和平而通力合作的报告更加值得欣幸"③。第二天《新华日报》以"民族团结的图画"、"世界认识联合的缩影"为标题，采用了增版形式进行报道并刊登王明等人发言全文及三位代表题词。又比如，1938 年 10 月4 日，周恩来在写给伦敦援华委员会的一封英文感谢信④中写道："伦敦援华委员会朋友们：……今年年初，该会曾向西北的平民捐助过总共两万美元。这是西北游击队救济委员会通过作家艾格尼丝·史沫特莱小姐请求给予的。这笔钱连同供给西北平民的大约二十四箱药品，已由在中国的一批外国朋友运往西北，钱已交给八路军总部转用于平民，而药品已交给设在山西临汾的中国内地传教会……准备运往抗日后方游击区的十四箱药品交给了八路军，其余的药品则留在临汾的中国内地传教会的医院里。"⑤

---

① 世界学联代表团，International Students Delegation 是世界学生联合会应中国学联代表的请求，为了加强对中国抗战和日军侵华暴行的了解而派出的。代表团由四人组成：James Klinsmann（柯乐满，英国人，时任世界学联秘书），Bernard Floud（傅路德，英国代表），Molly yard（雅德），Neil Morrison（雷克难，加拿大代表）。

② 云生：《世界学联代表团来延安》，《新华日报》1938 年 7 月 16 日第 4 版。

③ 《世界学联代表团题词》，《新华日报》1938 年 5 月 26 日第 3 版。

④ 该信是在印有"第十八集团（八路）军武汉办事处用笺"的纸上打印的，落款是周恩来的中文和英文亲笔签名，发信地址：汉口旧日租界中街 89 号。

⑤ 边志海：《一段鲜为人知的历史事实——周恩来在抗战初期给英国援华委员会的一封信探源》，《党的文献》1998 年第 5 期，第 70—71 页。

在重庆,中共中央南方局外事组的成员们也积极行动起来,通过"宣传出去,争取过来"的方式开展国际统战工作。周恩来通过公开演讲、撰写文章的方式争取世界舆论的支持。1940 年 9 月 20 日,周恩来在重庆巴蜀小学广场发表题为《国际形势与中国抗战》的演讲,使许多在场的外国记者深受鼓舞,纷纷向本国发回新闻报道,在国际上引起强烈反响。① 周恩来领导的南方局还主动出击进行广泛宣传,争取更多的国际朋友对中共的支持。据抗战时期担任苏联驻华大使馆工作人员林尼·费德林的回忆:"不久,周恩来成了我们使馆的常客。他经常在傍晚或夜里到我们使馆来,这个时间对他最方便,我们可以促膝长谈。谈话的内容对我们也极有价值,因为周恩来熟悉国内的政治形势和抗日战争前线的战况以及国内的经济生活。他的情报经常是可靠的,能帮助我们正确判断中国的局势。"② 当时外国记者与周恩来之间的联络员是龚澎,她擅长做外国记者的工作,留意理解他们在想什么以及看问题的办法,以加强外事工作的效果。她每天下午都到外国记者站,手提包里装着复写的最新延安新闻广播稿,向外国记者发布中共南方局和解放区的新闻和消息。"不少外国记者认为只有从她那里才能得到真实的新闻,有的甚至主动充当她的'保镖'以防范国民党特务的迫害。"费正清在其 1943 年 10 月 25 日的日记中写道:"一步一滑地沿街去看望我们那位信奉共产主义的女朋友龚澎。她立即拿出一本政论小册子,里面共产党扮演了痛斥国民党的高贵角色。"③ 龚澎还把毛泽东的《新民主主义论》、《揭批远东慕尼黑的阴谋》和《关于反法西斯的国际统一战线》等文章翻译成英文,向英美国家在华民主友好人士宣传。1944 年 2 月 17 日,美国《时代》杂志记者爱泼斯坦和《纽约时报》记者福尔曼等人采访了当时在重庆主持南方局工作的董必武。董必武代表中国共产党欢迎他们去延安采访,并指出:共产党人绝不愿打内战。再比如,董必武在重庆利用国民参政会人员的名义,写信给英美政府官员,揭露国民党独裁专制,要求民主,这对扩大中共在国际上的

① 参见段渝主编《抗战时期的四川》,巴蜀书社 2005 年版,第 371 页。

② 林尼·费德林:《费德林回忆录——我所接触的中共领导人》,新华出版社 1995 年版,转引自中共中央党史研究室科研管理部、中共重庆市委党史研究室《见证红岩(下)——回忆南方局》,重庆出版社 2004 年版,第 700 页。

③ 转引自乔松都《乔冠华与龚澎——我的父亲母亲》,中华书局 2008 年版,第 49 页。

影响起了重要的作用。1944 年 1 月 7 日，当时担任国民政府外交部部长的宋子文致电当时中国驻英美大使的电报称："董必武最近积极联络在野各党派参政员，以国民参政会名义，致电英美国会议员，谓开罗会议，贵国协助我国成为自由平等的远东唯一强大国家，致感赞佩。但重庆政府现在仍系法西斯政权，将来成为世界强国的过程中，仍不免遭受革命或演变的痛苦，请考虑现在正在蓬勃兴起的八路军、新四军，请加以同情和援助。因为这是将来新中国的新鲜血液，唯一可靠的原动力。"① 1943 年 12 月 21 日何应钦致电宋子文，密报了董必武与美国参议院院外委员会主席康利那的信件。

在美军军事代表团访问延安期间，延安交际处把"宣传出去，争取过来"八个大字当成根本任务来完成。据时任延安交际处处长的金城回忆："交际处以诚恳、坦白的精神同他们交朋友，提出具体材料，说明具体事实，取信于人，以进一步开展国际统一战线工作。……除有计划地组织代表团参观访问外，还要对记者团在参观访问过程中反映出来的各种思想，多做解答解释工作，加深他们对中共的了解。"② 1944 年 7 月，美军观察组进驻延安。人员包括观察组组长戴维·包瑞德上校、使馆二秘兼中缅印战区司令部政治顾问约翰·谢伟思、随军医生梅尔文·卡斯伯格少校、空军参谋安东·雷米尼赫、使馆二秘兼中缅印战区司令部顾问雷蒙德·卢登、航空兵雷金纳德·福斯中校等人。

为加强对外工作，1944 年 8 月 18 日，毛泽东、周恩来草拟了《中央关于外交工作指示》。文件特别说明，中共不应把外国记者对抗日根据地的访问和观察当作普通行动，而应看作中共国际统一战线工作的开展，是中国共产党外交工作的开始。③ 在外事组的会议上，杨尚昆指出外事工作

---

① 《外交部长宋子文致驻英大使顾维钧、驻美大使魏道明据报中共董必武以参政员名义致电英美国会议员诬指我政府仍系法西斯政权并请考虑给予第八路军新四军以同情及援助电》（民国三十三年一月七日），载中国国民党中央委员会党史委员会编印《中华民国重要史料初编——对日抗战时期》第五编《中共活动真相》（四），中国国民党中央委员会党史委员会出版，裕台公司中华印刷厂，1985 年 11 月版，第 96 页。

② 金城：《延安交际处回忆录》，中国青年出版社 1986 年版，第 200 页。

③ 参见中央档案馆《中共中央文件选集》（14），中共中央党校出版社 1992 年版，第 314 页。

"生活上要热情周到，给予优待和照顾，但也要量力而行，不铺张浪费"①，"要广交朋友，建立友谊"②。在食宿安排方面，延安交际处把观察组第一批人员安排在窑洞招待所。曾任观察组后勤管理员的李耀宇回忆说："为了给美国人改善伙食，交际处的人员把一只汽油桶改造成了烤炉，为美军观察组的人员烤起了羊肉和整鸡。……'延安鸡'和烤肉饼餐餐都被美军官兵吃得一干二净。"③ 交际处的工作人员还经常邀请观察组的成员们出席延安的联欢会和舞会，观看延安鲁迅艺术学院的学生们演出的《黄河大合唱》、《日出》等剧目，以及群众表演的热情洋溢的秧歌舞，赢得了观察组成员的心。

三　"正面宣传，求同存异，互利双赢"的统战策略

中共中央在制定战时国际统战策略时，强调"正面宣传，求同存异，互利双赢"。毛泽东在《中英人民站在一条战线上：为英国援华运动委员会举行"中国周"而作》一文中写道："中英人民是站在一条战线上，但是英国政府对于这样重大的侮辱也只轻轻地提了一纸书面的抗议。这种办法，实际上援助了日本，使他们大胆地抢掠英国在华的权益和财产。……日本最近在其支配的地方强化反英宣传，所以，英国人民援助中国实际上就是保卫自己。因此中国共产党提议，英国人民应该采取具体有效的办法，督促英国政府，使它和英国人民站在一起，立即采用更切实有效的制裁日本强盗的步骤。……我们和英国之间并不存在着万里长城，我们中间却存在着一个共同铲除侵略者法西斯的心。让我们手扯手地共同努力，保卫民主政治，打倒人类的暴徒法西斯！中国人民与英国人民团结起来！"④ 1939 年，毛泽东在与一位名叫马丁的美国合众社记者谈话时风趣地说："日本终将在中国的游击战争的打击下走向衰落，到时候'苏联给它背上一拳，美国在东面送它一脚，英法从南面给它一个耳光，让日本法西斯蒂

---

① 金城：《延安交际处回忆录》，中国青年出版社 1986 年版，第 199 页。

② 杨尚昆：《杨尚昆回忆录》，中央文献出版社 2001 年版，第 222 页。

③ 参见李耀宇口述，李东平整理《我所知道的延安美军观察组》，《南方周末》2004 年 2 月 19 日。

④ 毛泽东：《中英人民站在一条战线上：为英国援华运动委员会举行"中国周"而作》，桂林《救亡日报》1939 年 7 月 8 日。

见阎王，那就是中国所谓的地狱。'"①

在具体要求方面，周恩来给中共中央南方局外事组拟定了"站稳立场、坚持原则、机动灵活、多做工作、扩大影响、争取多数、孤立敌人"和"中肯求实、有理有节、求同存异、不卑不亢、平等待人、礼贤下士"的要求，广泛地与各国驻重庆大使馆建立联系，结交朋友。② 特别是在"求同存异"方面，周恩来认为，外事组应不受中共与欧美国家来华人士意识形态迥异的束缚，而应抓住双方反对法西斯、争取民主的共同性，利用多种途径、采取多种方式开展与来华英国人士的友好交往工作，尤其是做好外国驻华大使馆人员的工作。故外事组的主要任务确定为宣传和交友，了解国际形势，重点是英美等国的对华政策，以打破国民党的外交垄断，打开对英美联络的窗口，争取英美对中共的了解和支持，使中共逐渐走向国际大舞台，扩大中国共产党在国际社会的影响。③

当时开展"求同存异"的国际统战工作最为成功的事例，莫过于身为中共中央南方局外事组成员的乔冠华、龚澎，与美国驻重庆新闻处处长、历史学者费正清的交往。作为中共党员的乔冠华和龚澎，他们信仰的是共产主义，是以马克思主义和列宁主义理论为指导的，主张阶级斗争，最终实现社会主义和共产主义的，对共产主义有着无比坚定的信念。这可以从皖南事变后，面对国民党特务随时可能的暗中绑架、暗杀的危险，他们仍以无比坚定的革命信念战斗在陪都重庆，并多次从红岩村到市中区的外国记者们居住地、集中的地方（现在重庆解放碑及附近地区），向外国记者们宣传皖南事变的真相，揭露国民党的阴谋。而费正清（John King Fairbank，1907—1991），作为一个地地道道的美国人，1942 年 9 月以美国国务院文化关系计划联络官的身份，在重庆主持美国新闻处的工作。他对美国资产阶级民主、自由有着明显的"痴迷"，也从没有赞同过共产主义、社会主义，并从心底抵制"共产主义"、"阶级斗争"、"马克思主义

---

① 《毛泽东同美国记者马丁的谈话记录》，1939 年 2 月 7 日，转引自中共中央文献研究室《毛泽东年谱（1893—1949）》中卷，人民出版社 1993 年版，第 138 页。

② 参见《南方局组织分工及机构设置》，载中共湖南省委党史研究室编《中共中央南方局的党建工作》，中共党史出版社 2009 年版，第 15 页。

③ 参见中共广西壮族自治区委员会党史研究室《中共中央南方局的统一战线工作》，中共党史出版社 2009 年版，第 305 页。

理论"。但在抗日战争这一特殊背景下，信仰美国资产阶级民主的美国人费正清竟然与意识形态迥异、信仰共产主义的乔冠华、龚澎成了好朋友。龚澎的美丽容貌和女性魅力、勤奋敬业的精神、待人诚恳的态度、光明磊落的胸怀、对事物敏锐的洞察力、分析问题的严密逻辑性、语言的清新幽默以及对西方记者特性的深刻了解、对党和人民解放事业的无限忠诚等等，很快赢得了包括费正清在内的一批外国人的信赖与敬佩。他们一致认为："龚澎的一举一动，体现着大家所熟悉而且十分欣赏的周恩来的工作作风。"龚澎还教他们学习汉语日常会话，送达来自延安的新闻稿。[①]1943 年 4 月在重庆时，乔冠华突然得了肠穿孔引起的急性弥漫性腹膜炎，抢救时做了腹腔手术，因失血过多急需输血。而战时医院缺血，《新华日报》和八路军驻重庆办工作人员都去献血，但因血型不匹配仍然缺血。谢伟思知道后，就与另外一个美国友人前来献了血。

四　主动出击，广交朋友

抗战时期，中共中央的领导人毛泽东、周恩来等人高度重视主动出击，广交国际朋友，开展统战工作。抗战初期，中共中央就派吴玉章到国外加强宣传，主动出击，开展国际统战宣传工作。1937 年 11 月，吴玉章到巴黎，会同饶漱石、吴克坚等进行国际宣传工作[②]。吴玉章在巴黎作了多次公开的讲演，在国际社会援助西班牙的大会上，在法国"中国人民之友社"所召集的援助中国抗战的大会上，吴玉章都慷慨陈词，宣传中国的抗战，宣传中国人民的抗日斗争，呼吁各国人民和世界舆论予以同情和支持。1938 年 2 月，吴玉章作为世界反侵略大会中国分会的代表出席了伦敦世界反侵略大会，作了"中国抗日战争的新阶段"的讲演，探讨了抗战以来在军事上、政治上、社会上、经济上、国际上有利于中国抗战的新变化，进而指出，只要中国能够保持抗日民族统一战线，与日寇坚决抗战到底，最后的胜利一定是中国的。[③] 他在讲演中还指出，日本灭亡中

---

① 参见［美］费正清《费正清自传》，黎鸣译，天津人民出版社 1993 年版，第 327 页。

② 参见吴达德《论吴玉章在海外的抗日宣传活动》，载中国社会科学院近代史研究所编《中国抗战与世界反法西斯战争》（下卷），社会科学文献出版社 2009 年版，1145 页。

③ 参见吴玉章《吴玉章抗战言论选集》，中国出版社 1938 年版，第 33 页。

国以后，准备占领印度、安南、菲律宾群岛、澳洲以及准备进行反对苏联、美国和英国的"大战"，以便夺取大日本帝国在全世界的统治的计划。① 吴玉章进一步指出，反对日本法西斯军阀，不只是中国人民的任务，而且是全世界人类共同的任务。② "所以援助中国制止日本军阀之侵略战争，不仅是救护中国而且也是救护日本人民，同时，也就是拯救世界人类，使脱出战争浩劫。"③

他的讲演稿，被印成英文、法文小册子，在伦敦世界反侵略大会上广为散发，产生了很大的影响。④ 1940 年 11 月，毛泽东要求驻重庆的八路军办事处外事组向美国记者"自动地有计划地供给各种适当的情况材料"，"以便加强国内外宣传，提高中共的外交地位，为形成中共与英美之间一定程度的外交关系开辟途径"⑤。尤其是中共中央长江局和中共中央南方局的负责人、专门从事国际国内统战工作的周恩来，为长江局国际宣传组和南方局外事组制定了"宣传出去，争取过来"的方针⑥，采取主动出击，广交朋友的措施，也即这个统一战线，应该是上层的；同时又是下层的；是政府的，又是民众的。⑦ 因为在当时多国多方博弈（美英苏日中、蒋介石国民政府、汪伪国民政府、中国共产党）中，中共是处于相对弱势的一方，为了更好地争取国际力量支持中国的抗战，中共选择了积极主动出击。在重庆时期，周恩来也主动与外国来华人士交流。比如，周恩来与加拿大传教士文幼章友谊深厚。文幼章在抗战时期曾被蒋介石聘请为新生活运动的顾问，后因与蒋介石冲突，于 1940 年春辞去新生活运动顾问。从 1943 年到 1944 年，他对重庆国民政府的腐败堕落感到担心和忧虑，并因在教学和讲演中始终宣扬"民主救中国"的观点，以致被人称为"共产党人"，而不是传教士。后文幼章在华西协和大学教英语，并得

① 参见吴玉章《吴玉章抗战言论选集》，中国出版社 1938 年版，第 14 页。

② 同上书，第 39 页。

③ 同上书，第 27 页。

④ 参见吴达德《论吴玉章在海外的抗日宣传活动》，载中国社会科学院近代史研究所编《中国抗战与世界反法西斯战争》（下卷），社会科学文献出版社 2009 年版，第 1145 页。

⑤ 南方党史资料征集小组：《南方局党史资料》1986 年第 1 期，第 47 页。

⑥ 参见中共中央文献研究室《周恩来年谱（1898—1949）》，中央文献出版社 1989 年版，第 574 页。

⑦ 参见周恩来《太平洋战争与世界战场》，载重庆《新华日报》1941 年 12 月 14 日。

到加拿大使馆的默许，成为一名化名"海亚利"的美国战略情报局的秘密工作人员。① 1945 年 1 月，在曾家岩 50 号周公馆，他与周恩来相见了。当时，周恩来召开了记者招待会，发布完新闻，正在回答记者们的提问。美国《时代》、《生活》杂志的记者提了一个问题，周恩来的翻译感到有些难以翻译，正在斟酌字句时，文幼章站起来，把记者的问题准确地翻译成中文。记者招待会后，周公馆的一位工作人员征询文幼章是否愿意留下来，周恩来想认识他，文幼章表示愿意留下来。周恩来与他进行了一次长谈，改变了文幼章的一生。周恩来说，希望文幼章博士能将共产党的主张和活动全面向美国战略情报局报告，因为"我们想让美国知道我们的一切，我们没有什么隐瞒的"②。文幼章感谢中共对他的信任，并表示希望能有机会定期得到中共的消息。周恩来把他的助手——中共中央南方局外事组的重要成员龚澎介绍给他认识。在以后的交往中，文幼章一直与龚澎联系。1945 年 2 月，中共中央南方局的成员张友渔又去与文幼章交谈。在以后的 6 个月时间里，张友渔定期会到华西坝 11 号文幼章的寓所交流。文幼章向他提出了许多问题，例如为什么是"新"民主，它如何区别于"旧民主"。对于文幼章提出的问题，张友渔给予了耐心的回答，这使文幼章的思想逐渐偏向共产党③。再比如，周恩来对美国记者 Hugh Deane 和 Wendell Willkie 的统战工作。1941 年春季，当 Hugh Deane 带着一个沉重的、装满了写有关于国共关系材料的笔记本离开之前，周恩来和他的助手专门为他举办了告别宴会。在宴会上周恩来给他一份关于国民党军队与中共军队发生冲突和相互对峙的地图。④ 1942 年春季，周恩来与 Wendell Willkie 交谈。⑤ 1945 年 4 月，联合国成立大会期间，作为中国代表团成员的董必武也主动冲破国民党的新闻封锁，在美国活动 7 个多月，会见了美国友好人士、新闻记者及部分美国上层人物、华侨人士，并主持出版了英文版《解放区实录》，散发给出席旧金山会议的各国代表、外国记者，详

---

① 参见王泓等编《周恩来与国际友人》，重庆大学出版社 1995 年版，第 49 页。

② 《周恩来与国际友人》，重庆大学出版社 1995 年版，第 49 页。

③ 参见《周恩来与国际友人》，重庆大学出版社 1995 年版，第 50 页。

④ Stephen R. Mackinnon and Oris Friesen, *China Reporting: An Oral History American Journalism in the 1930s&1940s*, Los Angeles: University of California Press, 1987, p. 104.

⑤ Ibid., p. 106.

细介绍了解放区军民在抗击日寇、政权建设等方面的成就，在国际上宣传了中共的正面形象，促进了美国人民对中共的了解。比如，费正清通过与中共党员、《大公报》记者杨刚的接触和交往，加深了对中共的认识。费正清在其 Chinabound, a fifty-year memoir 一书中写道："我从另外一个名叫杨刚的年轻妇女那里了解了有关中国革命者的活力。杨刚也是在中国有着很大影响的报纸《大公报》的资深文学编辑（好比具有巨大影响力的《泰晤士报》文学副刊的编辑）。"① "杨刚说着一口流利的英语，非常聪明，并一心投入其文学作品之中。……随着我们持续的面谈和书信交流，她使我对中国知识分子的复杂角色进行深入的分析。中国的知识分子们习惯依赖官方，但同时也喜欢对官方的一些做法进行道德批判，他们目前为个人的生存权利而斗争……对我来说，这种讨论真像是上天惠赐给我的，能够交到这样的朋友对我来说真是非常幸运的。"②

延安交际处也广泛出击，广交朋友。当时来延安的人员不仅数量较大，而且人员类别也比较复杂。从国别来说，当时到延安的外国人，来自苏联、英国、美国、日本、印度、加拿大等十多个国家。从1937年10月至1941年7月，加拿大医生白求恩率领的医疗队、英国记者贝特兰、美国记者霍尔多·汉森、美国记者乔伊·荷马与罗伊及罗伯特·布朗、世界学生联合代表团、印度医生柯棣华率领的医务组、荷兰驻香港领事范武登等人访问延安，都是由延安交际处负责接待的。其中1938年6月底至7月初的世界学生联合代表团影响很大。

1938年6月29日至7月4日，世界学生联合代表团一行到延安进行了为期一周的访问。在延安交际处的安排下，毛泽东在7月2日接见了代表团全体成员，详细回答了代表团提出的有关中国抗战的5个问题。毛泽东详细阐述了中国共产党关于战后中国应该建设成为一个自由平等的民主国家，表示共产党愿意联合全国一切的党派与人民，大家努力建立这样一个国家。同时还强调："建立这样一个国家，不是在把日本赶到鸭绿江之后的第二天才开始的，抗战过程中的各种工作，就都与建立这样的国家有

---

① John King Faitbank, *Chinabound, A Fifty-year Memoir*, New York: Harper and Row, Publishers, 1982, p. 273.

② Ibid., pp. 274 – 275.

关联。"① 毛泽东接见代表团的长篇谈话全文刊登在 7 月 25 日的《新华日报》上。这次谈话实际上是中共的一次成功宣传：向国际社会全面阐述政治主张以及在全国抗战中的地位，这对于国际社会突破国民党新闻封锁、了解中共的政治主张和在抗战中的作用产生了重大影响。

　　延安交际处克服艰苦的条件限制，对来延安的外国人员在物质条件方面尽量特殊照顾，使他们感受到中共对统一战线的重视。1944 年，英国的林迈可、李效黎夫妇到达延安，下榻延安交际处，延安交际处根据中央首长的指示，给予林迈可夫妇生活上很大的照顾。D. 包瑞德在其所写的《美军观察组在延安》一文中记载："在延安，共产党十分关心我们的伙食安排。……早上没有咖啡供应，只要和观察组联络的官员陈家康一说，就会端来芳香的酿酒给我们喝。"② 美国记者福尔曼也在其所著的《北行漫记》中写道，每个人有一间指定的舒服窑房，这住所比他们在重庆的记者招待所还好。③ 从以上外国人的回忆看来，偏居西北一隅的延安交际处在十分困难的条件下，确曾采取多种措施给予外国来陕北的人员各种方便，以争取国际人士。

---

① 《毛泽东先生与世界学联代表团柯乐满先生雅德先生傅路德先生雷克难先生之谈话》，《新华日报》1938 年 7 月 25 日第 4 版。转引自《毛泽东年谱》中卷，中央文献出版社 1993 年版，第 79—80 页。

② D. 包瑞德：《美军观察组在延安》，万高潮、卫大匡、王健康等译，解放军出版社 1984 年版，第 63 页。

③ 参见哈里森·福尔曼《北行漫记》，陶岱译，解放军文艺出版社 2002 年版，第 49 页。

第四章

经验之二：既联合又斗争，以联合为主

抗战时期，中共成功应对所面临的民族危机和自身发展危机，取得了比较显著的成效。其成功经验之二，就是在国际统一战线工作中坚持灵活性与原则性的统一，在双方博弈中求得合作——既联合又斗争，以联合为主。这种原则性体现在，不能为了争取英、美、苏等国，就对英、美对日本的绥靖政策不予批评，而是批评和谴责其绥靖政策；对苏联在抗战时期偏重国民党的政策也作一定的斗争。灵活性则体现在，不能因为英、美对日绥靖政策就没有节制地反对英、美，而是根据实际情况，批评留有余地，把握好"度"；也不因中苏两党在战时利益的不同"大吵大闹"，而是双方留有余地。

第一节 中共对美国政府、英国政府的联合与斗争

抗战初期，英、美从其远东和全球利益的考虑，对中日战争采取了"实利主义"政策。与此同时，蒋介石在英美的支持下也与日本进行秘密谈判（后来双方分歧太大没有谈成），这些都使中华民族处于危机中，中共及其领导的抗日力量的发展也面临危机。面对严重的民族危机，中共坚持原则性和灵活性的统一，与美、英两国政府的妥协政策进行了坚决的斗争，并积极呼吁美英放弃其在远东的对日妥协政策，同时又大力赞扬苏联对中国抗战的支持。

一　抗战时期中共对美、英的争取与斗争

抗战爆发后，面对日本法西斯帝国主义的疯狂进攻，以毛泽东为代表的中共中央把实现与美、英、法建立某种形式的反日同盟作为急迫之事。1937年11月24日的《新华日报》社论《英美还能忍让吗？》，公开呼吁英、美等民主国家，尽最大努力援助中国抗战。① 12月20日，《新华日报》再次发表社论，强调美国给予中国的桐油借款和英国对华借款具有很大的政治和经济意义，表明了英、美两国走到采取对华援助和制裁日寇侵略的路上。1938年2月，毛泽东在与美国记者王公达交谈时强调，罗斯福总统谴责法西斯，霍华德系报纸同情中国抗日，尤其是美国广大人民群众对中国抗日斗争的声援，这些都是中国人民所欢迎与感谢的，并指出，中美两国及其他一切反对威胁的国家应进一步联合对敌。②

但是，1938年5月—1939年12月，英、美出于其全球利益考虑，与日本妥协，导演"远东慕尼黑阴谋"，中国共产党对他们进行了谴责和批评。

1938年5月，鉴于英国出于其远东利益的考虑，抛开中国，私自与日本在东京讨论中国的海关问题，并签订严重有损中国海关利益的非法的有关中国的海关协定，中国共产党对英国政府进行了批评。5月5日的《新华日报》发表短评，严正指出："英国的这种做法，是藐视我国主权的措施……它是对强者软弱退让，牺牲弱者，以图得保持一己利益③"。是年6月，毛泽东在中共中央六届六中全会上针对国际形势问题指出：虽然总的发展趋势有利于中国，但就目前来讲，"……无论是各大国间的战争前夜或战争爆发，西方的各大小国家都将以解决欧洲问题放在议程的第一位，东方问题则放在第二位。在这种情况下，一些西方国家在一定时期内有可能同日本进行某种程度的妥协④"。1939年1月20日，毛泽东在为

---

① 参见社论《英美还能忍让吗？》，《新华日报》1937年11月24日。

② 参见《同合众社王公达的谈话》（1938年2月），载中共中央文献研究室《毛泽东文集》第2卷，人民出版社1993年版，第103页。

③ 参见评论员《英日海关协定成立》，《新华日报》1938年5月5日第3版。

④ 中央档案馆：《中共中央文件选集》第11册，中共中央党校出版社1991年版，第580页。

《论持久战》英译本所写的序言中批评了英、美的远东政策。他指出，"在英美诸民主国家尚存在孤立观点，不知道中国战败，英美等国将不能安枕……援助中国就是援助他们自己，才是当前的具体真理"①。1939年7月，英国与日本签订了《有田—克莱琪协定》，7月25日的延安《新中华报》发表社论，严正警告英国政府："你们的妥协政策，只是自掘坟墓。……因此，要保持你们在远东的利益，只有坚决抵抗日本，绝不是牺牲中国，与日本作妥协投降。"②1939年7月29日，中国共产党中央委员会发出了《中央关于反对东方慕尼黑阴谋的指示》。指示强调指出：中共在舆论上、行动上表示中国人民对于英国张伯伦妥协派牺牲中国利益、向日投降的行径表示严重抗议，对任何形式的东方慕尼黑阴谋的坚决反对。……英美法的这种政策只有助长世界法西斯集中力量反对张伯伦的投降政策。③在谴责英美对日妥协的同时，中国共产党又极力争取英国人民与英国政府中主张对日强硬者，"主张英国人民与政府应改变这种损人利己的错误政策，以争取英国改变政策。……并宣传苏联对中国抗战的援助"④。1939年9月14日，毛泽东谴责了美国对日本的妥协，指出，在两年的中日战争中，美国实施所谓的"中立"政策，在此假面具下却大发一笔战争的洋财，现在它又想在新的战争中大发洋财。对此，中国共产党党员们应当在中国人民面前，揭穿美国政府的帝国主义政策，揭穿其大发战争洋财的政策。⑤9月下旬，毛泽东在延安干部大会上发表了《第二次帝国主义战争讲演提纲》，指出："……资本主义已经走到尽头，大变化大革命时代已经到来。……中国共产党号召，交战国人民揭穿战争的帝国主义性质，反对帝国主义战争，变帝国主义战争为国内革命战争，建立反

---

① 参见毛泽东《抗战与外援》（1939年1月20日），《八路军军政杂志》1939年第2期，转引自唐洲雁《毛泽东的美国观》，陕西人民出版社2009年版，第78页。

② 《新中华报》1939年7月25日，转引自关培凤《中国与世界反法西斯联盟》，武汉大学出版社2009年版，第230页。

③ 参见中央档案馆编《中共中央文件选集》第12册，中共中央党校出版社1991年版，第150页。

④ 复旦大学历史系中国近代史教研组编：《中国近代对外关系史资料选辑》（1940—1945），下卷第二分册，上海人民出版社1977年版，第132—133页。

⑤ 参见毛泽东《第二次帝国主义战争讲演提纲》，1939年9月14日，《新中华报》1939年9月19日。

帝人民统一战线。"①

当然，中共在批评英美对日妥协问题上依据具体情况具体分析，而且极力争取英美改变对日妥协政策。1939 年 1 月，《新华日报》赞扬美国的外交政策逐渐向对日本强硬转变，并进而强调中国应善于运用有利的外交形势，加强与美国的外交关系，不断加强中国人民和美国人民的团结，希望美国彻底修改中立法，更大限度地援助中国抗战②。1939 年 3 月 7 日，周恩来在安徽新四军军部所作的演讲，对日军侵华新政策涉及的国际关系作了分析和阐述："是日军争取德意支持，互相声援；离间和分裂各个大的民主国家；尽量利用反共同盟和其对苏联的敌对……日本的对美政策是竭力避免与它发生冲突。因为日本急需美国原料的接济。对英国的政策，则是胁迫英国使之与日本妥协，所以日本时常使用强迫手段，继续封锁长江，断绝英国的贸易，孤立香港，使之与广东本部隔离，接着又再占领海南岛。日本对上海公共租界的英国领导地位一再施以威胁，进占中国沿海海关，打击英国金融上的利益，以便强迫英国与日本妥协，进而承认日本'独霸中国'。"③ 美国著名记者 Astatieus 写成英语，寄美国著名报纸发表。英国民众是同情中国的斗争的，而且一部分拥有在华重大利益的人，也要求英国政府采取援华政策。但同时也有一部分人要求与日本妥协。这些矛盾也是英国远东政策动荡不定的原因所在。日本分离各个援华国家的政策的特质，是威胁香港和安南，迫使英法与中国断绝，从而使中国除了苏联的援助外，处于孤立中。④ 7 月 24 日，美国宣布废止《日美商约》，并对日本实行"道义禁运"，中共对此表示热烈欢迎。针对美国的这种积极变化，10 月 22 日，中共在国统区的重要报纸《新华日报》上发表社论指出，依据自主外交的原则，进一步在外交上加强中美之间的关系，逐渐使美国停止输送军火给日本帝国主义。⑤ 社论肯定和赞扬了美国在远东政策

①　毛泽东:《第二次帝国主义战争讲演提纲》,《新中华报》1939 年 9 月 19 日。

②　参见陶文钊《中美关系史（1911—1949）》,上海人民出版社 2004 年版,第 192 页。

③　参见《周恩来论抗战新阶段与侵略者新政策》,梅益译,《文献》1939 年第 8 期,第 18—19 页。

④　同上书,第 20—21 页。

⑤　参见中央档案馆编《中共中央文件选集》（第 12 册）,中共中央党校出版社 1991 年版,第 151 页。

上的积极变化。当然，对于英国在 1940 年 7 月关闭滇缅公路的有损中国抗战的行动，中共也进行了一定的批评。1940 年 7 月 25 日，中共在国统区有影响的《群众》杂志发表社论指出："英国对日寇这个助纣为虐的协定，从当前来看，分明是在帮助日寇，迫胁中国投降的。大英帝国这种损人利己、背信弃义的行为，引起了中国民众和全世界有正义感的人士的愤慨。"①

进入 1940 年下半年以后，国际形势发生显著变化，太平洋地区形势诡异。日本制定了《适应世界形势的时局处理纲要》，正式决定向南洋推进。这引起了美国和英国的极大不满，美英的远东政策开始由"中立"向"援华制日"转变，尤其是美国政府。中国共产党采取积极措施，加强与美英的合作与交流，提出应与英美作外交联络，并对英美记者采取欢迎态度。1940 年 11 月 6 日，英国开放滇缅路、美国对中国的借款，英美在一定程度上表示了反日决心。毛泽东专门致电周恩来，指出："尽管英美仍是'帝国主义战争集团'，但蒋加入英美集团有利无害，我们不要骂'英美与英美派'了，应与英美作外交联络。"② 1940 年 12 月 25 日，中共中央发出《关于对待英美籍新闻记者态度的指示》，要求对前来接洽访问的英美记者，要采取热烈欢迎与积极招待之态度，……以便经过他们形成与英美之间一定程度的外交关系③。为了争取英、美对中国抗战的支援，消除国民党的对日妥协倾向，1940 年，20 多万的八路军部队在华北进行了"百团大战"，向日本帝国主义军队发起了猛烈的攻击，打死、俘虏日伪军 4 万余人。百团大战沉重打击了日寇的嚣张气焰，打破了"皇军不可战胜"的神话，向全世界又一次显示了中华民族的斗争力量，对那些愿意援助中国抗战的国家证明：中华民族是有最伟大力量与远大前途的，因而在全国抗战外交方面也将产生良好的影响。④

① 复旦大学历史系中国近代史教研组编：《中国近代对外关系史资料选辑（1840—1949）》，下卷第 2 分册，上海人民出版社 1977 年版，第 135—138 页。

② 《毛泽东关于不反对蒋加入英美集团及制止投降分裂致周恩来电》，载《中共中央文件选集》第 12 册，第 551 页。

③ 参见《中共中央对于对待英美籍新闻记者态度的指示》，1940 年 12 月 25 日。载唐洲雁《毛泽东的美国观》，第 89 页。

④ 参见徐肖冰《新华社记者笔下的抗战：彭副总司令谈百团大战》，《新中华报》1940 年 9 月 15 日。

苏德战争爆发后，中共更加重视与英、美等国的暗中联合。1941 年 7 月 5 日，毛泽东致电周恩来，向他介绍了《抗战四周年纪念宣言》的起草情况。毛泽东指出：宣言的宗旨是拉英、美、蒋，反德、日、意①。6 日，他再次致电周恩来，强调对美主要是拉，批评可减少②。1941 年 7 月 11 日的《解放日报》赞扬了英国对中国抗战的援助。当时的报纸报道：艾登（英国外交大臣）在答复议员质问时表示，英决定继续尽力援华，英报称中国抗战为"英好榜样"③。当然，面对 1941 年 3—12 月日美的秘密谈判，中共也高度重视，并采取批评的态度。1941 年 3 月，美国和日本代表进行谈判，企图在没有中国代表参加的背景下，通过牺牲中国部分利益以求得与日本妥协，并拟定了《日美谅解方案》。为了揭露美国的阴谋，1941 年 5 月 25 日，毛泽东专门起草了题为《揭破远东慕尼黑的阴谋》的指示。毛泽东强调指出，日美正在酝酿牺牲中国达成妥协以造成反共、反苏的东方慕尼黑新阴谋。中国共产党必须揭穿和反对这种阴谋。④ 当然，在揭露美国的对日妥协方面，中共也联系实际进行了认真分析。1940 年 8 月，面对日本"南下"战略的浮现，中共认为，英、美两国为了保护其东南亚的利益，由劝和中日的远东慕尼黑政策转到利用中国牵制日本的政策。⑤ 但到了 1941 年，随着德国法西斯在欧洲的节节胜利，美国为了全身心地应付欧洲，秘密与日本谈判。为此，1941 年 5 月 30 日的《解放日报》社论指出："西方形势的紧急，参战之必不可免和日益迫近，使得美国的统治阶级不能不考虑，怎样避免两洋作战的险恶局面。就是说，不得不复活'绥靖'远东的'妙计'。"⑥ 由此可以看出，美国与日本秘密谈判有其深刻的原因，即美国为了避免两面作战的险恶处境不得不采取的措施。这是一定程度上设身处地从美国的角度认识美国的对日秘密谈判。

---

① 参见《毛泽东年谱》（1893—1949）中卷，中央文献出版社 1993 年版，第 31 页。

② 同上书，第 31 页。

③ 《艾登答复议员质问》，《解放日报》1941 年 7 月 11 日第 2 版。

④ 参见《毛泽东选集》第 3 卷，人民出版社 1991 年版，第 804 页。

⑤ 参见《中央关于时局趋向的指示》（1940 年 9 月 10 日），载《中共中央文件选集》第 12 册，第 479 页。

⑥ 《为远东慕尼黑质问国民党》（1941 年 5 月 30 日《解放日报》社论），载中央档案馆《中共中央文件选集》，第 13 册，中共中央党校出版社 1991 年版，第 489—491 页。

太平洋战争爆发后，美国和英国明确对日本宣战，中国与美、英成为共同抗击日本法西斯的盟友，中国共产党对美、英的态度以积极的争取和联合为主。在抗战后期，随着法西斯政权的纷纷覆灭，英、美开始谋划战后远东格局，尤其是美国采取了扶持蒋介石国民政府的政策，中国共产党与美、英的关系又恢复联合与斗争并重的局面。关于这一点，本书在后面中国共产党的国际统战工作中将详细论述。

二 抗战时期美国援助中共的计划及双方的博弈

太平洋战争爆发后，美国对日宣战，中国共产党把这视为"太平洋上反日的民族统一战线伟大结合的开始"①。而蒋介石借美国参战之机，在抗日问题上走向消极，并大量囤积美国援华物资，以备战后消灭共产党之用。为了限制中共的发展，国民党顽固派用三十万装备精良的中央军封锁陕甘宁边区。孙中山的儿子孙科也对此表示质疑，认为这是国民党不能有效地进行抗战的主要障碍之一。② 国民党不积极抗日，把部队用于对付和封锁八路军，违背了战时美国的远东利益，使美国感到失望。以史迪威、谢伟思、戴维斯等美国驻华官员为代表的"中国通"们，主张联共抗日。1943 年 9 月 6 日，他提议十八集团军（共军）与国军并肩作战，以减轻日本对重庆和美国空军基地的威胁。史迪威在致蒋介石的信中建议，给西北地区的军队（包括中共在陕甘宁边区的八路军）以充足的给养使之发挥作用。③ 随后，美国驻华大使馆官员戴维斯又向罗斯福的高级助理霍普金斯建议，假使蒋介石不能或不愿改变现状，华盛顿必须考虑同中共合作；美国应当避免死心塌地地支持蒋介石。④ 史迪威还曾调用美军飞机帮助"保卫中国同盟"向延安运送医药品等物资。在开罗会议期间，罗斯福向蒋介石表示，美国不准备卷入中国的任何内战局势，希望中国团

---

① 重庆大学马列主义教研室：《周恩来同志在重庆期间发表的重要文章和讲话汇辑》，重庆出版社 1980 年版，第 167 页。

② 参见《中美关系资料汇编》第 1 辑，世界知识出版社 1957 年版，第 129 页。

③ 参见［美］赫伯特·菲斯《中国的纠葛》，林海、曾学白译，北京大学出版社 1989 年版，第 86 页。

④ 参见［美］迈克尔·沙勒《美国十字军在中国（1938—1945）》，郭济祖译，商务印书馆 1982 年版，第 142 页。

结起来一致抗日。……在战争还在进行之时，国民党应与延安的共产党人组成一个联合政府①。罗斯福曾对其儿子说，他曾在私下叮嘱蒋介石支持共产党领导的部队进行抗日。② 1944 年 4 月，国民党军队在日本发动的豫湘桂战役（一号作战行动）中大败，暴露了国民党的腐败和军事战斗力的下降。而从 1944 年春起，中共敌后根据地先后转入局部反攻，八路军、新四军相继控制了沿海的一些地方，这使美国看到了在战胜日本的过程中中共的重大价值。为了使中国在战后成为一个亲美的大国，还有必要在政治上和军事上支持延安，防止中国共产党倒向俄国人一边。③ 史迪威向美国军方明确提出援助中共的请求，他在给马歇尔的信中说，重庆不能够或者不愿意积极行动，……在大多数情况下军队处于一筹莫展的境地。如果美国能够训练和装备延安的军队，就能挽回局面。④ 8 月 25 日，美军观察组成员谢伟思便向国务院打报告建议"将援助国民党转为援助共产党。共产党确有兴趣参加抗日战争"，"必须将中共军队装备训练，虽遭国府反对亦当不惜"⑤。这些报告更使罗斯福感到加强与中共合作的迫切性，认为扶蒋与援共是可以统一的。9 月 14 日，美国国防部参谋长马歇尔电告史迪威，美国陆军部打算将给中国的租借物资给予包括共产党和国民党在内的进行抗日的中国陆军。史迪威复电称："如果允许蒋介石及其一伙控制租借法案供应物资，你知道谁将得到供应、谁将得不到供应，我们得想办法将武器交给要打日本的共产党。"⑥

抗战后期，史迪威、高思、戴维斯、谢伟思等驻华美国官员主张在援助国民党的同时，给予中共军队有力的援助，加强与中共的合作，由此才能很快战胜日本。而以陈纳德、赫尔利、魏德迈等为代表的美国官员却主

---

①　参见裴克安《斯诺在中国》，生活·读书·新知三联书店 1982 年版，第 170 页。

②　参见任东来《争吵不休的伙伴：美援与中美抗日同盟》，广西师范大学出版社 1995 年版，第 140 页。

③　参见［美］迈克尔·沙勒《美国十字军在中国（1938—1945）》，郭济祖译，商务印书馆 1982 年版，第 187 页。

④　参见［苏］杜宾斯基《太平洋战争爆发后苏中美中关系变化的过程》，宋恩铭译，《苏联问题研究资料》（现改名《俄罗斯研究》）1988 年第 2 期。

⑤　梁敬錞：《史迪威事件》，商务印书馆 1973 年版，第 228 页。

⑥　参见［美］约瑟夫·W.史迪威等《中华民国史资料丛稿》（译稿）第二辑——史迪威资料，中华书局 1978 年版，第 118 页。

张全力援助国民党，不主张援助中共。到了 1945 年，随着欧洲各帝国的崩溃，日本势力的可能消失，中国在太平洋战争中已不具有严重的军事意义，此时战后政治上的考虑被放在了首位。罗斯福总统出于战后远东格局的考虑，不得不支持蒋介石，并把史迪威撤回美国，放弃了试图援助中共的主张。1945 年 1 月，美国国务院起草的长期对华政策的纲领性文件就写道："为使中国成为远东的主要稳定因素，美国必须支持中国现政府。"①

对于赫尔利对华政策的反复无常——由"扶蒋用共"到"扶蒋反共"，中共也进行了严厉的批评。本来赫尔利 1944 年 9 月 6 日刚来中国时，鉴于美国拟在中国大规模登陆作战，打击日本，而国民党政府和军队退到了中国西部地区，相比而言，中共领导的敌后抗日根据地更接近沿海地区，因此，他对中国共产党的评价比较高，并支持在中国建立联合政府的主张。美国驻华大使高斯给美国总统罗斯福的电报中也主张在中国建立联合政府。1944 年 9 月 16 日，高斯在致美国国务卿赫尔和总统罗斯福的电报中，主张在中国"建立一个战时内阁，使其他党派或组织的行政及军事领导人参加进来"②。这对赫尔利也产生了一定的影响。因此，赫尔利在 10 月 17 日、18 日和 24 日会见在重庆的中共干部董必武、林伯渠时，赞扬中共军队"组织、训练都好，力量强大，是决定中国命运的一种因素。中共应取得合法地位。……蒋介石为抗日的领袖，是中国公认的事实，但中国现政府还不民主。"③ 这种主张引起了中国共产党的注意，中共也邀请他访问延安。但是不久，美国在太平洋战场上实行的"跳岛"作战取得了显著的成效，成为进攻日本的战略要地，原来的通过中国大陆进攻日本的计划搁置下来，中共军队及抗日根据地对美国进攻日本没有太大的意义了。在此背景下，赫尔利向蒋介石提交了一份有利于国民党及其军队的国共谈判协议草案。张治中、王世杰根据蒋介石的意

① ［美］迈克尔·沙勒：《美国十字军在中国》，郭济祖译，商务印书馆 1982 年版，第 92 页。

② 《美国对外关系》1944 年中国卷，载重庆市政协文史资料委员会等编《抗战时期国共合作纪实》下卷，重庆出版社 1992 年版，第 349 页。

③ 《董必武、林伯渠致毛泽东电报》（1944 年 10 月 17 日、18 日、24 日），载《毛泽东年谱》中卷，第 551—522 页。

旨对草案进行了修改，突出强调"中共军队服从并执行中央政府及其军事委员会的命令"①。赫尔利拿着草案到延安与中国共产党商谈。经过三天的谈判，签订了与美国民主政治相似的解决政治矛盾的以组织联合政府和军事委员会为中心的"五条协议"，既保证了蒋介石的领袖地位，也调处了国共矛盾。他在与戴维斯谈话时表示，如果国民党拒绝五条协议并导致谈判失败，责任将在国民党方面②。但是蒋介石拒绝了"五条协议"，提出了继续维持国民党一党专政的"三点反建议"，赫尔利转而支持蒋介石的建议。

中共对赫尔利进行了严厉的指责。1944 年 12 月 8 日，周恩来会见包瑞德，尖锐地指责赫尔利背弃与中共签署的五点建议并为蒋介石的反建议做说客的行径③。1945 年 4 月 2 日，赫尔利离开华盛顿返回中国前夕，声称美国的政策是"承认中国的国民政府，而不是任何武装的军阀和武装的政党"④。该声明表明美国在国共争端中完全支持蒋介石。1945 年 4 月 5 日的《新华日报》指出，赫尔利的讲话有"助长中国分裂与内战的危险，有拖延抗战胜利的危险"⑤。1945 年 6 月 25 日，《解放日报》发表一篇题为《从六人被捕案看美国对华政策的两条路线》的时评，点名批评"赫尔利之流"如果不悬崖勒马，中国人民就要给他们以应得的教训⑥。7 月 4 日，毛泽东与在延安访问的美国民主联盟的两名代表时说，中共的几条烂枪，既可同日本人打，也可以与美国人打，第一步就是把赫尔利赶走了再说。⑦

---

① 牛军:《从赫尔利到马歇尔——美国调处国共矛盾始末》，福建人民出版社 1992 年版，第 35—36 页。

② See U. S. Department of State, *Foreign Relations of the United States*, *1944*, Vol. 6 , Washington, D. C. : Government Printing Office, 1967, p. 699.

③ 参见唐洲雁《毛泽东的美国观》，陕西人民出版社 2009 年版，第 120 页。

④ U. S. Department of State, *Foreign Relations of the United States*, *1945*, Vol. 7 , Washington, D. C. : Government Printing Office, 1969, p. 320.

⑤ 唐洲雁:《毛泽东的美国观》，陕西人民出版社 2009 年版，第 125 页。

⑥ 参见《从六人被捕案看美国对华政策的两条路线》，《解放日报》1945 年 6 月 26 日。

⑦ 参见左舜生《近三十年见闻杂记》，载《近代史中国资料丛刊》第 49—50 辑，(台北)文海出版社 1967 年版，第 540—541 页。

第二节　抗战时期中共对苏联的争取与博弈

抗战时期，中国共产党和苏联共产党虽然在意识形态、共同反对法西斯的问题上相一致，但是在自己的国家利益和民族利益方面，还是具有很大的差异性。因此，中共对苏联开展的国际统战工作包含了合作与博弈的两方面。一方面，中共要表明对苏联正义事业的拥护和尽力争取苏联的支持，以共同打败法西斯帝国主义的侵略；另一方面，中共又不得不抵制苏联为了民族私利而损害中国革命利益的做法。

一　中共开展对苏联来华人员的国际统战工作

由于意识形态的相似性，以及共产国际和苏联对中国共产党的帮助，中共始终把谋求苏联和共产国际的援助当作抗战时期外交工作的重点。因此，为了争取苏联对中国抗战的支持，消除苏联共产党和共产国际对中国共产党的一些误会和矛盾，中共积极开展对苏联来华人员，包括苏联驻华大使馆的工作人员、在延安的苏联人员，以及中共在莫斯科的人员对苏联国民的争取工作。以周恩来为核心的中共中央南方局十分重视与苏联驻华大使及苏联来华人士的交往工作，并多次就中国国内形势与苏联驻华大使交谈。1940 年 2 月后，随着中共驻共产国际代表任弼时离开莫斯科返回延安，中共在莫斯科就已经没有正式代表，莫斯科与中共间的联络，基本上就由延安与莫斯科之间的电台以及苏联派驻重庆和延安的机构承担。

抗战时期，为加强双方的交流，周恩来在重庆经常约见或拜见潘友新、崔可夫、罗申，交换对中国国内政局的意见。1940 年年底，时任斯大林特使、蒋介石总军事顾问的瓦西里·伊凡诺维奇·崔可夫赴重庆履任后，即与周恩来、叶剑英有密切的接触。[1] 1941 年 1 月，周恩来与崔可夫会谈国内政局。周恩来开门见山地说："尽管中共以大局为重，答应皖南新四军北移，让步以求团结，但是根据掌握的情报来看，新四军在北移途

---

① 参见中共中央文献研究室编《周恩来年谱》中卷，中央文献出版社 2007 年版，第 485 页。

中很有可能受到国民党军队的袭击。……希望苏联政府向蒋介石施加压力，迫使他改变内战的错误政策。"① 崔可夫用军人恳切的语言回答：如果国民党继续内战，他有权暂停援华军火于途中。据我们所得到的情报分析，蒋介石实际上已经做好对你们掌握的军队进行挑衅的军事准备。希望贵党能够有所警惕。皖南事变爆发后，周恩来和叶剑英赶赴地处枇杷山的苏联大使馆，约见了崔可夫和潘友新，告之以国民党发动皖南事变的悲剧，希望苏联向国民党施加压力。送走周恩来后，崔可夫同潘友新进行了长时间的磋商。不久，崔可夫同潘友新就会见蒋介石、何应钦、白崇禧等人，表明苏联政府对皖南事变的看法，强调指出，进攻新四军有利于日本侵略者，内战对中国意味着灭亡，因此，苏联政府反对蒋在中国时局维艰的时候发动"内战"。② 苏联外长莫洛托夫在莫斯科也拒不出席国民党驻苏大使原定举行的宴会。苏联作为此时国民党抗战的主要援助国，其态度也对蒋介石产生了较大的影响。中共驻上海地下组织也与苏联在华人员保持秘密联系，通过刘晓、刘长胜、潘汉年间接了解中共活动情况。通过广泛的交往，双方都主张中共与国民党共同抗日，反对国民党在抗战时期发动反共行动。

　　1939 年，周恩来还利用其在苏联治伤的机会，开展对苏联民众的国际统战工作。此时，周恩来和斯大林、季米特洛夫以及各国共产党的领袖人物，都有广泛的接触和交流③。在这一系列的交往活动中，周恩来向他们翔实地介绍了中国统一战线的来龙去脉以及其中的一些关键问题，同时也介绍了"中共领导的艰苦抗战情况"④。1940 年 1 月 17 日和 19 日，周恩来和邓颖超向共产国际汇报了中国共产党的相关情况。由卡里利奥、季米特洛夫（负责人）、周恩来、冈野进（日本人野坂参三）、迪阿司等组成的委员会，同中国同志和共产国际执委会干部及其他部的工作人员一

---

① 《周恩来年谱》中卷，中央文献出版社 2007 年版，第 485 页。

② 参见王泓等编《周恩来与国际友人》，重庆大学出版社 1995 年版，第 65—67 页。

③ 参见莫志斌《抗战时期中国共产党的国际交往活动新析》，《江西师范大学学报》2006 年第 1 期，第 94 页。

④ 莫志斌：《抗战时期中国共产党的国际交往活动新析》，《江西师范大学学报》2006 年第 1 期，第 94 页。

起，为共产国际执行委员会主席团拟订了相应的建议①。1940 年 1 月 29 日，共产国际书记季米特洛夫写信向斯大林报告了周恩来汇报的中共的情况。周恩来在莫斯科还有一个重要的任务，就是争取苏联对中共的援助。1940 年 1 月 29 日，中共中央青年委员会在延安发给周恩来、任弼时的电报中称：现有的安吴（陕西省安吴堡青年干部培训班）学校所在地区的局势紧张，学校在那里难以为继。这种学校可以建在延安，但没有经费。近期供养一个学生的费用增加了 5 倍。如果仅用我们党下拨的经费，那很少。因此，请提供援助，哪怕每月提供 1 万美元。② 针对中国抗战的实际和中共中央的电报精神，周恩来在莫斯科开展了卓有成效的国际统战工作和争取共产国际援助的工作。季米特洛夫在《向中共提供财政援助给斯大林》的信中称："中共中央委托周恩来同志向我们提出了党和军队的开支预算，并请提供军事援助。周恩来说，中国共产党的经济状况非常困难。其中，中国共产党的开支方面，每月 707960 中国元，每月党的收入只有 300000 中国元，赤字 407960 中国元，合 58280 美元。军队开支4200000 中国元（600000 美元），中国国民政府只拨给 770000 中国元，每月中共领导的地方政府筹集的收入是 1330000 中国元，军队开支每月缺2100000 中国元（折合 300000 美元），希望苏联提供援助。"季米特洛夫在信中建议 1940 年度向中共提供 35 万美元的援助③。

抗战期间，中共出于对日作战的需要，对武器的需求十分迫切，把对外争取武器的重点放在争取苏联的武器援助上，为此开展了积极的工作。比如，1938 年 2 月 2 日，康生在与第二次访问延安的苏军代表安德利阿诺夫会谈时明确提出中共需要"建设自己的国防工业"的问题，并希望

---

① 参见《共产国际执行委员会主席团会议第 33（A）号记录》。全宗：495 目录：2 卷宗：275 第 2 页。载中共中央党史研究室第一研究部译《联共（布）、共产国际与抗日战争时期的中国共产党（1937—1943.5）》第 19 卷，中共党史出版社 2012 年版，第 7 页。

② 《中共中央青年委员会致周恩来、任弼时的电报》，全宗：495 目录：184 卷宗：13 第 11 页。载中共中央党史研究室第一研究部译《联共（布）、共产国际与抗日战争时期的中国共产党（1937—1943.5）》第 19 卷，中共党史出版社 2012 年版，第 13 页。

③ 《季米特洛夫关于向中共提供财政援助给斯大林的信》，全宗：495 目录：74 卷宗：317 第 52—55 页。载中共中央党史研究室第一研究部译《联共（布）、共产国际与抗日战争时期的中国共产党（1937—1943.5）》第 19 卷，中共党史出版社 2012 年版，第 29—30 页。

共产国际能够提供经费让中共及时购买武器①。2 月 3 日，毛泽东也与安德利阿诺夫谈了武器和武装的问题，并向苏联元帅伏罗希洛夫提出资金和武器的要求。② 1938 年 3 月底，任弼时在莫斯科又向苏联提出武器援助的问题。③ 经过努力，中共获得了一些苏联的武器援助，虽然其与苏联援助国民党的武器装备相比是微不足道的。据不完全统计，苏联援助中共的武器大致是：1937 年 10 月，苏联援助中共的一批机枪，通过盛世才（当时任新疆督办，曾亲苏）转给中共；1937 年年底，滕代远从新疆返回延安时带回高射机枪 4 挺、子弹 2 万发④；1938 年 1 月，高自立将皮衣、军火等 10 车物资经兰州办事处运往边区；1940 年西路军余部返延时，除携带随身自卫武器外，还带机枪 4 挺、子弹 4 万发、日式三八步枪 30 多支等⑤。1940 年 2 月中共收到苏联援助的无线电设备灯管 20 只，碱性蓄电池 6 节和苛性钾。⑥ 1940 年 6 月，中共收到了苏联送的 500 瓦的发报机、整流器及其他物品。⑦

对于苏联在抗战初期对中国抗战的大力支持，中共曾给予高度评价。1939 年 10 月 24 日，为纪念十月革命二十二周年，《新中华报》发表毛泽东的题为《苏联利益与人类利益的一致》的文章；11 月 7 日，《新中华报》发表中国共产党中央委员会电贺苏联十月革命 22 周年纪念电；12 月 20 日，《新中华报》发表毛泽东撰写的题为《斯大林是中国人民的朋友》的纪念斯大林 60 寿辰的文章⑧。以上文章高度赞扬了苏联对中国抗日战

① ВКП（6），Коминтерн и китай Документbl T. V. , No 14, Ред. Коллегия：М. Лётнер и ър. -М.：российская политическаяэнциклопедия，2007，С. 86 – 87.

② ВКП（6），Коминтерн и китай Документbl T. V. , No14, С. 88 – 93.

③ 参见徐则浩《王稼祥传》，当代中国出版社 1996 年版，第 293 页。

④ 参见《滕代远传》写作组《滕代远传》，解放军出版社 2004 年版，第 200 页。

⑤ 参见萧显清《在新疆新兵营的日日夜夜》，载《革命回忆录》（第 13 辑），人民出版社 1984 年版，第 239 页。

⑥ 参见《中共中央给季米特洛夫的电报》（1940 年 2 月 8 日），全宗：495 目录：184 卷宗：13 第 13 页。载中共中央党史研究室第一研究部译《联共（布）、共产国际与抗日战争时期的中国共产党（1937—1943.5）》第 19 卷，中共党史出版社 2012 年版，第 14 页。

⑦ 参见《中共中央给季米特洛夫的电报》（1940 年 6 月 2 日），全宗：495 目录：184 第 66—67 页。载中共中央党史研究室第一研究部译《联共（布）、共产国际与抗日战争时期的中国共产党（1937—1943.5）》第 19 卷，中共党史出版社 2012 年版，第 72 页。

⑧ 参见《新中华报》1939 年 10 月 24 日、11 月 7 日、12 月 20 日的相关报道。

争大力支持的行动。1941 年 7 月 7 日的《新中华报》社论指出，从中国抗战那天起，苏联即在精神上物质上援助中国。在四年神圣抗战中，中国最主要而可靠的外援是苏联。[①] "……中国抗战之非孤立性，不仅一般地建立在整个国际的援助上，而且特殊地建立在苏联的援助上。中苏两国是地理接近的，这一点加重了日本的危机，便利了中国的抗战。"[②] 苏德战争爆发后，中共把中国的抗战与苏联的参战结合起来，高度评价苏德战争的重要作用。苏德战争爆发的第二天，毛泽东写的党内指示强调："苏联抵抗法西斯侵略的神圣战争，不仅是保卫苏联的，而且也是保卫正在进行反法西斯奴役的解放斗争的一切被压迫民族的。"[③]

二　中共在维护战时利益中与苏联共产党、共产国际的博弈

为维护中国革命的根本利益，中共对苏战略必须坚持独立自主原则，将对苏关系纳入国际统一战线的范畴，纳入符合中国国情的革命发展规划中。但苏联是以实力强弱和是否对其有利来选择其物质援助对象的。在大力支持蒋介石国民政府抗日时，对中国共产党领导的抗日队伍的支持却十分有限。因为在抗战初期，斯大林认为，中国抗日的主力只能是拥有几百万精锐武装的国民党军队，而不是只有 5 万简陋武器装备的共产党军队。斯大林还认为，国民党力量强于共产党不仅在于国民党本身的力量，还在于它可以得到英美的支持。因此只有国民党才是中国抗战的主力，只有支持国民党把日本的绝大多数兵力陷在中国战场上，苏联才有利。因此，抗战时期苏联给予中国的军事援助绝大多数都给予了国民党。德国人李德（奥托·布劳恩）当时在延安目睹的情况是："苏联的物资与技术援助，主要给南京政府，而分送到延安来的主要是急需的药物与医疗设备，以及政治读物。"[④] 这导致一些中国共产党人不满，"在延安出

---

① 参见国际关系学院编《现代国际关系史参考资料》（1939—1945），外交学院，1957 年，第 160—161 页。

② 参见《毛泽东选集》，第 3 卷，人民出版社 1991 年版，第 452—456 页。

③ 同上书，第 806 页。

④ ［德］奥托·布劳恩：《中国纪事（1932—1939）》，现代史料编刊社 1980 年版，中译本，第 286 页。

现了许多刻薄的讥讽，诸如‘武器交给了资产阶级，书籍给了无产阶级’。"①

抗战时期，苏联共产党和共产国际对中国采取"重视国民党，轻视共产党"的政策，还要求中共绝对服从国民党的领导，并采取了一些措施。1937年8月，共产国际执委会书记处召开会议专门讨论了中国抗战形势和中国共产党的任务。共产国际总书记季米特洛夫认为，中国抗战应该依靠蒋介石为首的国民党。中国共产党要完全服从于国民政府。提出："……抗日高于一切，一切经过统一战线，一切服从统一战线的口号，争取国共两党共同负责、共同领导、共同发展。"② 然而，由于国民党在抗战初期实行片面抗战路线，其领导的抗日战役大都失败，为此，毛泽东在1937年11月2日的《上海、太原失陷以后抗日战争的形势和任务》中要求在党内和全国均须反对投降主义，提出"必须反对共产党内部和无产阶级内部的阶级的投降倾向，要使这一斗争展开于各方面的工作中"，强调了中国共产党要成为抗战核心的主张。③ 毛泽东指出，在一切统一战线工作中必须密切地联系到独立自主的原则。该原则的实践和坚持，是把抗日民族革命战争引向胜利之途的中心一环。④ 共产国际对此十分不满，认为毛泽东领导的中共抗日斗争迷失了方向。因此，1937年11月14日，季米特洛夫派忠实执行共产国际决议的王明等人回国，协助中共中央贯彻共产国际的指示。王明回到中国以后，马上贯彻共产国际的指示。1937年12月，中共中央召开了十二月政治局会议，王明在会上作了《如何继续全国抗战和争取抗战胜利呢？》的报告，打着共产国际的旗号，反对毛泽东提出的独立自主和改造旧有国民政府的主张，反对在统一战线中分左中右，只谈划分"抗日派"和"投降派"，甚至认为不应该建立陕甘宁边区这样的政权机关。报告提出了"五个统一"："统一指挥、统一

---

① ［德］奥托·布劳恩：《中国纪事（1932—1939）》，现代史料编刊社1980年版，中译本，第286页。

② 周文琪等编著：《特殊而复杂的课题——共产国际、苏联和中国共产党关系编年史》，湖北人民出版社1993年版，第333页。

③ 参见毛泽东《上海太原失陷以后抗日战争的形势与任务》，《毛泽东选集》（一卷本），人民出版社1964年版，第366页。

④ 参见《毛泽东选集》第2卷，人民出版社1991年版，第391—396页。

纪律、统一武装、统一供给、统一计划",试图使中共交出军队的指挥权。① 他强调指出,应当承认"没有统一的国防军和统一的正规军是不能战胜日本帝国主义的,游击战不能战胜日本";"我们要拥护统一指挥,八路军也要统一受蒋指挥"②。会后,王明所在的长江局没经中央同意,发表了一些诸如依靠国民党来领导抗日等丧失原则的错误意见。1938 年 3月,中共中央在延安召开了三月政治局会议,王明作了"目前抗战形势与如何继续抗战和争取抗战胜利"的报告,主张中共进一步放弃军事领导权,又加上了"统一编制"和"统一作战"行动,提出中共所有军队"普遍地以实施运动战为主,配合以阵地战,辅之以游击战",提出全国抗日部队"统一指挥"、"统一编制"、"统一武装"、"统一纪律"、"统一作战计划"和"统一作战行动"的主张③,几乎将抗战胜利的希望都寄托在国民党军队上,使中共中央陷于非常被动的地位。1938 年 4 月 14 日,任弼时代表中共中央向共产国际递交了《中国抗日战争的形势与中国共产党的工作和任务》,强调国民党消灭共产党的企图仍没有变,介绍了八路军、根据地与游击战在抗日战争中的作用,提出必须"巩固党在八路军、新四军中的绝对领导"④。莫斯科因此才部分改变了对中国问题的看法。1938 年 6 月 11 日,共产国际执委会主席团作出决议,确认中国共产党的政治路线是正确的。季米特洛夫说"应该告诉全党,应该支持毛泽东为中国共产党的领导人,他是在实际锻炼出来的领袖"⑤。在共产国际支持下,毛泽东的领导地位和政治主张基本上得到了全党的承认。1938年 9 月 29 日至 11 月 7 日,中共在延安召开了六届六中全会,提出了"马克思主义中国化"的课题。⑥

　　苏联在中共同国民党顽固派作斗争上,也有所批评。对顽固派的进攻,中共主张坚决反击,斗争要有利、有理、有节。苏联方面却认为中共

---

　　① 参见汪金国《战时苏联对华政策》,武汉大学出版社 2010 年版,第 167 页。

　　② 周国全、郭德宏等:《王明评传》,安徽人民出版社 1989 年版,第 300—303 页。

　　③ 参见《中国共产党历史(1921—1949)第一卷》下册,第 516 页。

　　④ 蔡庆新:《抗战时期中共最高决策层中的任弼时》,《党的文献》2011 年第 2 期,第 53页。

　　⑤ 王稼祥:《回忆毛泽东同志与王明机会主义路线的斗争》,《人民日报》1979 年 12 月 27日。

　　⑥ 参见《中国共产党历史(1921—1949)第一卷》下册,第 520 页。

的做法过激，主张要尽量缓和关系。1939 年 8 月至 1940 年春，国民党发起了第一次反共高潮。1939 年 8 月 19 日，中共中央在《中央关于对待局部武装冲突的原则的指示》中，严正指出中国共产党及其领导的抗日军队明确的自卫原则，即"人不犯我，我不犯人，人若犯我，我必犯人"①。苏联对此与中共有不同的看法，苏联和共产国际要求中共尽量让步。1941 年 1 月皖南事变发生后，共产国际和苏联又从一己利益出发，以退让求团结，反对中共中央采取同蒋介石尖锐对立的政策。共产国际执行委员会书记季米特洛夫屡次来电，提醒中共中央不要使国共关系破裂。1941 年 1 月 21 日，季米特洛夫在同斯大林谈论中国皖南事变时，认为："叶挺是不守纪律的游击队员，应该看看他是否为此事件提供了借口。在我国同样有一些好游击队员，由于不守纪律和其他原因，我们被迫枪决了他们。……看来，三年时间呆在同一块领土上的八路军问题比这个要复杂。"② 这些言论竟然与国民党顽固派的想法一致——把叶挺"游击"作为皖南事变的发生原因之一。1941 年 2 月 4 日，季米特洛夫给毛泽东的电报还强调指出，共产国际认为，破裂不是不可避免的。中共不应把方针建立在破裂上，相反，要依靠主张维护统一战线的民众，竭尽共产党和中共领导的抗日军队的一切努力来避免内战的爆发，并请毛泽东重新考虑一下中共在这个问题上的立场。③ 同时，苏联大使潘新友、军事顾问崔可夫也再三劝说，要求中共避免因国共对立影响抗日的中心任务。毛泽东再度与俄国人发生争执，他直截了当地要求苏联务必立即"停止接济重庆武器"，立即准备"公开接济我们"，苏联拒绝了中共。是年 5 月，在日军大举进攻山西中条山一带的国民党军队时，中共中央没有采取直接的配合行动。苏联顾问对此颇为不满，并上报共产国际和苏联。1941 年 6 月 5 日，共产国际执行委员会书记季米特洛夫致电毛泽东，虽然八路军存在种

---

① 中共中央统战部、中央档案馆：《中共中央抗日民族统一战线文件选编》（下），档案出版社 1986 年版，第 302 页。

② 《季米特洛夫日记》（1941 年 1 月 21 日），载中共中央党史研究室第一研究部《共产国际、联共（布）与中国革命文献资料选辑（1938—1943）》，第 20 辑，中共党史出版社 2012 年版，第 717 页。

③ 参见《季米特洛夫给毛泽东的电报》（1941 年 2 月 4 日），全宗号：495　目录：184卷宗：9　第 159 页。载中共中央党史研究室第一研究部译《联共（布）、共产国际与抗日战争时期的中国共产党（1937—1943.5）》第 19 卷，中共党史出版社 2012 年版，第 133 页。

种困难，但必须果断地采取积极的进攻日本军队的行动①。这使毛泽东十分恼怒，甚至强硬地警告苏联顾问"不要随便乱说"。对于中国共产党坚持抗日民族统一战线、争取中间势力与顽固派做坚决斗争的方针，苏联也表示不满。1942 年 6 月 7 日，杰卡诺佐夫给季米特洛夫的信中写道：据苏联驻华大使潘友新报告，在重庆的中共领导人周恩来，应该竭尽全力地防止国民党对中共态度的恶化，但周恩来的行为却相反，周以其狂妄的行为（周恩来在重庆积极开展同民主党派和地方实力派的统战工作）使蒋介石本人和重庆国民政府以及国民党首领对共产党的态度恶化。潘友新进而认为"周恩来搞的'分离主义'，蔑视蒋介石这个领导抗日斗争的领袖，这是在促进中国内战的爆发，并认为周恩来在重庆的争取民主党派人士和地方实力派的行为将给苏联的反法西斯战争造成损害，说蒋介石不想见周恩来，已经有 7 个月没有接待周恩来了。潘友新甚至向季米特洛夫建议，由共产国际向中共施加压力，把周恩来调回延安，找一个能够改善与蒋介石关系的人到重庆开展工作。② 从这个材料可以看出，苏联为了其自己的利益，对于中共坚持抗日民族统一战线的策略总方针、独立自主原则都是不满的，认为中共"没有全心地服从于国民党领导的抗日大局"。1942 年 6 月 15 日，季米特洛夫又在给毛泽东的信中强调指出，"目前的局势绝对要求中国共产党采取一切办法尽可能地改善同蒋介石的关系，加强抗日民族统一战线。……周恩来组织一些有蒋介石对手和外国记者参加的反蒋秘密会议。蒋介石利用这些会议进一步唆使人们反共。请认真注意这种情况，采取紧急措施使中共驻重庆办事处执行坚定的改善共产党与蒋介石和国民党之间的关系。……请将您就此问题采取的措施和作出的决定告诉共产国际。"③

---

① 参见《季米特洛夫给毛泽东的电报》（1941 年 6 月 5 日），全宗号：495　目录：184　卷宗：9　第 108 页。载中共中央党史研究室第一研究部译《联共（布）、共产国际与抗日战争时期的中国共产党（1937—1943.5）》第 19 卷，中共党史出版社 2012 年版，第 191 页。

② 参见《杰卡诺佐夫给季米特洛夫的信》（1942 年 6 月 7 日），全宗号：495　目录：74　卷宗：331　第 6—7 页。载中共中央党史研究室第一研究部译《联共（布）、共产国际与抗日战争时期的中国共产党（1937—1943.5）》第 19 卷，中共党史出版社 2012 年版，第 284 页。

③ 参见《季米特洛夫给毛泽东的信》（1942 年 6 月 15 日），全宗号：495　目录：184　卷宗：17　第 51 页。载中共中央党史研究室第一研究部译《联共（布）、共产国际与抗日战争时期的中国共产党（1937—1943.5）》第 19 卷，中共党史出版社 2012 年版，第 285 页。

抗战时期，中共还抵制苏联的民族利己主义，婉拒苏联要求中共派八路军主力主动大规模攻击日军以解除苏联东西两面作战困境的要求。1941年6月22日，德国向苏联发起了猛烈进攻，苏联损失惨重，更害怕日本从东面进攻苏联。因此，希望中国共产党领导的八路军、新四军主动出击打击日军，使日军被拖在中国战场上。但中国共产党出于当时的敌强我弱的实际情况考虑，没有主动大规模出击。为此，6月25日，共产国际执行委员会书记处就给中共中央的电报中强调指出，你们是否要核准游击队关于通过联系人向他们提供供给的要求。为什么不答复？你们是否挑选两名可靠的八路军战士，完全听从我们特别机构的调遣，持续观察沿北平——包头铁路线军队的调动情况①。7月中旬，苏联驻中国大使馆武官崔可夫向中国共产党询问中共如何配合苏军行动时，被告知八路军"已经开始破坏交通路线，但尚不能开展大规模对日作战"②，中共也拒绝了向外蒙古边境挺进的要求。1941年7月18日，中共中央给季米特洛夫的电报指出，在目前情况下，中共用一切可能的办法援助苏联红军的斗争。但由于日军占领华北已经四年，在大城市、铁路线、矿区等地修筑了大型工事，日军的技术装备比我们优良。如果八路军不管付出多大牺牲采取行动，那就不排除八路军被击溃，不能长期坚持敌后游击战争的可能。这种行动无论从哪方面来说都是不利的③。9月3日，斯大林担心日军配合德军从东线发起进攻，因此他致电毛泽东，希望派一部分力量向长城内外方向发展。毛泽东推说八路军以游击战为主，离开了抗日根据地，抛弃军事常项——游击战，而主动大规模向装备精良、长于平原作战的日军发起进攻，是会遭到挫折甚至失败的，从而婉拒了斯大林的要求。苏联和共产国际对此非常不满。10月7日，季米特洛夫向中国共产党发出一个包含15

---

① 参见《共产国际执行委员会书记处给中共中央的电报》（1941年6月25日），全宗号：495 目录：184 卷宗：9 第97页。载中共中央党史研究室第一研究部译《联共（布）、共产国际与抗日战争时期的中国共产党（1937—1943.5）》第19卷，中共党史出版社2012年版，第195页。

② ［德］迪特·海茵茨希：《中苏走向联盟的艰难历程》，新华出版社2001年版，第61页。

③ 参见《中共中央给季米特洛夫的电报》（1941年7月18日），全宗号：495 目录：184 卷宗：4 第209页。载中共中央党史研究室第一研究部译《联共（布）、共产国际与抗日战争时期的中国共产党（1937—1943.5）》第19卷，中共党史出版社2012年版，第206页。

个严厉问题的电报。①

从 1942 年开始，中国共产党在抗日根据地开展了轰轰烈烈的"反对主观主义以整顿学风、反对宗派主义以整顿党风、反对党八股以整顿文风"的整风运动，清除了教条主义对中国革命思想路线的影响，确立了实事求是的思想路线。但是苏联和共产国际对于延安整风运动不理解，甚至持反对态度，认为是在"搞清党运动"。虽然如此，中共还是按照既定方针，将整风运动开展下去，并取得了圆满结果。通过整风，极大地巩固了独立自主的政治路线，使党在毛泽东思想的基础上达到了空前的团结并进一步成熟起来，为夺取抗日战争的最后胜利奠定了坚实基础，也标志着中共在政治上的日益成熟。中国共产党人从思想到实践越来越浓的中国化气息，也使那些自命正统的苏联人难以接受。抗战期间，苏联对华情报工作除了收集侵华日军活动及国民党各项动态外，也兼顾收集中共尤其是中共与美国联系的情报。

在解决党内的问题和中国问题方面，中共也特别强调独立自主，反对一味依赖。1940 年，《解放》周刊发表了反映中共独立自主的外交政策的文章，指出：中国只有坚持"自力更生和独立自主的基本政策"，才能对内唤起民众，对外联合世界上平等待我之民族，"挽救民族被毁灭的灾难"。② 1944 年，毛泽东对谢伟思详细解释，中国共产党首先是中国人。中共寻求友好关系，但不听从任何人的指挥。要自己解决自己的事，要按中国的实际情况应用马克思主义。③ 毛泽东还强调，"中国的事情必须由中国人民自己作主张自己来处理，不容许任何帝国主义国家有一丝一毫的干涉"④。

在党的组织和干部问题方面，共产国际认为，中国共产党的工人党员比例太低，强调中共应当吸收工人加入党的队伍，增加工厂支部的工人数量，应当特别重视加强日本占领的工业中心区和大城市的工作以及国民政府地区的工作；必须把来自工人当中的干部提拔到领导工作岗位上；并认

① 参见汪金国《战时苏联对华政策》，第 174—175 页。
② 《中国面临重大的新危机》，《解放》（延安）第 118 期，第 4 页。
③ 参见谢伟思《他目光远大》，《党史通讯》（北京）1983 年第 20 期，第 23 页。
④ 《毛泽东选集》第 4 卷，人民出版社 1991 年版，第 1465 页。

为中共没有始终一贯地执行布尔什维克的民主集中制和党内民主原则等①。但是,这些对于抗战时期的中国共产党来说要求太高。因为抗战时期,中国共产党及其领导的八路军、新四军相较于日军来说还是比较弱的,不可能去与日军争夺工业中心区和大城市。故中国共产党在比较偏僻的农村地区建立了敌后抗日根据地,中国共产党控制和活动的地区主要在广大的农村地区,而在农村,农民是占绝大多数的,中国共产党认真贯彻执行群众路线,并发动民众抗日,有很多农民参加中国共产党领导的抗日队伍以及抗日根据地的政权建设,有许多积极分子加入中国共产党。因此,抗战时期中国共产党得到了大力发展,主要来源还是广大的农民。根本不能实现共产国际在日本占领区大力争取工人阶级入党的要求,共产国际要求在日本占领区争取大量工人入党的要求也明显是脱离实际的。

为了加强对中国共产党的影响,苏联还向延安派工作组。1941年2月,苏联工作组来到延安,虽然表面上是"研究日中情况和向中共提供帮助",实际上有监督中国共产党贯彻执行共产国际决议、国共抗日民族统一战线情况、中共抗日情况的嫌疑。中共领导人在苏联工作组的人员来延安初期给予了他们大量的支持和方便。据毛泽东发给季米特洛夫的电报显示,中国共产党向他们提供了一切必要的材料,包括关于日本、国民党和八路军的所有重要资料和秘密材料,供工作组的人员研究和向共产国际传达。季米特洛夫又发给毛泽东电报,请中共在"苏联工作组完成他们的任务中给予一切可能的协助"②。但不久苏联工作组的一些人员的做法引起了中国共产党领导人的警惕和不满。毛泽东在1941年2月15日给季米特洛夫的电报中写道:个别同志的工作方法引起了反对意见③。对此,季米特洛夫又给毛泽东发电报,要求中共配合苏联工作组的工作。在电报

①　参见《共产国际执行委员会书记处关于中共组织和干部问题的决议》,全宗:495　目录:74　卷宗:311　第20—22页。载中共中央党史研究室第一研究部译《联共(布)、共产国际与抗日战争时期的中国共产党(1937—1943.5)》第19卷,中共党史出版社2012年版,第16页。

②　中共中央党史研究室第一研究部译:《联共(布)、共产国际与抗日战争时期的中国共产党(1937—1943.5)》第19卷,中共党史出版社2012年版,第221页。

③　参见《毛泽东给季米特洛夫的电报》(1941年2月15日),全宗号:495　目录号:184卷宗号:3　第78页,载中共中央党史研究室第一研究部译《联共(布)、共产国际与抗日战争时期的中国共产党(1937—1943.5)》第19卷,中共党史出版社2012年版,第221页。

中，季米特洛夫强调，在目前情况下，驻你们那里的苏联同志小组的工作，以及把他们的工作与你们的工作正确地结合起来，具有特殊的意义。请告，为顺利完成他们的特殊任务，对于他们所需要的人员、联络等帮助，你们方面是否有保证。您个人如何评估他们今后工作的可能性？[①]

第三节　抗战时期中共对港英当局和澳葡当局的国际统战工作

抗战时期，处在英国殖民统治下的香港和处在葡萄牙殖民统治下的澳门，成为中国抗战争取外援的重要通道。中共高度重视开展对港英当局和澳葡当局的争取工作，同时对港英当局和澳葡当局"绥靖妥协"政策进行了揭露和批判，但这种批判是留有余地的、建设性的。通过这些国际统战工作，中共在香港、澳门及其附近的抗日力量也有了很大发展，香港、澳门也成为中共争取外援、在东南沿海开展抗日游击战的重要基地之一，本书拟对之进行深入剖析和论述。

一　中共、英国和葡萄牙维护战时港澳利益的基本对策

抗战时期，英国是与美国、苏联齐名的最强大的反法西斯国家之一，葡萄牙此时已经沦为世界三流国家，面对日本在远东咄咄逼人的进攻，两国都采取了相应的应对策略保卫它们的远东利益。而为了争取外援反对日本侵略者，中共也积极开展对澳葡当局和港英当局的国际统战工作。

（一）英国默许或暗中支持中共在香港的抗战

抗战时期，日本对中国长江流域和珠江流域的进攻及占领，极大地损害了英国的在华利益。但英国在欧洲遭遇到德国法西斯咄咄逼人的威胁、进攻，其在远东的防卫力量比较薄弱。为了维护其在华利益和远东利益，英国需借助包括中共领导的八路军、新四军在内的所有抗日队伍把日本牵制在中国战场，减缓日本进攻新加坡、泰国或印度的步伐。

---

①　参见《季米特洛夫给毛泽东的电报》（1941年9月5日），全宗号：495　目录号：184　卷宗号：9　第9页，载中共中央党史研究室第一研究部译《联共（布）、共产国际与抗日战争时期的中国共产党（1937—1943.5）》第19卷，中共党史出版社2012年版，第221页。

在以上背景下，港英当局秉承英国政府的相关"旨意"，对中国共产党在香港的抗日活动采取了暗中默许甚至支持的态度。首先，在英国政府和港英当局的默许下，中共成功地建立了"八路军驻港办事处"。1937年12月，周恩来拜访时任英国驻华大使的阿奇博尔德·克拉克·卡尔，提出在香港设立八路军办事处。英国政府同意了卡尔的建议，并致电港英政府，允许中共在香港秘密建立"八办"。① 其次，中共在香港开展的抗日募捐活动也得到了港英当局的默许。为了扩大影响，避免被国民党污蔑，中共在香港的募捐活动是通过国民党左派领袖宋庆龄、中共党员廖承志、国民党官员宋子文（后在蒋介石的压力下退出）、英国在华记者和传教士于1938年在香港建立的"保卫中国大同盟"来进行的。"保盟"的主要任务就是向海外侨胞和外国人士进行募捐，支持中国的抗日力量②，廖承志任"保盟"的秘书长③。廖梦醒（宋庆龄的秘书、中共党员）、港英当局医务总监司徒永觉的妻子海弥达·沙尔文·克拉克夫人、英国著名记者杰姆斯·贝特兰④、英国教会驻港主教何明华也都在该组织中任职。最后，太平洋战争爆发后，日本与英国互相宣战，日本对香港发起了进攻，港英当局曾谋划英军与港九游击队合作抗日。

当然，在太平洋战争爆发前，鉴于德国在欧洲咄咄逼人的进攻，英国在中国也曾搞"东方慕尼黑"阴谋，企图转移日本人的侵略方向——由"南进"进攻美英在东南亚的势力范围改为"北进"打苏联。因而英国曾采取对日本让步的策略，这也在一定程度上导致港英当局对中共在香港的抗日活动采取不友好政策，但很快因日本南进进攻东南亚而改变，这在后面将详细论述。

（二）战时葡萄牙政府在澳门实行的"中立"政策

抗战时期，从葡萄牙的整体实力——人口、国土面积、自然资源、国

---

① 参见中共中央文献研究室编《周恩来年谱》（1898—1949），中央文献出版社1989年版，第420页。

② 参见邓颖超《在缅怀廖仲恺先生、纪念何香凝先生逝世十周年大会上的讲话》，《人民日报》1982年8月30日。

③ 参见陈海峰《廖承志：性格魅力倾世人》，《深圳特区报》2011年7月4日第A12版。

④ 杰姆斯·贝特兰，伦敦《泰晤士报》的著名记者，港英当局与中共进行接触的中间人物。

际影响力、军事等方面综合来看，在世界上处于三流水平。1942 年年初，荷兰人甚至出兵占领了属于葡萄牙的殖民地帝汶岛部分。① 鉴于自己的实力，为了维持其在澳门的统治，葡萄牙在抗日战争时期始终表达"中立"立场。

早在"九一八"事变爆发时，葡萄牙外长布朗克（Fernando Augusto Branco）就根据海牙第 13 号公约的规定，在日内瓦的国际联盟总部发表声明，宣称"葡萄牙是中日世代的朋友"，葡萄牙在中日"冲突事件"中不偏袒任何一方的"中立"立场②。因此，根据国际法的相关规定，从 1932 年起，葡萄牙就在中日战争中取得了"中立国"的法律地位。③ "卢沟桥事变"爆发后，面对中日冲突的全面升级，为了维护其在远东的利益，葡萄牙政府给当年参加布鲁塞尔会议④的葡方代表团的指示是："葡萄牙政府针对远东冲突的政策一直是，而且将继续奉行的是彻底的中立。"⑤ 会后，葡萄牙政府开展了一系列的外交活动，都保持"等距离"（equidistância）接触的"中立政策"⑥。

（三）抗战时期中共重建香港、澳门的共产党组织

抗战时期，为了抵抗武装到牙齿的日本帝国主义对中国的侵略，保护香港、澳门不沦为日本进攻中国内地的基地，中共非常重视对港英当局、澳葡当局开展统战工作，而开展国际统战工作必须要建立相应的组织来进行，中共联系抗战时期的远东形势，重建了香港、澳门的党组织。

（1）廖承志与香港八路军办事处的成立。抗战爆发后，随着日军对东部沿海城市的占领和封锁，香港成为中共对外联络的重要渠道。为此，

---

① 参见［美］查·爱·诺埃尔《葡萄牙史》上册，南京师范学院教育系翻译组译，江苏人民出版社 1974 年版，第 397 页。

② 参见［葡］莫嘉度著，［葡］萨安东编《从广州透视战争》，舒建平等译，上海社会科学院出版社 2000 年版，第 16 页。

③ 同上书，第 17 页。

④ 应中国的要求，在布鲁塞尔召开的国联会议，主要讨论国际联盟国家如何应对中日冲突的全面升级。

⑤ ［葡］莫嘉度著，［葡］萨安东编：《从广州透视战争》，舒建平等译，上海社会科学院出版社 2000 年版，第 18 页。

⑥ António Vasconcelos de Saldanha ed., A Guerra visa de Cantão-os relatórios de Vaso Martins Morgado, Cônsul-Geral de Portugal em Cantão, sobre a Guerra Sino-Jaoanesa, pp. 15 – 16.

周恩来向中央推荐廖承志担任香港"八办"主任。原因有三：其一，廖承志曾在日本、欧洲等国留学、工作，有丰富的与国际人士交往的经验；其二，廖承志的父母曾经都是国民党的"高官"，便于开展统战工作；其三，廖承志的外公家曾经是香港的上流家庭，有广泛的社会关系和影响力，与港英当局也有一定的接触。据廖的外侄女李湄的记载："……，外婆（廖承志的母亲何香凝）的父亲何炳恒在香港摩罗上街买了一排房子，1、3、5 号靠海一侧全是他的产业，几乎占了半边街道。"① 1938 年 1 月初，廖承志前往香港，与潘汉年一起在皇后大道十八号临街找到一大房间，在门上方悬挂"粤华公司"横匾，以经营茶叶批发生意作为掩护，会见著名华侨及外国友人，1942 年 2 月香港沦陷，香港八路军办事处才取消。

（2）抗战时期中共在澳门组织的创建。全面抗战爆发后，在澳葡当局默许下，中国共产党在澳门重建了党组织，以领导开展澳门的抗日救亡运动。1937 年 9 月，中共中央派张文彬到广东整顿和加强党的组织。1937 年 11 月，中共澳门支部成立，1938 年 1 月，改为中共澳门特支。② 澳门成立党组织后，注重在工人、学校、抗日团体中发展党员，促进了党组织的发展，成立了多个支部，后发展为中共澳门工委。③ 中共还在澳门成立了与中共中央南方局领导周恩来单线联系的秘密党组织——将"大华行"贸易公司作为掩护的中共党员、澳门镜湖医院院长柯麟以及其弟柯达等人为主的党的组织。鉴于特殊地位和身份，他们平时不参加澳门党组织的活动，关键时刻才出面。一些学者直言："中共在澳门的最高领导人是周恩来、叶剑英系统的柯麟，平时活动以'大华行'这家贸易公司做掩护。"④

中共在澳门和香港重建的党组织，有时直接接受中共中央南方局的领导，有时又接受中共广东省委领导，都采取"宣传出去，争取过来，既

---

① 李湄：《梦醒——母亲廖梦醒百年祭》，中国工人出版社 2004 年版，第 4 页。

② 参见张量《澳门同胞支援祖国抗战初探——兼谈抗战时期中国共产党在澳门的活动》，《抗日战争研究》2003 年第 1 期，第 102 页。

③ 同上书，第 103 页。

④ 谭志强：《澳门主权问题始末（1553—1993）》，（台北）永业出版社 1994 年版，第 225 页。

要争取上层，又要争取一般民众，采取主动出击"的方式，积极开展国际统战工作。

二 抗战时期中共与港英当局及澳葡当局的合作

为了争取广大的国际力量同情、支持和帮助中国共产党领导的抗日战争，中共与港英当局和澳葡当局密切合作，开展了广泛争取它们的统战工作。

（一）中共对港英当局的争取与合作抗日

在争取外国人士方面，中共中央南方局的负责人周恩来曾强调，南方局外事组应不受与外国来华人士意识形态迥异的束缚，抓住双方反对法西斯的共同性，采取多种方式开展与来华外国人士的友好交往工作①，这成为中共对港英当局开展统战工作的主要方针。

首先，在廖承志等人的努力下，《华商报》得到港英当局的许可，并于 1941 年 4 月 8 日顺利出版发行。该报是中国共产党在香港开办的第一家报纸，也是共产党在香港的舆论喉舌②。尤其是乔冠华的《国际一周》和张铁生的《欧洲闲话》，对国际形势的分析有理有据，让人心服口服③。该报也成为宣传八路军、新四军抗日伟绩，让外国人士了解中国抗战实情、争取国际友好人士的重要渠道和窗口。

其次，港英当局为了维护在香港的统治，1941 年 10 月和 11 月，面对日本可能的进攻，英国远东军司令部曾主动派人与负责香港"八办"的廖承志谈判。英远东军司令部请中共领导的冯白驹部去炸日军在海南的飞机场，炸药由英军提供；英国还向冯白驹游击队提供驳壳枪 1500 支，50 架轻机枪；允许冯部在香港设立办事处，但希望中共不要利用它来进行一般的活动。④ 太平洋战争爆发后，港英政府更加努力加强与中共抗日

---

① 参见中共广西壮族自治区委员会党史研究室《中共中央南方局的统一战线工作》，中共党史出版社 2009 年版，第 305 页。

② 参见蔚建民《抗战初期的廖承志与香港〈华商报〉》，《中国记者》2005 年第 8 期，第 35 页。

③ 蔚建民：《抗战初期的廖承志与香港〈华商报〉》，《中国记者》2005 年第 8 期，第 35 页。

④ 参见廖承志《与远东英军谈判合作抗日给中共中央的电报》，载廖承志文集、传记编辑办公室编《廖承志文集》（上），人民出版社 1990 年版，第 96—99 页。

力量的军事合作。1942 年 12 月 13 日，廖承志、乔冠华、夏衍与香港总督杨慕琦的代表辅政司金逊（Fran-klin-Charles-Gimson）会面。廖承志等人表示：广东人民抗日游击队可以协同驻港英军、加拿大兵保卫港九，但港英当局得供应必要的武器弹药。金逊当面表示：立即向港督报告，尽可能满足中国游击队的要求。但因日军进攻猛烈，港英当局很快投降而没有具体实施。①

（二）抗战时期中国共产党与澳葡当局的暗中合作

抗战初期，澳葡当局虽然明令禁止澳门民众公开进行抗日救亡活动，但对澳门民众以"救灾"、"慰劳"等名义组成社团开展活动给予有限制的允许②。澳督巴波沙在 1937 年 10 月 10 日光临中华总商会时，适逢学生售旗募捐，一学生向澳督献上中国国旗一面，"澳督欣然接受，并给西纸十元。"③

在澳葡当局的默许下，中共还以澳门为跳板，营救在港的文化人士和民主人士。香港沦陷后，在港的 800 多名文化界人士和爱国民主人士以及抗日的国民党友人和国际友人面临日寇的围困和杀害。周恩来急电八路军驻香港办事处和广东党组织，不惜一切代价"抢救文化人"。将澳门作为从香港经长洲岛偷渡到澳门，再从广东境内到达桂林这一营救路线的中转站。夏衍、范长江、金山等近百名文化人士和爱国人士都是经过澳门转移的。④

抗战后期，澳葡当局也出于遏制土匪和日伪势力的需要，希望与中山抗日义勇大队建立合作关系。1944 年春，中山抗日义勇大队先后派出梅重清、郭宁、黄乐天等人赴澳，与澳葡当局警察厅的代表、秘书慕拉士达成四项协议⑤。欧初回忆："……经过谈判，双方达成合作协议，澳门当局同意义勇大队派出人员到澳门进行不公开的活动，允许义勇大队人员携带手枪秘密进入澳门执行特殊任务。但义勇大队要帮助澳门当局打击扰乱

---

① 参见李宏编著《香港大事记》，人民日报出版社 1988 年版，第 80 页。
② 参见赵艳珍《珠澳关系史话》，珠海出版社 2006 年版，第 149 页。
③ 《华商报》1949 年 2 月 24 日。
④ 参见赵艳珍《珠澳关系史话》，珠海出版社 2006 年版，第 156 页。
⑤ 参见广东省人民武装斗争史编纂委员会编著《广东人民武装斗争史》第 3 卷，广东人民出版社 1994 年版，第 411 页。

澳门的反动分子和土匪，维持澳门及其外围的治安。"① 不久，游击队在澳门设立了不公开的办事处，不仅募得了捐款，还购得了一部无线电台、一些医药和一批军需品。游击队应澳葡当局的要求，捉拿了刻意与游击队为敌又猖狂扰乱澳门治安的汉奸特务"老鼠精"。②

三 抗战时期中国共产党对港英当局和澳葡当局对日妥协之斗争

（一）廖承志与曾"绥靖"日本的港英当局的"斗争"

1939 年秋，受世界局势特别是欧战的影响，英国对日本在中国的侵略采取了妥协退让政策。受此影响，港英当局也对中共在港的抗日宣传严加控制。对此，廖承志非常注意采取斗争与统战结合的策略，加强与香港警察总监联系，援救被抓的进步人士。例如，1939 年 3 月，港英警署在日本的压力下，以"煽动民众损坏日英关系"为由，出动 8 名便衣侦探封闭了"粤华公司"，把连贯等人抓走并拘留起来。事件发生后，周恩来在重庆面见英国驻华大使卡尔；廖承志则在香港向港督杨慕琦提出抗议，并亲至港英警署进行交涉。他指出，粤华公司是根据中英双方协议而设立的正式机构。港英当局在事先没有通告的情况下，采取如此突然的搜查行动，并带走公司的五位工作人员，是港英当局单方面违背协约的粗暴行为。③ 经周恩来对卡尔的交涉，以及廖承志在香港的积极活动，连贯等人被放了出来。香港警察总监还曾在报上公开声称"一年来香港共产党甚为活动，但他们主要不是反英而是进行一般的募捐救国工作，而且完全尊重香港法律，绝无非法行动，所以香港政府并不加以任何干涉"④。

（二）抗战时期中共对澳葡当局"浑水摸鱼"的批评

1940 年至 1942 年，面对德国法西斯、意大利法西斯在欧洲和非洲的频频得手，以及日本在亚洲的疯狂进攻及取得的部分胜利，葡萄牙当局抱着"好汉不吃眼前亏"的心理，在中日战争中并没有真正严守中立，而

---

① 欧初：《孙中山故乡抗日斗争二三事》，《炎黄春秋》1995 年第 11 期，第 50 页。
② 参见中山市委党史研究室《中山抗战史》，广东人民出版社 1995 年版，第 42 页。
③ 参见吴有恒《关于香港市委工作给中央的报告——1939 年 9 月至 1939 年 11 月香港的政治环境、群运、统战等工作》，1941 年 2 月 26 日。原件存于广东省档案馆。
④ 吴有恒：《关于香港市委工作给中央的报告——1939 年 9 月至 1939 年 11 月香港的政治环境、群运、统战等工作》，1941 年 2 月 26 日。原件存于广东省档案馆。

是偏向日本。1940 年冬，在广州等华南地区城市相继沦陷后，澳葡当局对抗日救亡团队采取了不友善态度，宣布禁止一切公开的募捐活动。太平洋战争爆发后，在面对日军对当时澳门的现实威胁时，没有足够的军事实力的葡萄牙，对日本妥协，努力地与日本保持良好关系，如允许日本驻兵澳门并设立间谍机构、允许日本利用澳门新闻媒体宣扬"大东亚共荣圈"①。澳葡当局还想趁火打劫侵占横琴、湾仔等地区。当日本海陆军在进攻横琴岛时，澳葡当局便将葡萄牙警察派上大横琴岛驻扎。在日军撤离后，澳葡当局迟迟不肯撤回这些警察。中共澳门地方组织对之进行了揭露，并领导澳门的抗日义勇军与之作了坚决的斗争。1940 年 3 月，前山的日军进犯湾仔，当地的中国警察和义勇军被迫转移，澳葡当局则配合日军抢占湾仔。不久，中共领导的抗日力量顺利收回湾仔。

四 抗战时期中共与港英当局、澳葡当局合作的意义

抗战时期，中共对港英当局、澳葡当局的争取工作，使中共在战时的港澳的抗日力量有所发展，为战后中共在香港、澳门的活动打下了一定的基础。

（一）抗战时期中共对港英当局统战工作的意义

首先，对英国政府与中共关系的改善起了积极的推动作用，推动了港九游击队与英军服务团的合作。1942 年 10 月，受英军服务团指示，陈伟泉在港九游击大队协助下，到九龙成功破坏了日军无线电台，并从香港安全地撤回。1943 年秋，港九独立大队沙田短枪队帮助英军服务团以观音山、狮子山为拍摄地点，拍下了日军的启德机场、军火库、炮台、兵营等重要军事目标。② 其次，募集到了大量的物资，支援中共的抗战。新加坡、泰国、马来西亚、菲律宾等地华侨支援八路军的募捐，都是经过廖承志的"香港八路军办事处"，转汇给华北敌后抗日根据地的。③ 在港英当局的默许下，"保盟"成立仅一年，也为八路军、新四军和抗日根据地募

① António Vasconcelos de Saldanha ed. , A Guerra visada Cantão-os relatórios de Vaso Martins Morgado, Cônsul-Geral de Portugal em Cantão, sobre a Guerra Sino-Jaoanesa, p. 188.
② 参见余绳武《20 世纪的香港》，中国大百科全书出版社麒麟书业有限公司 1995 年版，第 160 页。
③ 参见李东光《海外华侨与八路军抗战》，《党史文汇》2003 年第 3 期，第 31 页。

集了大量物资。1941 年 7 月 1 日，当宋庆龄和廖承志在香港举行"一碗饭运动"时，香港各界、各阶层、中英人士都踊跃参加了捐献活动，共得捐款 25000 港币。① 再次，援救了大量的国际友人、文化人士。1942 年 1 月，港九游击大队 600 多人，营救出了包括美、英、荷、比、印等国国际友人近百人和 800 多名文化人士、民主人士。茅盾先生称赞这次营救工作是"难以想象的周密，是抗战以来最伟大的抢救工作"②。最后，抗战时期中共在香港与港英当局的合作抗日，也为战后中共在香港力量的发展打下了基础。

（二）抗战时期中共在澳门对澳葡当局统战工作的意义

首先，澳门成为中共在抗战中接受外援的重要渠道之一。比如，1938 年 9 月至 10 月中旬，"四界救灾会"发起的募捐行动，先后有 100 多号店家参与，共筹募义款折合国币 10 万元。③ 其次，抗战时期中共与澳葡之间的合作，也使中共在军事上得到澳门的暗中帮助。澳门当局不仅帮助中共领导的游击队抓住了叛徒郑实，而且在 1945 年春通过慕拉士的协助，将澳门地下党为珠江部队搞到的一台电台通过层层哨卡，安全运抵五桂山抗日根据地。④ 再次，抗战后期，中国共产党领导的五桂山游击队与葡澳当局的暗中合作，促进了中共力量在澳门的发展，这让国民党芒刺在背，必欲拔之而后快。最后，为战后中共利用澳门购买急需品等打下了一定的良好基础。1948 年，周恩来派朱慎修到澳门，在柯麟、马万祺等进步人士的帮助下，将解放区生产的大豆、药材等运到澳门，再从澳门购进急需的西药、布匹等。⑤

---

① 参见李永等《何香凝传》，中国华侨出版公司 1993 年版，第 165 页。

② 吴彬：《抗战时期的廖承志与统战工作》，《广东省社会主义学院学报》2004 年第 1 期，第 73 页。

③ 参见傅玉兰《抗战时期的澳门》，文化局澳门博物馆 2001 年版，第 116 页。

④ 参见左双文《民主革命时期中国共产党在澳门的活动》，《中共党史研究》1999 年第 5 期，第 57 页。

⑤ 参见谢常青《马万祺传》，中国文史出版社 1989 年版，第 161 页。

第 五 章

经验之三：国际宣传和统战争取外援，正确处理外援与自力更生

抗日战争时期，为了克服危机，中国共产党采取了多种行之有效的措施，努力争取美、英、苏、法等国的政府或民众对中国持久抗战的支援，并正确处理好外援与自力更生的关系，这是战时中共开展国际统战工作的成功经验之三。

第一节　开展国际宣传，争取外援

抗日战争时期，面对日本帝国主义侵略、汪伪汉奸以及国民党顽固派反共摩擦所造成的民族危机和政党发展危机，中共高度重视国际宣传工作，成立相应机构，采取了积极的措施，以争取国际人士对中共领导的抗日战争的支持和帮助。

一　争取外援对于中共领导抗战的重要性

抗日战争不仅是交战双方政治、军事、人力的较量，也是财力和经济力量的较量。中国共产党领导的抗战能否持久，在很大程度上取决于抗日根据地的经济发展状况。而当时陕甘宁边区和各抗日根据地大多处于地瘠民贫、生产落后、交通不便、信息闭塞的地方，工业基础非常差，几乎没有什么工业，农业生产也极其薄弱。例如陕甘宁边区，在抗战前，私营工业仅有少数小手工作坊和盐池、炭窑，基本没有像样的近代化企业。再比如，在晋察冀边区，农业人口占全区人口达98%，工商业人口只占全区

人口的 2% 左右，而在这非常薄弱的工商业基础上，家庭手工业、小商小贩又占大多数。① 根据地的人民生活更是贫困不堪，如延安县川口区赵家窑村"每天吃饭二顿或三顿，吃得早，吃三顿，迟只两顿。有面时三五天吃一次，没面时十几天吃一次，一年吃肉的次数不一定，……一年大概吃三五次，过年一定吃"②。尤其是在 1941 年、1942 年，敌后各抗日根据地的财政经济更处于极端困难的境地。因此，毛泽东提出："发展经济，保障供给，是我们的经济工作和财政工作的总方针。"③

毛泽东曾在 1939 年指出："伟大的中国抗战，不但是中国的事，东方的事，也是世界的事。……在伟大的抗战中，基本依靠中国的自力胜敌……但同时，需要外援的配合。我们的敌人是世界性的敌人，中国的抗战是世界性的抗战。"④ 尤其在"百团大战"以后，日本侵略者叫嚣对中共领导的抗日力量应"重新认识"，利用其侵华日军的大部对抗日根据地实行"三光政策"的大扫荡，这对抗日根据地的经济以及八路军新四军的发展产生了巨大的影响，而与此同时，国民党受"百团大战"的影响，加强了对抗日根据地的封锁以及反共摩擦，也减少了对八路军、新四军的拨款，有时甚至是停止拨款。与此同时，抗战时期，中共为了争取广大民众的支持，实行减租减息的政策，采取轻徭薄赋的政策，税收等征收相当有限。据资料显示，陕甘宁边区 1939 年的税收收入仅有 658213 元，只占财政收入 8847427 元的 7.4%⑤。这使中共、抗日根据地、八路军和新四军的生存和发展遭遇到了前所未有的危机。面对危机，中共在自力更生的同时，也强调利用一切可能，做国际统战工作来广泛争取国际社会对中共的同情与支持。毛泽东在《论新阶段》中明确指出："只有主要依靠自力更生，同时不放松外援之争取，才是正确的道路。"⑥

---

① 参见魏宏运主编《晋察冀抗日根据地财政经济史稿》，档案出版社 1991 年版，第 34—35 页。

② 《延安川口区四乡赵家窑农村调查记》，《解放日报》1942 年 1 月 13 日。

③ 参见毛泽东《抗日时期的经济问题和财政问题》（1942 年 12 月），载《毛泽东选集》第 3 卷，人民出版社 1991 年版，第 891—892 页。

④ 张注洪：《国际友人与抗日战争》，北京燕山出版社 2007 年版，第 1 页。

⑤ 参见边区财政厅《财政工作报告，1941 年 10 月 26 日》，载《抗日战争时期陕甘宁边区财政经济史资料摘编》6（财政），陕西人民出版社 1981 年版，第 41 页。

⑥ 毛泽东：《论新阶段》，1938 年 10 月 12—14 日，《解放周刊》（第 57 期）。

二　抗战时期中共国际宣传机构的创建

全面抗战爆发，为了向外介绍和宣传八路军、新四军英勇斗争的事迹和抗日革命根据地建设的情况，中共高度重视国际宣传工作。1938 年 3 月初，中共中央政治局会议在延安召开，会议强调指出，中国的抗战已经进行了八个月，但是，中共的国际宣传工作，中国各界民众团体对国际上各种民众团体的联系，都太薄弱了。① 中国共产党六届六中全会决议也指出，当前紧急任务之一是："集中一切力量，反对日本法西斯侵略者，加紧对外宣传，力争国外援助，实现对日制裁。"②

为此，中共在海外创建了全民通讯社、国际新闻供应社、国际新闻社、香港中国通讯社、民族革命通讯社等国际宣传机构。全民通讯社是 1937 年 9 月 15 日在中共领导下在山西太原成立的，除了中文稿外，还对在重庆的外籍友好人士增发英文稿，并与美国合众新闻社驻重庆分社互换新闻。该社报道了李公朴访问晋察冀根据地的通讯《游而不击乎》，用事实驳斥了国民党对八路军"游而不击"的诬蔑。1938 年 10 月 20 日，在周恩来的参与策划下，第二个国际新闻社在长沙成立，后迁至桂林成立总社。国新社对国外出版英文《远东公报》和面向海外华侨的《祖国通讯》和《国新通讯》。海内外共有 150 多家报纸采用该社稿件。民族革命通讯社是 1938 年 4 月 15 日成立的统战性质的通讯社，并于同年 8 月在香港成立分社，把战报、通讯转发给港澳地区、东南亚以及美国和欧洲部分国家的报纸，扩大了抗战的影响。

抗战进入相持阶段以后，面对国民党的新闻封锁，1940 年 10 月，中共中央宣传部成立了国际宣传委员会。中共中央书记处书记兼中宣部部长张闻天还亲自主持召开座谈会，研究对外宣传问题。在陕甘宁边区，边区文委国际宣传委员会于 1941 年 3 月创办了国际报道社，社长萧三，成员有马海德、巴素华、阿里阿罕、毕道文、陈庶等。1941 年 12 月中共中央政治局又决定建立以朱德为主任的海外工作委员会，研究如何组织国际反日统一战线的战略和策略问题，以及在军事上争取与英、美同盟军合作，

① 《中共中央文件选集》第 11 册，中共中央党校出版社 1991 年版，第 458 页。
② 同上书，第 752 页。

抵抗日本法西斯的侵略等问题。

三 战时中共对外宣传媒介的创建

1. 创建广播电台

广播电台对于加强对外宣传具有十分重要的意义，是抗战时期中共开展对外宣传的重要手段。1941 年，中共中央宣传部在《关于电台广播工作的指示》中强调指出："电台广播是各抗日根据地目前对敌宣传最有力的武器。"[1] 在华日人反战同盟延安支部专门开办了对日无线广播，从 1940 年 11 月开始，每周播音两次，主要内容有时事解说、日本经济状况、日本士兵在八路军中的生活。1941 年 12 月 3 日，延安新华广播电台日语广播开播，这标志着中国人民对外广播事业的诞生。反战同盟人士日本人原清志担任播音，主要以日军为听众对象，介绍中共的政策，日本帝国主义侵华战争的性质和失败的必然性，以瓦解日军的斗志。1944 年，为了适应抗日战争胜利发展的新形势，新华社于 8 月 8 日第一次进行了英文试播，9 月 1 日正式开播。英文广播初创期间，每天播发五六条消息，中共领导的抗日武装力量的对日斗争是主要内容之一。

2. 派共产党员和进步文化人士到外国报纸任职，参加外国在华新闻机构

首先，派共产党员胡愈之担任新加坡《南洋商报》的总编辑，采用国际新闻社的消息，及时报道、评论国内外形势，向南洋华侨们阐明中共抗日民族统一战线的方针与政策，成为向东南亚民众宣传中国抗战的媒介。皖南事变后，中共党员刘尊棋转移到该报任编辑部主任。其次，金仲华等人加盟《星岛日报》。抗战爆发后，胡文虎在新加坡创办的《星岛日报》需要从国内聘请人才，金仲华接受中共的委托，进入该报任总编辑，中共党员邵宗汉则担任副总编辑，羊枣也担任该报军事评论专栏的作者[2]，黄薇也参加了该报的工作。据黄薇回忆，当时负责"香港八办"的

---

① 转引自袁军、哈艳秋《中国新闻事业史教程》，中国广播电视出版社 2001 年版，第 208 页。

② 参见金端苓、刘火子《仲华哥战斗的一生》，载中国人民政治协商会议上海市委员会文史资料研究委员会编《上海文史资料选辑——统战工作史料专辑（六）》，上海人民出版社 1987 年版，第 33 页。

廖承志曾同她联系,说组织上决定派她到菲律宾从事抗日反法西斯的宣传工作。① 太平洋战争爆发后,设在重庆的美国新闻处也有一批中共党员任职。1942 年年初,刘尊棋从新加坡回国,经周恩来批准到美国新闻处任中文部主任,金仲华、刘思慕等人也在该处工作。译报部主任每天从国统区出版的报纸上为金仲华摘译一些新闻、言论,供美国决策机关、报纸编辑人员参考。国民党虽然能对国内报纸横加干涉,采取高压措施,但是对于战时在重庆的美国新闻处束手无策,中共就是利用这一缺口,打破了国民党对战时中国对外宣传的垄断,在一定程度上争取了宣传"话语权"。

3. 在香港、重庆和延安创办对外宣传刊物

抗战期间,香港八路军办事处创办有《华侨通讯》等刊物,中共中央南方局主办的《群众》周刊也在香港翻印发行,成为中国共产党及其领导的抗日军队对外宣传、争取外援的重要阵地。与此同时,《华商报》、《光明报》等一批进步的香港报刊也直接或间接地成为中共在海外宣传的主要媒介。国民党左派宋庆龄也在香港创办了《保卫中国同盟新闻通讯》,面向海外华人及外国读者。许多战地报告的主角都是中共领导下的抗日将士。记者们用亲眼看见的事实,报道了八路军、新四军对日作战取得的辉煌战绩,鼓舞了中国人民和世界人民反法西斯战争。在延安,为了向国际社会宣传八路军、新四军的英勇抗日和根据地的建设状况,1941年 3 月,中国共产党在延安出版了第一份外文刊物——《中国通讯》(*Report From China*)。由吴文焘负责,主要报道八路军、新四军的抗日战绩。其创刊号是皖南事变报道专辑,共有 5 篇文章,其中英文稿 3 篇,法文稿和俄文稿各 1 篇,这对帮助外国人了解事变真相起到了非常重要的作用。当时一些外国朋友被八路军营救出来,也写了文章刊登在这一刊物上,内容主要是感谢八路军,描述中国人民的抗日事迹,揭露日本侵略者的残暴罪行等。同年 8 月新华社接办此刊后,只登英文文章,改为打印,并由中共内部交通带到重庆,由八路军驻重庆办事处散发给外国记者,再由他们转发到国外,太平洋战争爆发后停刊。

---

① 参见黄薇《从海外回到抗战中的祖国》,载《抗日战争时期的中国新闻界》,重庆出版社 1987 年版,第 104 页。

4. 在东南亚创办抗战宣传据点，开展国际宣传

南洋是海外华侨主要的聚居地之一。抗战爆发后，华侨心系祖国，踊跃捐款捐物支持抗战，大批华侨也纷纷回国参军抗战，这与中国加强在南洋的宣传阵地建设有关。皖南事变前，中共中央南方局就派胡愈之到新加坡开展文化宣传工作。1940 年秋，胡愈之担任新加坡《南洋商报》的主编，在华侨中宣传中共领导的抗战，开展统一战线工作。王纪元则出任《南洋商报》副刊《狮声》编辑。积极开展对华侨领袖陈嘉庚的工作，使陈对中共抗战的主张有了深刻的了解，坚定支持中国共产党的抗日主张，引起国民党的不安。《南洋商报》还阐明中共抗日民族统一战线的方针政策，解答侨胞关心的问题，深受华侨的欢迎，成为新加坡最有影响的华文报纸[①]。1939 年至 1940 年，香港"八办"派杜埃等人前往菲律宾，杜埃担任了菲律宾华侨进步团体各劳工团体联合会创办的《建国报》的编辑部主任，使该报成为一份抗战进步立场鲜明、深受华侨欢迎、动员华侨支持中国抗日的菲律宾华文周报。皖南事变后，周恩来又安排一些文化人士到菲律宾华侨中开展抗战的宣传。当时《建国报》招聘新闻编辑人员，林林、张敏思和黄薇等人，参与了该报的编辑工作[②]。

第二节 努力争取外援，正确处理外援与自力更生的关系

一 努力争取外援

作为中共中央南方局成员和"保卫中国同盟"成员的廖承志在周恩来的指导下，积极与"保盟"主席宋庆龄一起开展对港英当局、在港外国人士的统战，并利用华侨的作用，加强对外宣传，努力争取外援。1937年 12 月，周恩来面晤英国驻华大使卡尔征得英国同意派遣廖承志，于

---

① 参见彭亚新等《中共中央南方局的文化工作》，中共党史出版社 2009 年版，第 125—126 页。

② 同上书，第 128 页。

1938 年 1 月在香港建立了八路军驻香港办事处①。办事处的首要任务是为八路军、新四军募集捐款和物资。廖承志通过宋庆龄发起创建的保卫中国大同盟来加强与港英当局的联系。"保盟"中有英国著名记者杰姆斯·贝特兰（是港英当局与中共进行接触的中间人物），英国教会驻港主教何明华，保盟名誉秘书、港英当局医务总监司徒永觉的妻子海弥达·沙尔文 - 克拉克夫人和"保盟"的名誉司库诺曼·弗朗士，这些人对港英当局有很大的影响力。② 宋庆龄以她的国际影响为抗战筹集了巨额物资，比如，1941 年 7 月 1 日，当宋庆龄和廖承志在香港英京酒家主持举行"一碗饭运动"时，得到了港英当局的支持，香港各界、各阶层、中英人士都踊跃参加了捐献活动，共得捐款 25000 元港币。③ 在港英政府的默许下，"保盟"成立仅一年，就为八路军、新四军和抗日根据地募集捐款达 25 万元港币，大批急需药品和医疗器械纷至沓来，外国医疗队和志愿者不断来到抗日根据地，大批海内外青年也通过香港奔赴中国的抗日前线。1938 年 10 月至 1940 年曾生领导的东江纵队的粮、弹、药、衣等经费大部分靠办事处供给。总计从 1939 年 4 月至 1941 年 11 月，保盟收到的现款总数为：港币 185640.11 元，美元 54437.65 元，英镑 3417.89 镑，加拿大元 3059.15 元，1032.32 比索，38.75 西班牙比塞塔，7 荷兰盾。④ 这些捐款绝大多数都汇给中共领导的抗日军队。在中共的国际统战下，英国的民众踊跃捐款，支援中国的抗战。1937 年 8 月，英国共产党中央委员会发表了《援助英雄的中国人民》呼吁书，号召英国工人阶级大力开展援助中国、保卫远东和平的活动。英共主席波立特多次公开表示，中国抗战对国际反法西斯斗争具有重要意义，世界共产党和工人阶级都应当为帮助中国取得胜利作出贡献。英国各党派各阶层人士，积极行动起来参加援华运动，建立了"英国援华运动总会"、"英国国联同志会"、"国际反侵略大

---

① 参见《周恩来年谱（1898—1949）》，中央文献出版社 1989 年版，第 420 页。

② 参见南方局党史资料征集小组编《南方局党史资料·军事工作》，重庆出版社 1990 年版，第 470 页。

③ 参见李永等《何香凝传》，中国华侨出版公司 1993 年版，第 165 页。

④ 参见宋庆龄基金会研究室编《保卫中国同盟新闻通讯》，吴景平译，中国和平出版社 1989 年版，第 412 页。转引自袁小伦《粤港抗战文化史论稿》，广东人民出版社 2005 年版，第 193 页。

会英国分会"、"民权保障会"等十几个援华组织。1938 年 6 月 13 日至
19 日，英国各援华组织发起"反日援华周"。英国民众踊跃捐钱捐物支援
中国抗战。英国援助中国委员会几乎每周都收到大批药材、衣物。伦敦市
市长领导的对华救济基金委员会，仅在 1938 年就募得捐款 15.2 万英镑，
衣物数十万件，支援中国。

在中共积极的对外宣传影响下，抗战爆发之初，莫斯科提供的最醒目
的一笔援助是康生在从苏联回国时向苏提出的用于帮助中共购买武器弹药
的 50 万美元。1938 年年初，康生对苏联代表说："我们需要资金用来扩
充我们的军队，购买武器装备，建设我们的国防工业，支付中央和政府开
支以及办报的经费。"① 本来，康生与苏联代表说的时候，共产国际承诺
拨给中共 153 万美元②，但是斯大林和季米特洛夫只批准了 50 万美元。
1938 年 2 月 17 日，季米特洛夫在其日记中写道："援助中国共产党 50 万
美元。"③ 1940 年 8 月 10 日，中共中央在给季米特洛夫的电报（绝密）
中也曾提及苏联的援助："在周恩来前往莫斯科以前，收到了你们寄来的
500000 美元，7500 英镑，还有 10000 美元专门用于联络。其中 5000 美元
为李奎（野坂参三）专用。你们在周恩来动身之前汇出的并且我们于
1940 年 5 月底在西安收到的款项如下：106070 美元，8200 英镑，此外还
有 40000 美元用于专门联络。"④ 1940 年 11 月，中共中央给季米特洛夫的
绝密电报中再次谈到苏联给予中共的援助："今年 9 月 29 日，周恩来收到
43287 美元和 11500 英镑。鉴于英镑目前在中国不流通，我们把收到的
11500 英镑连同我们手中的 2015 英镑，通过苏联驻华大使潘友新寄给你

---

① 《安德里阿诺夫同中共中央监察委员会代表康生谈话的简要记录，1938 年 2 月 2 日》，载
《联共（布）、共产国际与抗日战争时期的中国共产党（1937—1943）》第 18 卷，中共党史出版
社 2012 年版，第 29 页。

② 参见《安德里阿诺夫同中共中央监察委员会代表康生谈话的简要记录，1938 年 2 月 2
日》，载《联共（布）、共产国际与抗日战争时期的中国共产党（1937—1943）》第 18 卷，中共
党史出版社 2012 年版，第 29 页。

③ 《季米特洛夫日记，1938 年 2 月 17 日》，载《共产国际、联共（布）与中国革命文献资
料选辑（1937—1943）》第 20 卷，中共党史出版社 2012 年版，第 37 页。

④ 《中共中央给季米特洛夫的电报》（1940 年 8 月 10 日），全宗号：495　目录：184　卷
宗：13　第 104—105 页。载《共产国际、联共（布）与抗日战争时期的中国共产党（1937—
1943）》第 19 卷，中共党史出版社 2012 年版，第 81 页。

们，并请代替英国货币寄给我们美元。希望近期将这笔钱通过潘友新转周恩来。"① 1941 年 2 月，中共又收到莫斯科寄给的 24500 美元、6 箱器材，以及苏联大使转给的 3 万美元②。1941 年 7 月 3 日，联共（布）中央政治局会议第 34 号记录，拨给共产国际执委会 100 万美元，用来援助中国共产党中央。③ 1941 年 9 月 5 日，季米特洛夫给毛泽东电报，电报中写道："直接给延安寄去 30 万美元并通过周恩来寄去 30 万（美元），请确认收到。"④

抗战爆发后，不少海外侨胞怀着"国家兴亡，匹夫有责"的赤子之心，为援助祖国抗日，积极回国考察实业状况，组织企业公司，准备开发国内资源。1942 年 1 月，中共中央制定的《陕甘宁边区三十一年度经济建设计划大纲》中，要求边区的各级政府，欢迎华侨到边区投资，并颁布优待海外华侨在边区投资的办法，帮助在延安的华侨兴办工商实业，形成便利华侨来边区投资的环境。而后，边区政府召开的第六次政务会议专门讨论了华侨救国联合会呈请帮助西北华侨实业公司开设工厂的建议，并决定本年度 1000 万元投资额内，调整 5 万—10 万元资金，借给该公司作为投资。边区政府很快就得到了外援，相继建立了延安难民毛巾厂、光华制药厂等工厂，1942 年年初，华侨在延安创办了伟华毛巾厂等。广东陈凌风夫妇投资创办了光华农场，并引进十几头外国种乳牛，选用了美国种的洋芋，增产了 25%⑤。中国共产党这一发展对外经济的理论与实践，在

---

① 参见《中共中央给季米特洛夫的电报》（1940 年 11 月 26 日），全宗号：495　目录：184　卷宗：13　第 34 页。载《共产国际、联共（布）与抗日战争时期的中国共产党（1937—1943）》第 19 卷，中共党史出版社 2012 年版，第 107 页。

② 参见《中共中央给季米特洛夫的电报》（1941 年 2 月 17 日），全宗号：495　目录：184　卷宗：4　第 46 页。载《共产国际、联共（布）与抗日战争时期的中国共产党（1937—1943）》第 19 卷，中共党史出版社 2012 年版，第 153 页。

③ 参见《联共（布）中央政治局会议第 34 号记录》（1941 年 7 月 3 日），全宗号：495　目录：162　卷宗：36　第 1 册，第 41 页。载《共产国际、联共（布）与抗日战争时期的中国共产党（1937—1943）》第 19 卷，中共党史出版社 2012 年版，第 197 页。

④ 参见《季米特洛夫给毛泽东的电报》（1941 年 9 月 5 日），全宗号：495　目录：184　卷宗：9　第 50 页。载《共产国际、联共（布）与抗日战争时期的中国共产党（1937—1943）》第 19 卷，中共党史出版社 2012 年版，第 220 页。

⑤ 参见杨伟英《抗战时期毛泽东对外经济交往思想》，《邯郸学院学报》2005 年第 4 期，第 73 页。

当时曾经产生了很大的反响，受到了国内外友好人士如陈嘉庚、美国记者博乐等的高度评价。

抗战时期，通过中共的国际统战工作，外国传教士也积极地支援中共领导的抗战。比如，汉口圣公会的美国主教鲁茨，与驻武汉的中共代表团负责人周恩来、博古、叶剑英均与鲁茨有过交往①。鲁茨带头动员教友捐钱捐物，很快就募集到不少钱物，并特别指派他的女儿——弗朗西斯·鲁茨组建了一个"国际慰劳团"，率队前往华北敌后，1938 年 2 月初，"国际慰劳团"到达八路军总部驻山西洪洞县马牧村。向八路军赠送 4000 多元钱和为数可观的药品。朱德等八路军领导人亲切接见了他们，对国际慰劳团表示诚挚的感谢。②

总之，通过中共的努力，抗日根据地争取外援取得了显著的成效。以战时陕甘宁边区为例，1937 年至 1940 年，中共中央从外援资金中拨付陕甘宁边区的数额分别为：1937 年 10—12 月，为 406391.01 元，1938 年为 468500 元，1939 年为 5666667.34 元；1940 年为 7550855.04 元。外援收入占边区财政收入比重分别为：1937 年占 77.2%，1938 年占 51.6%，1939 年占 85.8%，1940 年占 74.7%。③ 由以上数据可知，外援确实在抗战时期的陕甘宁边区财政中起着十分重要的作用。中共中央的文件曾指出："中央及边区党尽量争取外援，减轻民众负担，外援是起了重要作用的。"④

二 正确处理外援与自力更生的关系

中国共产党强调，外援只是中国坚持抗战并取得胜利的一个重要因素，但是解决危机最关键的还要靠中共自己的努力。毛泽东主张，在引进外资发展经济时，必须坚持以自力更生为主、利用外援为辅的原则，把立足点放在自力更生的基础上。1937 年 7 月 26 日，中共中央机关刊物《解放周刊》全面阐述了中共对英、美、法等国的政策："……另一方面，应

---

① 鲁茨因与共产党人接触较多，还得了个褒贬不一的"粉红色主教"的称号。

② 参见《中国民族宗教报》2010 年 8 月 31 日第 8 版。

③ 参见《1937 年至 1940 年边区财政收入分类百分数比较表》，载《抗战以来的陕甘宁边区财政概况》，西北财经办事处 1948 年版，第 3 页。

④ 同上书，第 4 页。

当坚决反对依赖他国来决定对日政策的这种观点。如果英法美等国能够很好地与我们联合,给予我们抗日以同情与帮助。那我们当然是非常需要欢迎的。但这决不是说没有英美法的帮助,我们就无力抗战。相反的,抗日战争的基本力量,只能靠我们自己。……"① 毛泽东在《必须学会做经济工作》中指出:"我们不能学国民党那样,自己不动手专靠外国人……我们希望有外援,但是不能依赖它,要依靠自己的努力。"② 1940 年 12 月,《解放》周刊发表了反映毛泽东和中国共产党独立自主的外交政策的文章《论政策》。文章指出:"中国共产党的路线是民族独立的路线",中国只有坚持"自力更生和独立自主的基本政策",才能对外联合世界上平等待我之民族。③ 1944 年,毛泽东对在延安访问的美国驻华大使馆人员谢伟思解释了中共的独立自主政策。毛泽东强调,"中国必须独立,中国必须解放,中国的事情必须由中国人民自己作主张自己来处理,不容许任何帝国主义国家有一丝一毫的干涉"④。

1941—1943 年,中国共产党为了克服根据地面临的困难,在争取外援的同时,开始实行精兵简政,以及开展大生产运动和经济建设。首先是精兵简政,这是节流的措施。1941 年 12 月,中共中央发出精兵简政的指示。在简政方面,要求切实整顿各级政权组织,紧缩机构和人员编制,提高效能,节约人力、物力。规定各根据地脱离生产的人员只能占总人口的 3%,其中军队系统人员占 2%,党政民系统人员只占 1%。⑤ 实行精兵简政,减轻了人民的负担,解决了机构庞大和受到战争破坏的社会经济缺乏足够承受力之间的矛盾。

其次是开展大生产运动等经济建设工作,这是开源的措施。陕甘宁边区政府主席林伯渠所作的《政府工作报告》指出:"应付与日俱增的经济困难,……扩大生产运动,成为目前重要战斗任务之一。"6 月 10 日,毛泽东在延安高级干部会议上又指出,"……用自己动手的方法解决吃饭、

---

① 黎平:《日本的进攻与中国所应取的对外政策》,《解放周刊》第 1 卷第 13 期,第 4 页,1937 年 8 月 9 日。

② 《毛泽东选集》第 3 卷,人民出版社 1991 年版,第 1016 页。

③ 参见《中国面临重大的新危机》,《解放》(延安)第 118 期,第 4 页。

④ 《毛泽东选集》第 4 卷,人民出版社 1991 年版,第 1465 页。

⑤ 参见《中国共产党历史(1921—1949)》第一卷,下册,第 595 页。

穿衣、住屋、用品问题之全部或一部，克服经济困难，以利抗日战争。……明确提出了'自力更生，克服困难'的方针"①。1940 年 2 月 10 日，中共中央、中央军委发出《关于开展生产运动的指示》，要求各部队"一面战斗，一面生产，一面学习"，这标志着大生产运动的开始。毛泽东等人还从当时各根据地的实际情况出发，提出了一系列指导大生产运动的方针和政策。毛泽东曾先后发表《抗日时期的经济问题和财政问题》、《开展根据地的减租、生产和拥政爱民运动》以及《组织起来》等著作，提出了"发展经济，保障供给"的经济和财政工作总方针②。不久，各地根据地党政机关、部队、学校普遍参加生产运动，逐步达到粮食、经费自给、半自给或部分自给。与此同时，各地还联系实际兼办工业、手工业、运输业、畜牧业和商业。为了发挥妇女在大生产运动中的作用，1943 年 2 月，中共中央还发布《抗日根据地目前妇女工作方针的决定》，明确提出"动员妇女参加生产是保护妇女切身利益最中心的环节"③。抗日根据地的公营经济和私营经济，包括农、工、商等都有了大发展，使中共不仅克服了根据地严重的经济困难，而且使根据地有了较充足的物质储备，使八路军、新四军及其他人民武装的供给有了保证和改善，从而为争取抗日战争的最后胜利，奠定了必要的物质基础。经过大生产运动，陕甘宁边区的粮食产量 1941 年为 45.586 万石，1943 年达 181.2215 万石，全边区机关学校饲养牲畜一项生产，总价值当在 400 万元以上④。

与中国共产党争取外援，但更多时候是自力更生为主的情况不同，国民党在抗战时期争取外援，则在实际操作层面上过分强调外援的作用。1944 年年初，蒋介石要求美国给予 10 亿美元的援助并表示："……如果这些建议美国都不同意，……在那种情况下，中国对于它的战时财政经济

①　毛泽东：《反投降提纲》，载中共中央文献研究室编《毛泽东文集》第 2 卷，人民出版社 1993 年版，第 226 页。

②　参见中国共产党编年史编委会《中国共产党编年史》，山西人民出版社 2002 年版，第 1266 页。

③　陕西省妇联编：《陕甘宁边区妇女运动文献资料选编》，内部资料，1982 年，第 163 页。

④　参见雷云峰等《陕甘宁边区史》（抗日战争时期，中下篇），西安地图出版社 1993 年版，第 61 页。

只得听其自然。"① 蒋的意思很明显，如果美国不给予援助，中国的抗战就不能抗战到底，中国就会垮台。对于这种观点，《新华日报》曾给予批评："有人认为中国抗战不是为了自己，而是为了友邦，友邦不援助中国，中国就不必抗战；又有人认为中国抗战不是依靠自己的力量，而是依靠友邦的援助，友邦不援助中国，中国就不能抗战。"② 实际上，国际社会的援助，对于处于十分困难条件下的中国抗战是极其可贵的，但对于中国这样一个拥有近5亿人口和广袤土地的大国来说，是不可能完全依靠外援解决问题的。

---

① 参见《蒋介石委员长致罗斯福总统》，1944 年 1 月 16 日。载沈庆林《中国抗战时期的国际援助》，上海人民出版社 2000 年版，第 11 页。

② 社论：《对美国加强援助之认识》，《新华日报》1943 年 3 月 11 日。

第 六 章

经验之四：民间外交与"半官方外交"并进，扩大国际影响

抗战时期，为了限制中共及其领导的抗日力量的快速发展，国民党顽固派进行了多次反共摩擦，尤其是"三次反共高潮"，更是造成了比较严重的民族危机。为此，中共采取"求同存异"的统战方式，即暂时搁置双方意识形态迥异的特点，而抓住抗日的共同利益，积极开展对美英苏驻华大使的半官方外交——国际统战工作，而且注重对英美苏在华人士的统战工作（民间外交），以国际力量遏制国民党顽固派的反共。

第一节　积极开展民间外交，加强对外国来华民主人士的交往

抗战时期，中国共产党高度重视对外国来华人士的民间外交性质的国际统战工作，加强交往和理解。

一　中共中央南方局对国际文化人士开展民间外交工作

抗战时期，作为美国著名文化人士的海明威战时来到重庆，渴望见一见共产党人，了解中国共产党的抗日政策和抗日活动情况，但他为没有机会和渠道而感到苦恼。1941 年 5 月的一天，在王安娜的带领下，海明威夫妇到曾家岩五十号周公馆，与周恩来相见。周恩来穿着一件开领短袖白衬衫、黑裤子和凉鞋，一副收入菲薄的职员装束。周恩来在没有翻译的情

况下与他交谈了一个多小时,这让海明威感到十分诧异。玛莎后来撰文回忆这一段史实时说,当时他们都认为周恩来是胜利者,是他们在中国遇到的一位真正的好人,如果周恩来是中国共产党人的典范,那么未来就是中国共产党的。① 玛莎在将经过向美国情报官员报告时,也强调指出,抗日战争结束后,共产党人一定会接管中国,……那个国家里最优秀的人是共产党人,可以毫无疑问地说,中国共产党有一些像他(周恩来)一样的同志。② 几个月后,海明威夫妇经昆明、仰光回到美国。海明威在致摩根的信中写道,周恩来是一个极具魅力和智慧的人,他在重庆与所有国家的大使馆都保持着密切关系,通过接触和交往,成功地使与他有接触的人接受中共对于中国国内所发生事情的立场。③ 身在重庆领导中共中央南方局外事组的周恩来也主动拜访拉铁摩尔④,谈到了统一战线的重要性。以后在重庆的交际场合,他们又多次见面,周恩来高度赞扬拉铁摩尔对维护统一战线的重要性。周恩来说:"我认为你在这里有作用的,有助于维护统一战线的局面。"美国记者 Arch steele 在与周恩来交谈后,他写道:与那些国民党截然不同。关于周恩来的人格和可信度,他也认为周恩来有能力处理记者们提出的观点和看法。⑤

二 上海新四军办事处和上海地下党组织的"民间外交"工作

受中共中央南方局直接领导的上海新四军办事处,也积极地利用太平洋战争爆发前上海是国际商港的地位,开展国际统战工作。最为典型的是开展对"保盟"上海分会秘书、美国朋友耿丽淑女士、奥地利医生罗生特等人的国际统战工作。1938 年 9 月,中共党员吴大琨从香港到上海,按"保盟"负责人宋庆龄的指示,找到了同情和支持中国抗战的美国人耿丽淑,在中共江苏省委和八路军驻沪办事处的支持下,创

---

① 参见王泓等《周恩来与国际友人》,重庆大学出版社 1995 年版,第 60 页。

② 王泓等:《周恩来与国际友人》,重庆大学出版社 1995 年版,第 61 页。

③ 参见王泓等《周恩来与国际友人》,重庆大学出版社 1995 年版,第 61 页。

④ 拉铁摩尔,Owen Lattimore,《美亚》杂志编委员成员之一,抗战时期曾担任过蒋介石的美国政治顾问。

⑤ Stephen R. Mackinnon and Oris Friesen:*China Reporting:An Oral History American Journalism in the 1930s&1940s*,Los Angeles:University of California Press,1987,p. 81.

建了保卫中国大同盟上海分会①。上海新四军办事处也秘密护送奥地利医生、泌尿科专家罗生特赴新四军的总部盐城。1941 年 3 月，中共上海地下党将罗生特装扮作传教士隐蔽在轮上，荣健生同时上船暗中保护，克服途中困难，安全到达盐城新四军军部，受到新四军领导人的欢迎，成为换上新四军军装的"外籍卫生战士"，担任新四军卫生部顾问。《江淮日报》对他进行了采访，并写道，在苏北，罗生特大夫是第一个参加新四军的国际友人。② 除了医治战士和老百姓，他还努力为新四军培养医务工作者。因为他的国际主义精神和无私奉献精神，1942 年年底，他被中国共产党吸收为党员，成为一名光荣的奥地利籍中共党员。因其具有高超的医术和高尚的品格，被大家称为"白求恩式的国际主义战士"、"再世华佗"③。1939 年 1 月 15 日，另一位奥地利犹太医生理查德·施泰因（Richard Stein）来到上海。理查德早在 1937 年就加入了奥地利共产党，是一名坚定的反法西斯斗士。来中国后，他先后在虹口难民传染病隔离医院、天津德美医院、北平道济医院等地从事抗日医务工作。但他还不满意，希望到抗日前线去参加战地医务工作。1941 年秋，在八路军地下交通员的护送下，他从北平出发，经过艰苦跋涉，克服了许多困难和危险以后终于到达了晋察冀军区，受到聂荣臻司令员的热烈欢迎，并亲切地称他为"傅莱"，让其发挥特长——在白求恩卫生学校教书。④ 1944 年，他被调往（延安）中国医科大学担任教师。在此期间，他发扬艰苦奋斗、开拓创新的精神，建立了生产粗制青霉素的实验室，解决了部分药品短缺问题，得到了毛泽东等人的多次亲切接见。⑤ 中共对美国人拉铁摩尔也进行了积极的国际统战工作。1938 年 6 月下旬，拉铁摩尔在延安逗留了 3 天，会见了中共领导人，并在延安夫子庙给延安的干部、党员作了有关国际问题的讲演。⑥ 他还写了两篇文章《中国共产党的根据地：陕北之行》、《中

---

① 参见黎军、王辛《抗日战争中的国际友人》，中央文献出版社 2005 年版，第 310 页。

② 《第一个参加新四军的国际友人罗生特》，《江淮日报》1941 年 3 月 25 日。

③ 黎军、王辛：《抗日战争中的国际友人》，中央文献出版社 2005 年版，第 260 页。

④ 参见潘光《从上海看国际反法西斯统一战线》，《上海市社会主义学院学报》2005 年第 4 期，第 28 页。

⑤ 参见冯彩章、李葆定《红医将领》，北京科学技术出版社 1991 年版，第 683 页。

⑥ 参见陶文钊《战时美国对华政策》，武汉大学出版社 2010 年版，第 215 页。

国共产党的现在和将来：统一战线的理论》，在文中，拉铁摩尔指出："中国共产党是朝气蓬勃的，他们既不是'掠夺社会的匪帮，也不是为夺权而夺权的'雇佣部队……战争拖得越久，日本的处境就越糟，而中共就越来越强。战争结束后，中共是中国政治生活中一个永久性的重要因素。"① 文章由美国驻北平领事罗赫德发给了美国国务院。而米勒则在1938年春对冀中抗日根据地进行了3个星期的访问。根据地的"新精神"和"生气勃勃的民族主义"给他留下了深刻印象，并得出结论，"中国人仍然控制着华北"，"日本人征服华北的企图将遇到不可克服的障碍"②。1938年6月，《美亚》杂志编委会的毕恩来（Arthur Bisson）、贾菲（Philip Jaffe）抵达陕北。毛泽东与他们进行了长谈，介绍了"九一八"事变以后中国国内形势的发展，以及中国共产党为建立抗日民族统一战线所作的努力。贾菲为延安朝气蓬勃的精神状态所感染，并把与毛泽东的谈话记录整理后在《美亚》杂志发表。他确信中国共产党是真诚的爱国者，他们是要弥合国共两党裂痕的③。

三　中国共产党争取美国军官卡尔逊

1937年11月底，经斯诺的介绍和美国海军少将奥弗里茨司令的批准，在获得国民政府军用许可证之后，卡尔逊以一个军事观察员的身份到西北考察八路军的作战方式。12月15日，卡尔逊按照八路军西安办事处的安排，来到了洪洞县的八路军总部见到了朱德、任弼时，讨论世界大势、八路军的战略战术和政治工作。朱德还向卡尔逊介绍了平型关大捷的情况。④ 12月17日，八路军政治部主任任弼时向卡尔逊介绍了八路军的政治工作，说："政治工作是八路军的生命线，是抵抗侵略的心脏和灵魂"，并重点介绍了"三大纪律八项注意"、"军民鱼水关系"。作为一名职业的军事观察员，卡尔逊对八路军的独特组织和作战方式感兴趣。他发

①　[日] 矶野富士子整理：《蒋介石的美国顾问——欧文·拉铁摩尔回忆录》，吴心伯译，复旦大学出版社1997年版，第50—56、59—61页。

②　陶文钊：《中美关系史（1911—1949）》上册，上海人民出版社2004年版，第189页。

③　参见陶文钊《战时美国对华政策》，武汉大学出版社2010年版，第215页。

④　参见丁晓平《感动中国：与毛泽东接触的国际友人》，中央文献出版社2005年版，第150页。

现八路军十分注重加强思想政治教育。在日常生活中，领导人每天都和士兵亲密接触，同甘共苦，廉洁自律。战斗之前，召集战士开会，讲明作战的意图和采用的战术，分析胜利的可能。战斗之后举行总结会议，讨论成败得失①。卡尔逊认为这种做法普遍地提高了部队的士气和主动精神，并使军官和士兵互相理解，形成了紧密的纽带。正是这两点使中国共产党的军队率先在对日作战中赢得胜利。② 1938 年 5 月，卡尔逊又到敌后抗日根据地考察。5 月 5 日傍晚，卡尔逊见到了毛泽东。在暗淡的烛光下，他们进行了通宵达旦的谈话。毛泽东预言美日难免一战，并且断言如果德国人侵捷克，英国将不会宣战。毛泽东还亲自将八路军在战斗中缴获的一件日本军官的皮衣、一个笔记本和一些日军文件送给卡尔逊。通过交流，毛泽东给卡尔逊留下了深刻的印象。8 月初，卡尔逊一回到汉口，就开始与美国记者们讨论华北前线的状况，他在与斯诺的交谈中赞扬八路军是世界上走得最快的军队，几乎是美国军队步行行军速度的 2 倍。③ 他还高度赞扬和肯定了战时中共的政治和军事组织能力，并认为依靠中共的力量，可以成功建设一个更加美好的新世界。④ 外国记者们，尤其是美国的记者们很快在国外报纸上报道华北前线的情况。卡尔逊在给罗斯福的信中还介绍到，中共领导的抗日根据地没有国民党统治区的腐败现象，其领导的八路军具有新的战斗作风，并称战时的中国共产党人并非严格意义上的共产主义者，看起来更像是"自由民主党人"。因为他通过调查发现，中国共产党在根据地实行的经济政策并不包括平分土地和重新分配财产。⑤ 他的调研报告还强调，八路军已经发展出一套完善的抵抗日本侵略的方法，如果加以推广，将有效遏制并拖垮日本。他在报告中指出，

---

① 参见［美］米契尔·布赖克福特《卡尔逊与中国——美国人的军官、八路军的朋友》，刘山等译，生活·读书·新知三联书店 1985 年版，第 176—178 页。

② Hugh Deane. ed. , *Evans F. Carlson on China at War*, 1937—1941, Beijing : Foreign Languages Press, 2004：23，转引自陶文钊《战时美国对华政策》，武汉大学出版社 2010 年版，第 215 页。

③ 参见丁晓平《感动中国：与毛泽东接触的国际友人》，中央文献出版社 2005 年版，第 164 页。

④ 参见 Americans and Chinese Communists, p. 104；*Amerasia*, September 1938；王安娜《中国——我的第二故乡》，生活·读书·新知三联书店 1980 年版，第 219 页。

⑤ 参见陶文钊《战时美国对华政策》，武汉大学出版社 2010 年版，第 220 页。

中共发动民众上取得的成功和游击战术上的有效性，以及部队遵守三大纪律八项注意，使日本占领区只控制了城镇和交通线，而广大的农村仍在八路军手中，还在不断发展、扩大①。他在调研报告中还建议，中国共产党渴望同美国合作打败日本，重建中国。通过这些，罗斯福对中共有了一定的新认识，激起了他的想象力，头脑中有了一幅展示中国游击战争价值的激动人心的图景。② 1939 年 12 月 4 日，罗斯福把卡尔逊的一篇文章转给国务卿赫尔，让他"阅后退还"③。这在一定程度上塑造了中共在美国的形象，并在一定程度上影响了美国的远东政策，推动了中共与美国关系的发展，促进了美国对中国共产党及领导的八路军、新四军的进一步了解。1940 年，卡尔逊所写的 *Twin stars of China* 在美国 Hyperion press incorporation 出版。在书中，他对在抗日根据地采访中共领导人和八路军将领，以及抗日军队所做出的贡献进行了深入的分析。"在讲台上，一个穿着制服的年轻人正带领民众唱一首新的爱国歌曲：没有吃，没有穿，敌人给我们送上前；没有枪，没有炮，敌人给我们造。我们生长在这里，每一寸土地都是我们的；无论谁要抢占去，我们就和他拼到底！"④

抗战时期，朱德也积极做好华北根据地的外国传教士的统战工作。朱德以其友善、质朴、宽厚等人格魅力，深深地影响了许多外国友人。包括一些传教士在内的外国友人同情、积极支持有时甚至是参加中国的抗日战争。曾随白求恩医疗队奔赴华北前线的加拿大传教士查德·布朗，耐心细致地为八路军伤病员服务。朱德致函向他表示感谢，他在信函中写道："八路军非常感激外国传教士的同情和援助。……八路军欢迎传教士并愿意和他们合作。因为八路军的抗战不只是为中国国家的独立自由而战，而且也是为了支持世界的和平而战。"⑤

---

① 参见［美］米契尔·布赖克福特《卡尔逊与中国——美国人的军官、八路军的朋友》，刘山等译，生活·读书·新知三联书店 1985 年版，第 20 页。

② Michael Schaller. *The U. S. Crusade in China*, 1938 - 1945. 21.

③ ［美］埃文斯·福代斯·卡尔逊：《中国的双星》，祁国明、汪杉译，新华出版社 1987 年版，第 291—292 页。

④ Evans Fordyce Carlson, *Twin Stars of China*, Hyperion Press, 1975, p. 78.

⑤ 《中国民族宗教报》2010 年 8 月 31 日第 8 版。

第二节　邀请外国记者访问重庆和敌后根据地，揭露国民党的反共阴谋

抗战时期来华访问的外国记者人数甚多，多数都对中国抗战抱有同情。为此，中国共产党高度重视对外国记者的统战工作，欢迎他们到边区游历或参观，加强交往和理解，并积极安排和组织。《陕甘宁边区施政纲领》第二十一条规定，在尊重中国主权与遵守政府法令的原则下，允许任何外国人到边区游历、参加抗日工作，或在边区进行实业文化与宗教活动。① 1938 年 2 月 19 日，英国记者贝特兰前去汉口访问周恩来时，周恩来对他讲，中国共产党很欢迎外宾。无论外国人属于任何阶级或从事任何职业，只要喜欢到抗日根据地看八路军或陕北的情况，中共都特别欢迎。在那里他们可以自由目击各项事实，同时可以看到在这个联合战线与民族抗战中中国共产党的合作精神是多么诚恳。②

一　战时外国记者受中共邀请进入抗日根据地的两次活动高潮

第一次高潮在抗战全面爆发到第二次世界大战全面爆发之间，活动区域包括陕甘宁边区及各抗日根据地；第二次高潮在 1944 年夏天，活动区域主要是延安。当时中共大力支持外国记者在延安的正常采访活动，并创造有利的采访条件，允许记者们自由地在根据地进行参观访问。斯诺曾说，他在收集根据地和抗日军队的材料以及接受安排采访诸方面都得到了中国共产党尽可能的合作。③ 中共的党、政、军领导人还经常会见来访的外国记者，并主动地介绍战时中共的各项方针政策以及对国内外问题的看法，积极回答记者们提出的问题。比如，1938 年 6 月，周恩来在武汉"八办"约见斯诺，感谢斯诺所写的《西行漫记》对中共、红军的宣传和介绍，使广大的外国读者从中了解了中共的真实情况。希望他继续向全世

---

① 《陕甘宁边区施政纲领》，《新中华报》1941 年 5 月 1 日第 1 版。

② 参见［英］贝特兰（James Beteram）《周恩来谈中共对外政策》，卓云译，《国际文摘》1938 年第 1 卷第 4 期，第 1 页。

③ 参见［美］埃德加·斯诺《西行漫记》，生活·读书·新知三联书店 1979 年版，第 70 页。

界介绍中国抗战的真实情况，并欢迎他再到延安和抗日根据地采访。[①]
1939 年 9 月中旬，埃德加·斯诺第二次访问陕北延安，与毛泽东讨论了
工业合作社问题、统一战线以及国际问题、中共的性质和任务、中国的民
主运动以及当时的国际形势、未来形势的发展。斯诺报道后，"毛泽东的
见解在重庆引起了反响"[②]。不久，陕甘宁边区就被国民党军事封锁了。

德国记者汉斯·希伯，1938 年在武汉"八办"的安排下，经过重重
难关到达延安，毛泽东接见了他，并与之进行了交谈。除此之外，他还访
问了一些干部和群众，参加了一些集会和活动。1939 年春，他到皖南泾
县新四军军部采访，见到了项英、叶挺等新四军领导人，旁听了由周恩来
向新四军指战员传达中共六届六中全会的精神报告。他回到上海后，撰写
了一系列报道和政论，发表在《美亚评论》杂志上。[③] 1939 年 6 月，他发
表了题为《周恩来论抗日战争的新阶段》的文章，强调指出，中国的抗
日战争进入了第二阶段，即相持阶段，中国人民在中国共产党领导下，坚
持抗战到底，一定会夺取最后胜利。[④] 皖南事变爆发后，他先后在《美亚
评论》上发表《叶挺将军传》和《中国的内部摩擦有助于日本》等文，
指责蒋介石消灭新四军，是完成了日军想作而未作之事，是重庆、南京、
东京之间"合作"的开始。[⑤] 1941 年 5 月，他与夫人秋迪女士赴苏北新四
军驻地，会见刘少奇、陈毅等人，他还深入新四军军营、农村、学校，与
士兵、农民、学生等各界人士进行了广泛的接触，撰写了一部八万字的书
稿——《中国团结抗战中的八路军和新四军》，此外还有《重访新四军根
据地》、《在亚洲的日本战线之后》等大量报道和政论，肯定了新四军团
结抗战的正确立场。希伯指出："新四军是抵抗日本侵略、最得人心的中
国军队。……新四军是忠实于统一战线事业的，……新四军的成功，就是
整个民族统一战线的成功。"[⑥] 1941 年 9 月 12 日，希伯在新四军的护送下

---

① 参见童小鹏《风雨四十年》第一部，中央文献出版社 1994 年版，第 154、221 页。

② ［美］埃德加·斯诺：《为亚洲而战》，新华出版社 1984 年版，第 238 页。

③ 参见张注洪《国际友人与抗日战争》，北京燕山出版社 2007 年版，第 27—28 页。

④ 同上书，第 28 页。

⑤ 同上书，第 29 页。

⑥ 《美亚评论》1941 年 9 月。转引自张注洪《国际友人与抗日战争》，北京燕山出版社
2007 年版，第 29 页。

到达山东抗日根据地，根据地领导专门给他组织了一场茶话会。他在会上表示：“我一定真实地告诉全世界的人们，特别是关心中国的外国记者们，要想真正地了解今天的中国，真正地了解中国人民在怎样英勇地和敌人坚持搏斗，就一定要亲身到中国的敌后方来。”①

1940 年 12 月中旬，周恩来在位于重庆市中区上清寺的曾家岩 50 号，与美国记者斯特朗进行了交谈。在交谈中，周恩来向她详细地介绍了八路军和新四军的历史发展情况、现在的情况，以及国民党两年来多次制造反共摩擦的真相，进而揭露国民党顽固派正在酝酿新的反共事件的阴谋。②不久，斯特朗在美国收到一封未署名的航空信件，信中称：“发表你所知道之事的时机已经到来。”《美亚》杂志、《纽约先驱论坛报》分别发表了这些材料，以及斯特朗所写的相关分析文章③。皖南事变爆发后，斯诺马上通过美国的《星期六晚邮报》对事变作了详尽的报道。在周恩来的领导下，中共中央南方局外事组的成员龚澎、陈家康等也冒着被国民党特务跟踪、绑架、投入监狱、暗杀的危险，拜访各国记者，向他们说明事变的真相。一些外国记者听了以后，把皖南事变的消息以及相关真相航寄到香港发表，使许多外国人士明白了事实的真相，而不单是听国民党篡改后的一面之词④。皖南事变爆发后，美国记者休·迪恩（Hugh Deane）根据周恩来和龚澎等人关于皖南事变的说法，写英文文章向英美国家人士讲述皖南事变的真相。他以 “Inside the war” 为总标题写了十篇系列论文。这些论文的主题是：“国民党已经使人们的爱国热情和希望和平的愿望遭到沉重打击，这使没有群众支持其反共内战之道路，我不得不说，共产党已赢得争夺农民的‘战争’，这将是一个决定性的因素。”⑤ 抗战时期，周恩来也抽时间与美国《时代周刊》驻华记者白修德交谈，讲他感兴趣的军阀逸事、中国的社会现状、中共的历史、国共合作的形成，以及周自己的经

---

① 《大众日报》1941 年 10 月 16 日。

② 参见童小鹏《风雨四十年》第一部，中央文献出版社 1994 年版，第 154、221 页。

③ 参见张克明、刘景修《抗战时期美国记者在华活动纪事》，《民国档案》1988 年第 2 期，第 127 页。

④ 参见伊斯雷尔·爱泼斯坦《中国未完成的革命》，新华出版社 1987 年版，第 154 页。

⑤ Stephen R. Mackinnon and Oris Friesen, *China Reporting: An Oral History American Journalism in the 1930s&1940s*, Los Angeles: University of California Press, 1987, p.105.

历。白被周恩来巨大的人格魅力所折服。他说，一见到周恩来，自己的
"怀疑和不信任几乎荡然无存"，"他风度迷人，待人真挚，人们敬仰他，
他也信任他们。无可否认，他确实使我五体投地"①。亨利·利伯曼描述
道："周恩来的人格魅力，他的能力、精神、谈话技巧都深深地影响了
我，他是我遇到过的最伟大人物之一，最重要的是，我认为他是世界上最
伟大的演员之一……我花了许多小时试图得到更多他的故事。"②

　　经过中共的努力争取、支持和帮助，抗战时期大量的外国记者访问了
敌后抗日根据地和延安。从抗战爆发到 1939 年秋，海伦·福斯特·斯诺
（Nym Wales）、贝特兰（James Bertram）、安娜·路易斯·斯特朗、史沫
特莱（Adhes Smedley）等都访问过延安和根据地。史沫特莱在延安和抗
日根据地进行长时期的调研和访问后，写下了《打回老家去》等光辉著
作，宣传中共领导的抗日军队所取得的辉煌战绩，并为抗日的伤病员呼吁
争取国际红十字会的帮助，以改变中国共产党领导的抗日部队缺医少药的
状况。史沫特莱还依据 1938 年年初的日记书信写成了《中国在反击——
一个美国妇女在第八路军》（1938 年纽约出版）一书，反映了华北地区的
抗日形势，歌颂了八路军的英勇业绩。回到武汉后，她向美国驻华大使詹
森和美国驻华武官介绍了八路军在陕北的活动情况，成为美国大使馆与中
共接触的理想中介人。1937 年 10 月初，英国《每日先驱报》的特约通讯
员、杰出的记者贝特兰随同八路军的运输队一起乘卡车到了延安。第二天
早晨，遇上红军大学举行毕业典礼，第一次见到和蔼、谦恭和无拘无束的
毛泽东，尤其是毛泽东独特深入浅出的演讲风格给他留下了深刻的印象。
在毛泽东的邀请下，贝特兰在延安毛泽东住的窑洞里，与毛泽东、吴亮平
（毛泽东的翻译）进行了多次谈论，谈论的话题是中国共产党与抗日战
争，包括抗战爆发后，中国共产党对于这次战争的感想如何？抗战纲领是
怎样的？和国民党有何不同？做了十年冤家重新合作的两党能合作到何种
程度？红军的战略和战术如何？跟友军怎样合作？这就是被贝特兰称作

---

　　①　王泓等编：《周恩来与国际友人》，重庆大学出版社 1995 年版，第 87 页。

　　②　Stephen R. Mackinnon and Oris Friesen：*China Reporting*：*An Oral History American Journalism in the 1930s&1940s*，Los Angeles：University of California Press，1987，p. 81.

"多次的半夜进行的晤谈"①。在谈话中，毛泽东认为，必须加强统一战线工作，实行革命的政策，才能进行胜利的民族解放战争。这种革命的政策也就是要把真正的三民主义、三大政策以及孙中山的遗嘱精神，全部彻底地在全国范围内实行起来，用以巩固和扩大抗日民族统一战线。②贝特兰还与周恩来谈论了抗战中的政治动员和如何组织华北民众进行抗战等问题。周恩来告诉他，北方的战事不会成为单独的游击战，八路军能成为抗战的脊梁，只有八路军能够动员并武装民众并肩作战，华北的战事绝不会像日军希望的那样在短期内结束。③斯特朗于 1938 年访问了八路军总部，对朱德等八路军领导人毫不做作、坦率率直的作风印象深刻，并"上有关游击战术的课，听著名战绩的故事，学习使一支军队与人民保持密切联系关系的方法"，并写成《人类的五分之一》一书，向美国人民详细描述了中国共产党地区的情况，并写信给罗斯福夫人，吁请美国政府正式与中国结盟。④

二　抗战时期中共邀请外国记者访问根据地的意义

抗战时期，中国共产党通过开展争取外国记者的国际统战工作，通过外国记者们耳闻目睹的真实感受，向世界介绍了中共的抗日主张和抗日功绩，宣传了中共的游击战对抗战的影响、对世界反法西斯战争的支持，也增进了中共与美、英等国的了解。

首先，通过外国记者的报道，展现了抗日根据地的真实面貌。抗战时期，国民党一直对敌后抗日根据地实行严密的新闻封锁，并污蔑"八路军、新四军的游击战对日本游而不击，主要精力在扩充军队、地盘、与国民党军队搞摩擦"，谎称"共产党在根据地实行黑暗统治，搞得民不聊生"，等等。外国记者深入抗日根据地的采访报道，通过所见所闻所写所感，不仅打破了新闻封锁，而且向世人展现了中共控制区域社会和谐、团结民众、拥护中共抗日的真实面貌。1940 年 12 月下旬，周恩来在致毛泽

---

① 　[英] 贝特兰：《华北前线》，林淡秋译，新华出版社 1986 年版，第 107 页。

② 　参见 [英] 贝特兰《华北前线》，林淡秋译，新华出版社 1986 年版，第 108—128 页。

③ 　参见张注洪《国际友人与抗日战争》，北京燕山出版社 2007 年版，第 45 页。

④ 　参见 [美] 特雷西·斯特朗、海琳·凯萨著《纯正的心灵：安娜·路易斯·斯特朗的一生》，李和协译，世界知识出版社 1996 年版，第 206 页。

东等人的电报中谈到，据统计，自抗战以来，英、美记者宣传中共及其领导的八路军、新四军的书籍不下二三十种，对中共信誉的积极影响极大，并产生了一些外交的影响。① 就连对中共素有偏见的夏南汉神甫，也在《益世报》上专门撰文，以其在边区的所见所闻批评了国民党御用记者们的歪曲事实的报道。中共领导人的坦诚态度给美国记者留下了深刻的印象。英国记者斯坦因在访问延安和敌后抗日根据地后写道："我反复地考问他们，根据国民党对于'匪'的攻击而提出种种不入耳的问题，但他们都给予了认真积极的回答。……在东方我还没有碰见任何能让别人如此访问的人。"② 哈里森·福曼尔在他所著《红色中国报道》的"乡村民主"一章中，写了许多与此相关的内容。"选举委员会由一个富农、一个中农、三个贫农、两个雇农、三个妇女和一个小学教师组成。……候选人一个一个地站起来，分别阅过他们的纲领……这种选举与其它十五个贯穿中国中部和北部的抗日民主根据地的村民选举一样，没有什么特别的。"③

其次，通过外国记者深入实地的采访报道，架起了一座座沟通之桥，推动中共及其领导的抗日力量为世界舆论所接受。外国记者对中国共产党、八路军、新四军和抗日根据地的报道，就成为美国、英国政府官员了解中共的重要渠道之一，也成为影响其对华决策过程的一个重要信息来源渠道。抗战时期，英、美两国驻华大使馆也经常把外国记者在抗日根据地的采访报道报告给美国国务院或英国外交部，为英、美两国政府制定对华政策提供参考。从美国政府来讲，以前罗斯福对中共的情况所知甚微，而斯诺等人通过与中共领导人的接触和对苏区的考察提供了大量第一手资料，使美国更加了解中共，但中共并未获得美国的实际帮助。罗斯福后来成了"斯诺迷"，在斯诺回到美国后，他三次接见斯诺，了解中国共产党及其领导的八路军、新四军和抗日根据地的情况。④ 斯诺等人的宣传，使得中共得以向世界展示自己的成就，宣传自己的主张，为塑造中共新的形

---

① 参见吴瑞章《周恩来在建国前的外交思想与实践》，载《周恩来研究学术讨论会论文集》，人民出版社1998年版，第340页。

② 斯坦因：《红色中国的挑战》，新华出版社1986年版，第202页。

③ Harrison Forman, *Report from Red China*, New York：Henry Holt and Company, 1945, p. 99.

④ 参见武际良《斯诺与中国》，中国社会出版社2005年版，第234—235页。

象、争取美国民众的同情和支持奠定了一定的初步基础。Harrison Forman
在其所著的《红色中国的报告》一书中写道："我在陕甘宁边区参议会参
加了边区政府的一次会议。参议会的 24 名代表都是经过民众选举产生的，
这 24 名代表中中国共产党本身只有 8 名成员。不是共产党员的边区参议
会副主席李鼎铭主持了此次大会，参会人员的成分包括农民、商人、大地
主、佃农、知识分子、教师、医生、军官、社会工作者、商店职工，有一
个还是穆斯林人员。"[1] 1944 年 7 月 30 日，谢伟思曾把斯坦因等人与毛泽
东会谈的提要发回华盛顿，对中共走向世界并为逐渐被一些世界舆论所接
受起了非常重要的促进作用。在英国方面，1937 年 11 月 11 日，周恩来
在抗战前线与英国《伦敦先驱日报》记者詹姆斯·贝特兰会面交谈，并
一起实地观看了八路军一一五师在平型关战役中所取得的辉煌战绩。在周
恩来的安排下，贝特兰还访问了晋察豫根据地，写下了英文著作《不可
征服的人们——一个外国人眼中的中国抗战》，对中共的抗战功绩和作用
作了较高的评价。他还以八路军一二九师一部袭击阳明堡日本空军基地为
例，说明了游击战术对于阻止日军深入进攻的价值。贝特兰认为，在抗战
初期，只有八路军有充分胆量和创见实行攻击。[2] 这份报告引起了包括英
国民众在内的广大外国民众以及政府的重视，促使英国政府和民众重新认
识中共及其领导的抗日斗争，从而为抗战时期中共与英国关系的改善起了
一定的推动作用。迪克·威尔逊在他的书 When Tigers Fight 中描写了其采
访中共领导的抗日军队的作战情况："当我们与日本军队作战时，我们将
尽量避开敌人军事上的优势——威力强的坦克、飞机和汽车，而选择日军
的弱项进行攻击。因此，我们通常在山地上与日军作战，并有广大民众对
我们大力支持，能够打败日本帝国主义的进攻。"[3]

　　最后，外国记者的报道，也制约了国民党的反共图谋，维护了抗日民
族统一战线。抗战时期，国民党顽固派为了限制中共及其领导的抗日力量

---

① Harrison Forman, *Report from Red China*, New York: Henry Holt and Company, 1945, p. 100.

② 参见［英］贝特兰《华北前线》，林淡秋译（中文版），新华出版社 1986 年版，第 243 页。

③ Dick Wilson, *When Tigers Fight: The Story of the Sino-Japanese War, 1937 – 1945*, New York: The Viking Press 1982, p. 139.

的发展，多次挑起事端破坏抗日民族统一战线。为维护统一战线，中共与国民党顽固派进行了坚决的斗争，外国记者对此进行了大量的报道，揭露顽固派。比如，1940 年春，国民党军统特务在成都制造"抢米事件"，嫁祸于中共，枪杀朱亚凡，逮捕了罗世文、车耀先等多人。当时在成都《时事新报》的中共地下党员陈翰伯，把真实情况对一些外国人讲了，"他们听了都非常气愤地说，这是百分之百的法西斯主义"①。外国记者关于国共关系与统一战线的报道，使英、美等国政府对战时的国共冲突表示关注和忧虑。华莱士副总统 1944 年 6 月访华之前，罗斯福也指示他"要尽可能使国共两党军队之间停止作战"。这种舆论氛围在一定程度上制约了国民党当局的反共图谋，维护了抗日民族统一战线。

第三节　积极与外国驻华大使馆人员、特使和党派重要人士交往

抗战时期，美国、英国、苏联为了自身利益，不赞同国民党推行的反共政策，而是希望国共团结、合作抗日，这在某种程度上对蒋介石的反共政策起到了一定的约束作用。为此，中共积极做英、美、苏驻华大使，英国议会访华代表团，美国总统特使的统战工作，加深了外国政府和民众对中共的认识。由于中国共产党在抗战时期就全国范围而言，还是一个在野党，但因中国共产党在广大的敌后抗日根据地建立了中共领导的抗日政权，是一个在局部地区执政的政党，因此中国共产党在抗战时期的对英国、美国、苏联政府官员、特使的交往，既不是完全意义上的官方外交，也不是纯粹的民间外交，可视为"半官方外交"。

一　开展对英国驻华大使馆人员和英国议会访华代表团的统战工作

英国驻华大使馆，是抗战时期英国外交部派往中国战时首都重庆的一个机构，代表英国政府处理中英之间的一些外交事务，收集情报，为英国政府外交部制定远东战略提供参考。在当时中共与英国政府没有直接关系的背景下，中共加强与英国驻华大使馆人员，尤其是英国驻华大使的交往

---

① 陈翰伯：《在白区新闻战线上》，《新闻研究资料》总第 39 辑，第 19 页。

工作，具有十分重要的意义。因此，中共高度重视开展对英国驻华大使的统战工作。当时在重庆负责国际统战工作的周恩来，利用各种途径、抓住各种机会开展对英国驻华大使的争取工作。在交往中，周恩来的热情好客、温文尔雅等人格魅力使英国驻华大使卡尔感到敬佩。通过双方的广泛交往和接触，卡尔对中共的抗日主张和取得的抗日业绩有了更深的了解，并时常交换对中国抗战的看法。皖南事变爆发后，周恩来代表中共中央亲自到卡尔在重庆的寓所，揭露蒋介石、何应钦等国民党顽固派所发动的"皖南事变"内幕。英国政府收到卡尔的报告后，转告蒋介石，要求蒋停止国共冲突。[①] 1941 年 7 月中旬，为了呼吁民主政治，卡尔在重庆作了一场题为"民主精神"的演讲。而此时中共在舆论上主要就是呼吁实行民主政治，反对国民党的"一党专政"。故卡尔所作的"民主精神"的演讲不自觉地形成了对中共呼吁民主政治的响应。卡尔在演讲中强调了民主与团结的关系。指出，民主精神，就是承认意见与利益的不同，但仍然能容忍别人（不同意见的人），从而取得协和。卡尔的这番讲话，在抗战这一特殊背景下，很适合当时主张民主精神的一些民主党派人士和广大知识分子的口味，故卡尔的讲演在当时很容易地被听众理解为专对蒋介石的专制所讲的。1942 年 1 月 25 日《新华日报》的社论高度评价了卡尔所作的"民主精神"的演讲。社论指出，卡尔的演讲，显然对中国是有影响的。处于友邦使节地位的卡尔大使，对中国团结的这种关切，是极可感赞的[②]。根据周恩来的指示，《新华日报》再次登载了龚澎写的卡尔大使访问记《惜别一位真挚的中国友人》，文中写道："英国驻华大使卡尔爵士在华已四年，在促进中英邦交上有着显著的贡献，他代表着英国人民对正义战争的意志，真挚的爱护中国抗日战争和中国人民。"[③]

1942 年年初，卡尔离开中国到苏联担任英国驻苏大使，在其离任告别宴会上，卡尔把英军从德军手里所缴获的军刀赠送给周恩来。在重庆"八路军驻渝办事处"为卡尔设宴饯别酒会上，周恩来则把叶挺带到重庆

---

① 参见中共中央文献研究室《周恩来年谱（1898—1949）》，中央文献出版社 2007 年版，第 486 页。

② 参见（重庆）《新华日报》，1942 年 1 月 25 日。

③ 乔松都：《乔冠华与龚澎——我的父亲母亲》，中华书局 2008 年版，第 43 页。

的一把日军军刀（新四军从日军手中缴获）赠送给卡尔①。而当时叶挺还被国民党以所谓的"新四军叛军首脑"的罪名关押在渣滓洞的秘密监狱里。1942 年 2 月,一位曾在英国外交部门工作 30 多年、长期担任英国外交部负责远东事务的国务大臣助手的霍勒斯·薛穆,到重庆接替卡尔担任英国驻华大使②。周恩来多次与薛穆大使就许多问题进行交谈。通过接触和交谈,薛穆大使对中国共产党的抗日方针和政策措施有了一定的了解。1942 年 12 月,由英国三大政党议员组成的英国议会代表团访问了陪都重庆。由于中国共产党是"在野党",英国议会代表团原本是没有计划与中共接触交流的,但在薛穆大使的劝说下,代表团成员与周恩来在英国驻华大使馆进行了一次长谈。通过交流,许多人改变了以前对中共的偏见,对中国共产党在抗战时期的政策也有所了解。尤其是周恩来温文尔雅、娴熟的外交技巧等人格魅力给他们留下了较为深刻的影响。他们向英国政府汇报这次会谈时强调指出,共产党在抗战中的作用值得重视。③ 1944 年年末,薛穆在致英国外交部部长艾登的电报中强调,中国共产党采取的政治变革的范围和意义非常显著。他个人认为,（陕甘宁边区）的领导人是引人注目和强有力的人物。④ 1944 年 11 月 19 日、20 日,周恩来接见了英国驻华大使馆秘书赫戈登等人,向他们宣传抗日根据地的成绩,并强调成立联合政府的必要性。⑤

二　周恩来高度重视对美国驻华大使馆人员的统战工作

抗战时期,周恩来等人也积极地与美国驻华大使高思,使馆三秘谢伟思,使馆二秘戴维斯、范宣德、庄莱德等人接触和交谈。1942 年 6 月,周恩来向史迪威的顾问、美国使馆二秘戴维斯表示,中共军队愿与盟军进行军事合作。1943 年 1 月 19 日,周恩来会见了前来拜访的美国驻华大使

---

① 参见《周恩来年谱（1898—1949）》,中央文献出版社 2007 年版,第 543 页。

② 参见李时安《英国对华政策与中国共产党（1942—1946）:薛穆大使的作用》,载中国社会科学院近代史研究所《中国近代史研究》编辑部编《国外中国近代史研究》（25）,中国社会科学出版社 1992 年版,第 120 页。

③ 同上。

④ 同上。

⑤ 参见中共中央文献研究室《周恩来年谱（1898—1949）》,中央文献出版社 2007 年版,第 588 页。

馆二秘庄莱德（Everett F. Drumright），向他通报说，中国共产党的军队在过去三年半的时间里没有从国民政府那里得到任何军事的或财政的援助。卫立煌将军由于被认为对共产党人过于友好，对抗日过于积极，不符合重庆的最高司令部的愿望，于是被解除了指挥权①。周恩来还向庄莱德发出了访问延安的邀请，表示如果庄莱德愿意去陕北特区访问，能获得重庆当局的同意，中国共产党愿意为他去延安做出安排。庄莱德表示："如果那是可能的，我对去延安旅行会很感兴趣。"② 1943 年 11 月，周恩来与林彪在重庆会见范宣德时提出，国际力量（尤其是美国）对国民党的影响是可以改善中国局势的唯一力量。通过交往，加深了美国驻华大使馆的人员与中共双方的相互了解和认识，这在很大程度上推动了美国政府与中国共产党关系的不断改善。周恩来对美国驻华大使馆人员戴维斯的统战工作，也使戴维斯实事求是地向美国政府发回了调研报告。据当时担任中国外交部部长兼蒋介石驻美特使的宋子文向蒋介石的密电报告：据确息，国务部派在史迪威部下任政治顾问之约翰·台维斯（John Davies，时任美国驻华大使馆二等秘书）对友人谈中国近况，称：（一）共党军队努力抗战，而中央以四十万大军监视共党。日同盟社报告，近月日军与共军接触次数，较与中央军接触次数多至两倍以上。花旗银行行员赫尔（Hall），及牛津大学倍利奥书院的教务长林赛（Lindsey）之子，均身历共区，对共军抗日成绩，颇致赞美；（二）共党曾向中央主张厉行民主。③ 周恩来、龚澎、乔冠华、杨刚等与美国在重庆新闻处处长费正清的交往，也使费正清发回了一些有利于中共的报道。1943 年 9 月 9 日，他在重庆发给美国友人 Alger 的信中写道："目前从我与在中国的外国人接触中所获知的政治情况，我相信中国的大量左翼反对派特别想与美国人交往和接触，大多数在中国的美国人也倾向于与他们打交道。"④

---

① Memorandum of Conversation, by the Second Secretary of Embassy in China, Jan. 20, FRUS, China, pp. 192 – 193.

② Ibid. .

③ 参见《宋子文致蒋介石密告台维斯谈中国近况函（1943 年 6 月 8 日）》，载吴景平、郭岱君编《宋子文驻美时期电报选》（1940—1943），复旦大学出版社 2008 年版，第 201 页。

④ John King Faitbank, Chinabound, A Fifty-year Memoir, New York: Harper and Row, Publishers, 1982, p. 283.

三　周恩来非常重视对美国政府来华高官的统战工作

1941 年 2 月 14 日，美国罗斯福总统的代表居里来华访问时，正值皖南事变爆发后国共矛盾加剧。在英国驻华大使卡尔的安排下，周恩来和居里在英国驻重庆大使馆见面，周恩来和居里作了长谈。这是中共领导人与美国官方人士的第一次会面。[①] 周恩来向居里解释了中共的各项对内对外政策，并向他提供了国民党制造摩擦的若干材料，说明了皖南事变的真相。居里对此深表同情，并答应向美国政府通报。居里告诉周，美国的政策是赞助中国统一，不主张扩大内战。周恩来表示，只要不损害共产党，中共不反对美国援华。通过会谈，居里了解了皖南事变的真相，并迅速把相关信息传递给罗斯福总统。罗斯福在皖南事变后给蒋介石施加压力，希望国共继续合作，否则无法大量援华。他在给蒋介石的信中说："中共与国民政府相类者多，相异者少。深盼能排除异见，为抗战的共同目标而加紧团结。"[②] 罗斯福还警告蒋介石："美国在国共纠纷未获解决前，无法大量援助中国，中美之财政各问题，不可能有任何进展。"[③] 同年 3 月 7 日，美国国务院远东司的司长汉密尔顿约见了中国驻美大使胡适，并当面强调："国共之间不和的后果远比起因更为严重，美国对中国的稳定至感关切。"[④] 迫于美国、英国、苏联政府的压力，以及国内外舆论的压力，蒋介石不得不作出保证："中国绝无发生内战或内部分裂之危险。"[⑤] 1942年 7 月底至 8 月初，美国总统罗斯福的特使居里进行为期半个多月的第二次访华历程。在此期间，周恩来给居里写了一封信，委托斯诺交给居里。在信中，周恩来代表中共强调指出，即使面对巨大的困难，中国共产党也必定坚持抗战到底，虽然在武器装备上远逊于国民党的军队，却抗击着一半的侵华日军，而蒋介石自皖南事变以来不给八路军、新四军发补充，为了使中国共产党领导的抗日军队能更大地发挥抗日成效，希望美国政府采

---

① 参见中共中央文献研究室《周恩来年谱（1898—1949）》，中央文献出版社 2007 年版，第 503 页。

② 陶文钊：《中美关系史（1911—1949）》上卷，上海人民出版社 2004 年版，第 197 页。

③ 李良志：《国共合作历史与展望》，福建人民出版社 1990 年版，第 300 页。

④ 陶文钊：《中美关系史（1911—1950）》，重庆出版社 1993 年版，第 255 页。

⑤ 同上书，第 256 页。

取措施向蒋介石施加压力，使美国援华的租借物资能切实用于抗日（即给中共领导的军队分拨一些美国援华物资），否则，国民党可能囤积这些物资用于战后对付包括中国共产党在内的反对派①。1942年秋天，美国共和党领袖、美国联合援华委员会名誉主席温德尔·威尔基，作为罗斯福的私人代表访问中国。他在宋子文的家里与周恩来会见并谈了话。后来威尔基在他写的《天下一家》一书中说："我就是在那里和中国共产党领袖之一周恩来作了一次从容不迫，单独而不受阻断的谈话"。他在书中还写道："我第二次会到周恩来将军是在孔祥熙博士的宴会上，主人应我之请也邀了他和他的夫人。曾经作为他的政敌的那些人以一种愉快但是相当矜持的姿态向他寒暄，同时他的旧交史迪威将军也以显然的尊重态度和他交谈，这种情形看来很有兴味。"周恩来等人也采取积极措施，作美军在华军官和新闻处人员的统战工作。

1944年，中国共产党开展了对美国副总统华莱士的统战工作和与美军观察组（USAOG-U. S. Army Observer Group）的交往。1944年6月，美国副总统华莱士作为罗斯福总统的私人代表访华，他与周恩来进行了一次会谈，了解国共之间的和谈情况，并敦促国民党迅速着手改善中苏关系和解决国共矛盾。他与蒋介石先后进行了四次会谈。在国共关系上，华莱士劝说蒋介石接受中共的建议，与中共进行谈判，进行必要的改革，让中共参加政府，并表示美国愿意居中调停。但蒋介石却对共产党大加诽谤，诬称中共是苏共的傀儡，除非中共接受国民政府的领导，改编军队，否则国共无法和谈，蒋反过来劝美国远离中共。② 约翰·谢伟思（John Stewart Service）是美军观察组的一员。据《毛泽东年谱》记载，1944年7月26日，毛泽东"出席为美军观察组第一批人员到达延安举行的晚宴。席间同坐在身旁的观察组成员、美国驻华大使馆三等秘书、中缅印战区司令部

---

① 美国国务院编《美国外交文件》1942年中国卷（The US Department of State：Foreign Relations of the United States, Diplomatic papers, 1942, China），华盛顿1956年版，第227页。转引自陶文钊《抗日战争时期中国共产党的对美政策》，《美国研究》1993年第1期，第8页。

② The United States Department of State . ed. United States Relations with China：with Special Reference to the period of 1944 – 1949, pp. 56 – 57.

政治顾问谢伟思进行交谈"①。当谢伟思向毛泽东透露出美国政府有意促成国民党放弃一党专制统治、建立联合政府这一信息时，毛泽东感到非常振奋。为打消美国对中国共产党战后政策的种种疑虑，毛泽东反复地向谢伟思等美国友人表明，中国共产党的政策只是自由主义的政策，即使最保守的美国商人也不会在中共的纲领中发现可持异议的东西。② 毛泽东进一步指出："中国战后最急需的是发展经济，需要大量的机器和资金。而美国的重工业、专业化的制造业和资本投资需要找出路。故美国是援助中国发展经济的最适当的国家。"③ 美军观察组成员深入抗日根据地实地考察中国共产党领导的全民抗战情况。比如，美军陆军上尉布鲁克·多兰就到中国共产党领导的冀中军区考察了中共领导的地道战抗日情况，并给予很高的评价。1945 年 1 月下旬，多兰在高存信等 7 名八路军官兵的掩护下，一起到任丘县考察地道战，参观了各种地道，了解中国军民利用地道打击日本侵略者的情况。在考察中，正遇日军对根据地"扫荡"，八路军和民众利用地道战打退了日本人的进攻，日军最后丢下死亡的士兵撤回据点。他亲身感受中共地道战的伟大和军民鱼水情，并称："能以如此巧妙的方法坚韧地同日本人作战的军民，必将取得胜利！"④

四　周恩来等人也高度重视与苏联驻华大使馆人员的交往

　　皖南事变爆发后，周恩来和叶剑英迅速赶赴地处枇杷山的苏联大使馆，约见了苏联军事总顾问崔可夫将军和苏联驻华大使潘友新，告之以国民党发动皖南事变的悲剧，希望苏联向国民党施加压力。送走周恩来后，崔可夫同潘友新进行了长时间的磋商。不久，崔可夫同潘友新就会见蒋介石、何应钦、白崇禧等人，表明苏联政府对皖南事变的看法，强调指出，进攻新四军有利于日本侵略者，内战对中国意味着灭亡，因此，苏联政府

　　① 逄先知主编：《毛泽东年谱（1893—1949）》，人民出版社、中央文献出版社 1993 年版，第 530 页。

　　② 参见杨奎松《毛泽东为什么放弃新民主主义》，《近代史研究》1997 年第 7 期。

　　③ ［美］约瑟夫·W. 埃谢里克：《在中国失掉的机会——美国前驻华外交官约翰·S. 谢伟思第二次世界大战时期的报告》，国际文化出版公司 1989 年版，第 327 页。

　　④ 马骏杰：《亲历抗日战争时期地道战的美军上尉》，《中国国防报》2005 年 4 月 26 日。

反对蒋在中国时局维艰的时候发动"内战"。① 苏联外长莫洛托夫在莫斯科也拒不出席国民党驻苏大使原定举行的宴会。苏联作为此时国民党抗战的主要援助国，其态度也对蒋介石产生了较大的影响。美英苏政府在其驻华大使及特使的影响下，都对蒋介石发动皖南事变表示不满，并向蒋介石施加了巨大的压力，迫使蒋介石不得不保证"以后决无'剿共'的军事"。蒋介石还主动约周恩来谈话，表示许多具体问题，如释放被扣人车、解决对《新华日报》的压力、增加中共军队的数额、继续发饷等，都好解决。②

五　注重与外国政党领袖的交往

首先，中共中央南方局领导人与印度国大党领袖尼赫鲁的交往。当时，尼赫鲁是以中国政府客人的身份访问的，国民党原定只让他见对国民党有好感的人士，但是尼赫鲁并不接受这种安排，他想接触中国共产党。他原本打算访问正在华北和延安的印度援华医疗队，但国民党不同意。正当他失望之时，在中共中央南方局外事组成员德国人王安娜的安排下，他到重庆八路军办事处会见了博古和叶剑英，就中国抗战的形势、中国反帝民族革命斗争与内部阶级关系、国共合作与各党派合作情形、苏德互不侵犯条约对欧洲及远东的影响以及印度的有关问题交换了意见。③ 印度国大党领导成员卡玛拉迪威夫人也与中共中央南方局和八路军办事处的中国共产党人认识。她与董必武等中共中央南方局的领导进行了有益的会谈。她还到化龙桥《新华日报》的宿舍进行了访问，为此，中共方面还专门为她进行了一次欢迎晚会。她在离开重庆回印度前夕对王安娜说：通过你我得以与中国共产党的诸位先生会见，这真是我一生中难以想象的事情。④

其次，中共领导人在抗战时期与越南共产党领袖胡志明的交往，给予其抗日的大力支持，使其在紧邻广西的越南农村以游击战反对日本帝国主义的侵略。1938 年 10 月下旬，胡志明受共产国际的派遣，从莫斯科秘密

---

① 参见王泓等编《周恩来与国际友人》，重庆大学出版社 1995 年版，第 65—67 页。

② 参见陶文钊《中美关系史》上册，上海人民出版社 1999 年版，第 198 页。

③ 参见王福琨、邓群《中共中央南方局的统一战线工作》，中共党史出版社 2009 年版，第 310 页。

④ 参见《周恩来与国际友人》，重庆大学出版社 1995 年版，第 80—81 页。

出发，途经新疆、西安，辗转到达延安。中共中央专门安排负责对外联络的中共中央政治局委员王稼祥接待他，让他住在中共中央领导机关所在地——枣园。① 毛泽东、刘少奇、朱德等中央领导人也亲切接见他，与他共商抗日。

1938 年胡志明在延安住的窑洞前的照片

1938 年 12 月，在中共中央的安排下，他化名"胡光"随同八路军参谋长叶剑英离开延安南下，首先到了重庆，被周恩来称作"胡同志"。后按照计划，胡志明去贵阳，接着与叶剑英一起到广西省会桂林的八路军驻桂林办事处参加革命工作。② 在此期间，他写了一些文章、评论和材料，寄给共产国际或寄回越南，宣传游击战思想和中共领导的抗日民族统一战线。③ 他利用中共合法地位和电台进行革命活动，了解越南国内革命斗争情况，认真学习中国共产党的游击战，以利于在越南用游击战开展抗日斗争。9 月 20 日，训练班结束。④ 1939 年 6 月，他又以八路军桂林办事处少校的名义，前往湖南参加在衡阳举办的南岳游击干训班第二期的学习培训，当时叶剑英在该训练班担任副教育长。为了在亚洲更有效地开展反法

　　① 参见李群英《胡志明的中国情》（上），《世界知识》2008 年第 2 期。

　　② King C. Chen，*Vietnam and China*（1938—1945），Princeton University Press，1969，p. 34.

　　③ 参见黄铮《为越南革命事业辗转桂林靖西　胡志明广西洒热血》，《广西日报》2005 年 6 月 15 日。

　　④ 参见盛义良《胡志明在南岳游击干部训练班》，《老年人》2006 年第 11 期，第 37 页。

西斯的斗争，1940 年 2 月，共产国际执行委员会书记处专门给中共中央发一绝密电报。电报指出，中国共产党应当与印度支那共产党（越南共产党）建立联系，并组织对它的援助；要组建同印度、印度支那和菲律宾的联络站①。在此背景下，中共更加大了对越南共产党的支持力度——中共给其提供电台，并帮忙编制密码。② 在中国共产党的帮助下，胡志明能够向越南发回许多短讯报告，并发表在印度支那共产党的期刊 *Notre Voix and Le Travail* 上。与此同时，他写了许多调研报告，建议印度支那共产党接下来所采取的战略和政策。③ 他还强调了发展印度支那民主统一战线的重要性，他解释了统一战线对于越南民主、自由和印度支那共产党的合法地位的重要性，但鉴于当时的形势，胡志明并没有提出越南民族独立的问题④。胡志明还到重庆"八办"一个多月，与叶剑英等人就国际形势以及印度支那共产党的活动、越南国内建立根据地、开展武装斗争等问题交换了意见。在中国共产党的帮助下，胡志明在云南与越南国内革命领导人之一黄文欢取得联系，通过黄，胡志明取得了与印度支那共产党的联系。⑤ 1940 年 12 月，在中共的建议下，胡志明在广西靖西县吞盘乡举办越南干部政治训练班，培训领导骨干，并建立了由靖西通往越南的交通网。翌年 2 月，胡志明在靠近中国的越南高平省北坡建立了印度支那共产党中央的秘密指挥机关，开展抗日游击战争。他还决定派两个年轻能干的人范文同和武元甲到延安马列研究院（中国共产党的中央党校）参加培训和学习。⑥ 但 1940 年 7 月，因为德国对法国首都巴黎的占领，给时为法国殖民地的越南带来了一些有利于独立的时机，他决定回到越南去组织

① 参见《共产国际执行委员会关于中共向远东和东南亚国家共产党提供国际援助的决定》（1940 年 2 月），全宗号：495 目录：2 卷宗：285 第 124—125 页。载中共中央党史研究室第一研究部译《联共（布）、共产国际与抗日战争时期的中国共产党（1937—1943.5）》第 19 卷，中共党史出版社 2012 年版，第 18—19 页。

② 参见王家森《东方反法西斯战争中结下的中越友谊》，《中国文物报》2010 年 11 月 17 日。

③ King C. Chen，*Vietnam and China*（1938—1945），Princeton University Press，1969，p. 35.

④ Vo Nguyen Giap，*Ho Chi Minh*，*Selected Works II*，Hanori：Foreign Languages Publishing House 1961，pp. 149 – 150.

⑤ King C. Chen，*Vietnam and China*（1938—1945），Princeton University Press，1969，p. 36.

⑥ Ibid.，p. 40.

游击队进行革命，由于需要一些骨干与他一起回到越南组织革命，于是他叫回了这两个能干的年轻人。①

1942 年 8 月下旬，胡志明离开北坡到中国，打算到重庆会见周恩来，交换对时局的看法。然而，在前往广西德保县途中被国民党地方当局逮捕。"他因为身份证件过期，被当地的中国官方当作一名日本—法国间谍抓起来了，并在 1942 年 8 月 29 日被马上转送到靖西。"② 中共闻讯后，立即打电报给周恩来想办法营救胡志明。当时，周恩来大病初愈，马上采取多种措施积极援救胡志明。他召集吴玉章、叶剑英等人召开会议商议对策，并找到国民党立法院院长、"亲苏派"孙科。孙马上转告国民党中执委秘书长吴铁城，电告广西省政府"查明释放"。可是此时，胡志明已被转押到柳州张发奎处，张发奎不放人。③ 周恩来只好一方面通过苏联向蒋介石施加压力；另一方面找到冯玉祥，请他设法营救。冯玉祥找来桂系领导人李宗仁，向他晓以利害。在冯玉祥、李宗仁的干预下，蒋介石终于下令释放了胡志明。④

---

①　King C. Chen，*Vietnam and China*（1938—1945），Princeton University Press，1969，p. 42.

②　Ibid.，p. 56.

③　参见孙纯福《胡志明被国民党逮捕的真相：无钱有身份被疑是共产党大官》，人民网（www. people. com. cn）"文史频道"，2011 年 6 月 16 日。

④　参见黄德燧《多党合作紧急援救胡志明》，《重庆晨报》2011 年 12 月 29 日。

第 七 章

经验之五：积极开展对敌统战工作，
分化瓦解强敌

抗战时期，为了瓦解日军的战斗力，应对日军的"扫荡"和"三光政策"对敌后抗日根据地和八路军、新四军所造成的生存和发展危机，最终打败日本帝国主义，中国共产党也积极开展对在华日军和日本友好人士的争取工作，并始终把日本军国主义与日本人民区分开来，积极开展统战工作，取得了明显的成效。这也是抗战时期中共应对危机的国际统战经验之一。

第一节 开展对日军俘虏和日本在华
进步人士的争取工作

一 联系实际制定争取日本俘虏的政策

优待敌军俘虏并争取他们参加革命的政策，是中国共产党开展军队政治工作的三大任务。早在井冈山革命根据地时期，毛泽东就规定了释放俘虏和医治伤兵[1]，并为红军制定了对待俘虏的四个政策：不打骂、不杀虐；受伤给予治疗；愿去愿留自愿；不准搜腰包[2]。其中的不搜俘虏腰包这一条，作为"三大纪律、八项注意"的重要内容之一，于 1930 年 9 月

---

[1] 《毛泽东军事文集》第 1 卷，科学出版社、中央文献出版社 1993 年版，第 31 页。

[2] 参见吴文华《中国思想政治教育史纲》，中央文献出版社 2008 年版，第 292 页。

25 日写进了红一方面军颁布的《红军士兵会章程》中。① 这里有一个典型的案例可以说明当时红军优待俘虏的政策。1928 年夏的一个月夜,毛泽东亲自与一名俘虏进行面谈。这个俘虏说是受了国民党军队排长的骗——说完成任务后排长请他吃饭,他才冒险侦察红军的。毛泽东笑着告诉他,明天我请你的客,与你一起吃饭,放你回去后还分田给你耕种,好吗?第二天,毛泽东与他一起吃了饭,并放了他。② 1929 年 12 月底,毛泽东在《古田会议决议》中,专门制定了优待俘虏、瓦解敌军的政策和方法。在红军反"围剿"斗争中,毛泽东再次强调,在政治上平等对待,在生活上关心照顾,经过教育后的俘虏,愿回家的发给路费,愿意留在红军部队欢迎③。

抗战时期,中国共产党之所以要制定争取日本俘虏的政策,首先是因为日军的大多数士兵来自社会底层——贫穷的工人和农民,是受日本军国主义者的蛊惑、欺骗和胁迫而来到遥远的中国参加侵华战争的。从马克思主义的阶级理论讲,他们属于被压迫阶级,与日本反动统治阶级有着深刻的矛盾,根据马克思主义的"全世界无产阶级和被压迫民族团结起来"的理论,这些人是中共团结和争取的对象。其次,中日战争的无限期延长,中共领导的抗日军队越打越多的事实,以及日本侵华战争是法西斯的侵略掠夺战争,失道寡助,也使不少日军士兵意识到了战争前景渺茫,士兵们对服役期满而不让退役也感到愤怒,存在厌战乃至怠战的情绪,尤其是在抗战后期。比如,1942 年后,日军第 59 师团第 54 旅团第 45 大队的山田三郎,在极度的恐惧中厌战日增。他回忆道:"子弹如果是'噗噗,噗噗'的声音,就是打到你眼前了。真可怕啊!……要是运气好,打中扣枪机的食指或拇指,打不了枪,不是就要送回日本去了吗。我希望着这样。"④ 日本独立混成旅第十旅团的超期服役士兵六人,以酒消愁,让中队长给打了。他们端起机枪就朝中队长打,最后军事法庭判处三人死刑,

① 参见刘建军《中国共产党思想政治教育的理论与实践》,中国人民大学出版社 2008 年版,第 139 页。

② 参见温金权等《心理战概论》,解放军出版社 1990 年版,第 154 页。

③ 参见吴文华《中国思想政治教育史纲》,中央文献出版社 2008 年版,第 304 页。

④ 转引自 [日] 森山康平《南京大屠杀与三光作战——记取历史教训》,四川教育出版社 1984 年版,第 96 页。

三人无期徒刑，中队长自己也自杀了。① 因此，抗战时期，中国共产党争取日军俘虏、削弱日军力量、瓦解日军士气也存在非常大的可能。

针对以上情况，中共高度重视对日军的瓦解工作。海伦·斯诺在其所著的 Inside Red China 一书中描述了她在抗战爆发初期在延安所见到的情况："在此期间，丁玲女士开始组织一个名叫'前线服务团'的组织，对战士们进行宣传和慰问。服务团的成员绝大多数是大学生。服务团的其中一个工作就是对日本俘虏进行阶级觉醒教育。因为'前线服务团'要与部队一起行军，团员们必须组织形成运输队伍与其他平民志愿者队伍。"② 1938 年 2 月 11 日，毛泽东在延安反侵略大会上发表演说时进一步提出了包括日本人民统一战线的三个反侵略统一战线的概念。他指明："……把日本人民运动也作为一个战略单位，形成一个使法西斯孙悟空无处逃跑的天罗地网，……日本帝国主义完全打倒之日，必是这个天罗地网大体布成之时。"③ 为此，中共建立了相应的机构来加强争取俘虏的工作。抗战之初，中共中央就设立了敌区工作委员会，强调"健全军队中的敌军工作部和地方党的敌伪军工作委员会"④。1937 年 8 月，八路军总政治部又专门设立了敌工科，两个月后，改为敌工部。1938 年 1 月蔡乾担任八路军政治部敌军工作部的部长，谢振华担任副部长。⑤ 接着八路军各师旅敌工科、团敌工股和连队敌工小组相继成立。1939 年 5 月，八路军总部又规定，在敌后抗日根据地县以上由地方与部队共同成立敌伪工作委员会，地方由社会部、部队由敌工部和锄奸部等共同组织之。⑥ 在华中地区，为了加强对日军的统战工作，新四军也在各级单位建立了相应的敌军工作组织。1938 年 1 月，新四军任命林植夫为敌军工作部部长。各支队、各团

① 参见张惠才、韩凤琴《从鬼子兵到反战斗士》，中国文史出版社 2005 年版，第 6 页。

② Nym Wales, Inside Red China, New York: Da Capo Press, Inc. (A Subsidiary of Plenum Publishing Corporation), 1977, p. 279.

③ 《毛泽东选集》第 2 卷，人民出版社 1991 年版，第 473 页。

④ 中国人民解放军政治学院政治工作教研室编：《军队政治工作历史资料》，第 4 册，战士出版社 1982 年版，第 146 页。

⑤ 参见《中国共产党组织史资料汇编·领导结构沿革和成员名录（增订本）》，中共中央党校出版社 1995 年版，第 429—431 页。

⑥ 参见中国人民解放军政治学院政治工作教研室编《中国人民解放军政治工作史》，战士出版社 1982 年版，第 260 页。

也相继设立了敌军工作机构。皖南事变后，新四军设立的敌工部部长一职由刘贵一担任，各师成立了敌军工作部、联络部，各旅和军分区设立敌工科，团一级设立的是敌军工作股。①

抗战时期，中共把工作重点之一放在争取被俘的日军官兵上，规定对他们"给以宽大待遇，不加污辱，不施责骂"②，对主动投诚的士兵更是热情欢迎。早在1937年9月25日，《中共中央告日本海陆空军士兵宣言》和《八路军告日本士兵书》两份公告就初步阐明了中国共产党宽待日军俘虏的政策。10月25日，毛泽东在《和英国记者贝特兰的谈话》中强调指出，"……中共仍然给予被俘的日本士兵和某些被迫作战的下级干部宽大待遇，不加侮辱，不加责骂。……对日军的工作方针应当是用各种方法削弱和降低其战斗力，使他们不盲目地仇视中国军民，进而从感情上的接受逐渐引导到他们与中共政治上的接近"。③ 史沫特莱在其著述中写道："1937年11月，朱德告诉我八路军必须学习足够的日语，以对日军战士喊话——'共产党不杀俘虏'……喊话内容为：'亲爱的日军战士同志们！要认识到日本军国主义剥夺了我们众多兄弟的生命。我们必须行动起来，并把我们的枪口转向对准我们真正的敌人——日本军国主义和金融寡头。只有打倒他们，我们才能实现远东地区的真正和永久的和平。'"④

1938年5月，毛泽东在《论持久战》一文中，再次强调："对于日本士兵，不是侮辱其自尊心，而是了解和顺导他们的这种自尊心，从宽待俘虏的方法，引导他们了解日本统治者之反人民的侵略主义。"⑤ 不久，八路军总司令部又完善并颁布了对待俘虏的政策。内容包括：一、不杀敌军俘虏，优待俘虏；二、不拿俘虏的财物，但应没收其军用品；三、医治日军受伤的士兵；四、在可能条件下，将俘虏放回，并给路费；五、愿在八

---

① 参见唐国东《抗战时期新四军的瓦解日军工作》，《军事历史研究》2014年第1期，第57—58页。

② 《毛泽东选集》第2卷，人民出版社1991年版，第381页。

③ 参见中央文献编辑委员会编《毛泽东选集》第2卷，人民出版社1991年版，第379—380页。

④ Agnes Smedley, *The Great Road – The Life and Times of Chu Teh*, New York：Monthly Review Press，1956, pp. 361 – 362.

⑤ 《毛泽东选集》第2卷，人民出版社1991年版，第512页。

路军中服务的，给予适当工作；……①1940 年 6 月 7 日，八路军总政治部也发出《政治部关于对日军俘虏工作的指示》，强调"俘虏日军士兵后，即给以好的招待与宣传。凡愿意回去者，经过短时的宣传与谈话，使他们知道日本关于八路军的宣传是欺骗他们的，然后一律放他们回去"②。《对敌军俘虏规律体例的相关规定》规定：禁止杀害俘虏；禁止没收俘虏武器以外的私人用品；禁止侮辱俘虏，优待俘虏；治疗敌人的伤兵；为战死的敌人立碑……③1941 年 5 月 1 日中共中央政治局通过的《陕甘宁边区施政纲领》第二十条规定，对于在战斗中被俘之敌军，不问其情况如何，一律实行宽大政策，其愿参加抗战者，收容并优待之，不愿者释放之。一律不得加以杀害、侮辱、强迫自首或强迫其写悔过书。其有在释放之后又连续被俘者，不问被俘之次数多少，一律照此办理。④ 是年 12 月 9 日，中共中央在《中共中央关于太平洋反日统一战线的指示》中强调，反对日本侵略的一切民族的政党、党派及一切阶级的人民，日本国内的反战人民和日本殖民地朝鲜、中国台湾、越南的人民在内，都是中国共产党开展国际统一战线工作的组成部分。⑤

中共还采取措施从日军俘虏中的进步分子中培养出日本的革命者。1940 年 4 月 6 日，中共又发出了《中央关于敌军瓦解工作的指令》。决定在送还俘虏的同时，还要对少数进步分子进行较为长期的训练。⑥ 7 月 7 日，八路军总司令部颁布了《关于优待日军俘虏的命令》。强调，对那些希望在中国居住和到八路军里工作的日本士兵，应给予适当的工作；希望学习的，应让他们到适当的学校学习；对希望和家属、亲友通信的日本士兵，应给予方便；对那些战死的日本士兵，应予埋葬并建立墓碑。⑦

---

① 参见中央档案馆《中共中央文件选集（1939—1941）》第 11 辑，中共中央党校出版社 1986 年版，第 434 页。

② 《毛泽东选集》第二卷，人民出版社 1991 年版，第 503 页。

③ 参见肖一平《中国共产党抗日战争时期大事记》，人民出版社 1988 年版，第 200 页。

④ 《陕甘宁边区施政纲领》，《新中华报》1941 年 5 月 1 日第 1 版。

⑤ 参见中央档案馆编《中共中央文件选集》第 13 册，中共中央党校出版社 1986 年版，第 2253 页。

⑥ 参见中共中央书记处编《六大以来党内秘密文件》（下），人民出版社 1981 年版，第 318 页。

⑦ 参见《中共党史资料》（四），人民出版社 1979 年版，第 161 页。

当时的国际友好人士对战时中共优待日军俘虏的政策给予了详细的报道。1944 年 7 月 1 日，《纽约日报》曾报道："这里的日本俘虏不关在集中营里，共产党人使他们相信，帮助八路军就是帮助日本从战争和军阀的重担下解脱。"① 美国记者福尔曼在其写的《来自红色中国的报告》中记载道："在共产党控制的区域里没有俘虏营。俘虏们都享受着完全的个人自由，有选举权和被选举权。"②

二　战时中国共产党开展对日军俘虏工作的方法创新

首先是优待日军俘虏方面。在生活上，八路军也对日军俘虏进行了特别的照顾——中国官兵以小米为主，俘虏们却主要吃大米、白面。据日军俘虏大山光义回忆："……他们给我端来满满一面盆羊肉面条，看到这面盆我吓了一大跳。因为实在太饿了，最后竟把一盆面条吃个精光。……在我发烧连面条都吃不下去时，他给我买来水果。"③ 日军俘虏渡道俊夫曾经回忆，他在和平医院认识了另一位八路军干部，渐渐地成了八路军战士病房的常客，在他那里吸烟、谈话。有一天，渡道俊夫得知这个八路军战士要去延安城里，就请他带点黄酱来，他一口答应。……病好后，渡道俊夫请求到日本工农学校学习去了，因为日本工农学校的学员，很多人有类似的经历。④ 为了让被俘日军士兵理解中共不杀俘虏的政策，中共还提出将这些方针政策翻译为日语让日本士兵了解的主张。⑤ 中国共产党就派懂日语的八路军敌工部的谭林夫去启发日军俘虏秋山良照：……天皇有资本家这个孩子，也有无产者这个孩子；有地主这个孩子，还有佃农这个孩子。一个孩子过着奢侈的生活，另一个孩子却露宿街头。世间的每一个普通父母都会平等地爱自己的孩子，让他们得到幸福的！⑥ 再比如，中共领导的新四军加强对日本战俘松野觉的统战工作。1941 年 12 月上旬的一天

① 参见王庭岳《在华日人反战运动史略》，河南人民出版社 1989 年版，第 227 页。
② 同上书，第 228 页。
③ 大山光义：《走反战之路：当了八路军的俘虏》，载《从鬼子兵到反战斗士》，中国文史出版社 2005 年版，第 26 页。
④ 参见孙金科《日本人民的反战斗争》，北京出版社 1996 年版，第 167 页。
⑤ 参见蔡前《怎样进行敌军斗争》，《群众》第 1 卷第 12 期，1938 年 3 月 5 日，第 219 页。
⑥ 参见秋山良照《中国人的胸襟》，载《从鬼子兵到反战斗士》，中国文史出版社 2005 年版，第 50 页。

晚上，出身工人家庭的日军俘虏松野觉趁新四军战士忙着找门板抬负伤的羽田时，狠狠咬了一口新四军士兵的手并拔腿就跑，被新四军士兵重新抓获。当时，他深受军国主义的毒害，不是想死就是想逃。对此，新四军第一师第一旅的旅长陶勇叫人炒了鸡蛋来招待他，和蔼地叫他吃鸡蛋，向他讲共产党新四军的俘虏政策，新四军的"大官"请他吃饭，这与日军部队等级森严形成了鲜明的对比，对他产生了较大思想触动。不久，松野觉被送到师部，日本士兵佃田用自己与新四军拼刺刀负重伤但被新四军救命的经历，以及日军部队里的种种恶行，使松野觉的思想进一步向积极方向转变。他亲眼看到一个叫山本的日本士兵患有传染性很强的"日本痢"却受到悉心照料，后来日军却把回到自己军营的山本活活烧死，这更加刺激了他。他还通过阅读日本进步小说《蟹工船》和《没有太阳的街》，并思考过去当工人被资本家剥削的经历，看清了日本军国主义的实质，参加了新四军并庄严宣誓加入日本人民共产主义同盟，在前线展开战地政治宣传，以切身经历动员日军放下武器。①

其次，中共先后在根据地建立了"觉醒联盟"和"反战同盟"各抗日根据地支部，积极开展反战运动，为反对日本法西斯侵略战争而斗争。日本俘虏在中国共产党的日军俘虏政策的影响下，在八路军、新四军战士的感化下，纷纷表示愿意和八路军、中国人民一起战斗，相继成立了一些反战组织。1939年1月2日，在山西省武乡县的八路军前线司令部召开的大会上，包括杉本一夫在内的3名俘虏宣布要参加中共领导的抗日队伍，成为日军首批反战士兵。是年11月7日，杉本一夫等人在山西省辽县八路军野战总部召开了"华北日本士兵觉醒联盟"成立大会。② 1939年至1942年，觉醒联盟发展成6个支部，即太行支部、太岳支部、晋东南支部、冀南支部、冀鲁豫支部和山东支部。③ 该组织成立后，即通过喊话、联欢、撒传单、送报纸、递信件以及送鸡、酒和慰问袋等东西④，交谈伤亡战友的遭遇、日本国内情况、日本在太平洋战场及中国战场的战事

---

① 参见郭应绍《车桥战役中牺牲的松野觉》，《淮海晚报·数字报》2014年7月14日。

② 参见小林清《在华日人反战组织史话》，社会科学文献出版社1987年版，第10—11页。

③ 参见张惠才等编《从鬼子兵到反战斗士》，中国文史出版社2005年版，第4页。

④ 同上书，第184页。

情况等方式，联络感情，瓦解日军。这些宣传方式因为有大量熟悉日本民族风俗和习惯的日本人的参与，注意到了日本国民的民族心理，具有一种特殊的亲切感，极易加深日军思乡厌战情绪，唤起日兵觉醒，涣散日军军心。在延安，森健、春田好雄等人成立了反战同盟延安支部，在晋西北、晋察冀、冀中和苏北成立了支部。到1944年4月，华北联合会各支部的解放联盟成员总数达到233人。具体如下：延安支部75名，晋西北支部7名，晋察冀支部15名，冀中支部7名，冀南支部15名，冀鲁豫支部13名，太行支部29名，太岳支部11名，滨海支部15名，鲁中支部9名，鲁南支部7名，清河支部6名，胶东支部13名。①

最后，开展卓有成效的宣传工作。比较典型的方法有以下几种。

方法1：写信、喊话。

反战同盟从日军士兵切身利益出发，还针对不同战场特点，展开有的放矢的宣传。在山西西北地区一个日军的据点，日军士兵经常以黑豆为主食。对此，反战同盟成员们编出了"不要让我们吃黑豆"等传单发给日军士兵。他们还将反战的标语"八路军不杀俘虏，会像兄弟般地接待你们"、"杀戮无辜的中国平民，就如同屠杀日本的父母兄弟"、"亲人们盼着你们安全归来"等写在日军可能看到的岩石、土墙、桥梁、树干等地方。反战人员也抓住日本士兵长期在中国作战思念家乡、思念亲人的心理，采取写信的方式与日本士兵通信谈心，一些日本士兵不光看了信，而且回信交流。比如，到1942年8月，作为反战同盟领导人之一的秋山良照已收到了大量日本士兵的回信。后来，每当夜间反战同盟晋西北支部的成员到日本人据守的碉堡前喊话时，总有日本士兵偷偷地问："秋山君在哪里，他还好吧？"这在日军中造成了巨大的影响。当时日军中纷纷传说"八路军中有个'秋山良照'部队"。

1941年9月，"觉醒联盟"冀鲁豫支部通过与陈家村的日军分遣队的士兵们的对话、月夜歌咏赛等方式，拉近了与日本守军士兵的感情，引起了他们对日本家乡的思念，动摇了其军心，不仅如此，日本分遣队的士兵临别还说："下一次早一点来，我们想听一听国际新闻。"② 史沫特莱在其

---

① 《从鬼子兵到反战斗士》，中国文史出版社2005年版，第5页。

② 同上书，第169—172页。

书中描写了八路军对日军喊话的情况："……其中的一个俘虏，也是八路军的广播操作员，走向平台然后喊道，'我现在是一个战士，也是一名工人。日本军国主义分子们需要这场战争，但是日本人民不需要这场战争。我被日本军国主义蒙蔽，违背我的意愿来到了中国作战。直到我被俘虏前我都没有意识到中国人是多么的善良。在未来，我打算与中国人民一起为反对日本军国主义而奋斗'。"①

方法2：散发传单。

1941年11月，中央军委总政治部向新四军政治部下发指示，要求"在新旧年关大量印发宣传品，说清日军的孤立和困难，战争的长期和残酷，并同情其不能过年回家之痛苦"②。为此，华中各抗日根据地编印了大量日文宣传品。如苏中支部的《新时代》，苏北支部的《日本兵队之声》、《士兵之友》，淮北支部的《解放周报》等。宣传品以大量事例，揭露了侵华日军内部的黑暗，很容易引起日军士兵的共鸣。③ 新四军散发传单的方法有：在敌据点内设立坐探，由坐探散发；利用经常来往于敌占区的船民散发；组织武工队散发；由释放回去的日军俘虏散发等。④ 抗战后期，日本人反战同盟通过撒传单的方式让日军意识到日本的失败不可避免，动摇了日军的军心。当时的一份传单这样写道："告日本士兵诸君：轴心国方面，意大利军队异常脆弱，在德国机械化师的支援下虽然勉强挽回了败局，但几乎失去了战斗力。侵入苏联的德军，今冬在斯大林格勒大败，损失数十万官兵，眼下正继续败北，已后退到波兰附近。日军前线在新几内亚岛损失数万官兵，正在败北。印度作战也告失败，国内物资奇缺。"⑤ 许多日军士兵看到传单后，都了解了国际形势，既然日本的失败难以避免，那还是保命要紧，对继续顽强作战失去了信心，即使不投降但在与八路军和新四军作战时也非常消极，从而达到了瓦解日军战斗力的

---

① Agnes Smedley, *The Great Road – the life and Times of Chu Teh*, New York: Monthly Review Press, 1956, p. 363.

② 中国人民解放军历史资料丛书编审委员会：《新四军·文献》（2），解放军出版社1994年版，第315页。

③ 参见唐国东《抗战时期新四军的瓦解日军工作》，《军事历史研究》2014年第1期，第55页。

④ 同上书，第54页。

⑤ 《从鬼子兵到反战斗士》，中国文史出版社2005年版，第239页。

作用。

方法 3：发放慰问袋。

为了扩大宣传效果，瓦解日军的士气，中共领导的日本人反战同盟还通过发放慰问袋的方式，开展国际统战工作。发放慰问袋，尤其是重要节日发放慰问袋，是日本在第二次世界大战时期非常流行的一种风俗，是为了"慰劳、鼓励和动员更多的日本人为日本军国主义分子的大东亚共荣圈"而斗争。在慰问袋里装的是日本民众常用的日用品或食品、慰问信等。在抗战初期，日本士兵每人平均年收 8—12 只，里面装的食品和物品比较精致高档。① 但到 1940 年后，慰问袋数量开始下降，只有 6 只，甚至在 1941 年时仅为 3 只。不仅慰问袋的数量减少，而且慰问袋里所装物品的质量也大大降低。为了争取日军士兵，瓦解日军士兵的斗志，反战盟员动手制作慰问袋，并在袋里装上日用品和慰问信。每逢日本的传统节日，向各日军据点分送。收到了很好的效果，在抗战后期，日军的一些士兵或下级军官还友好地回赠礼物。比如，新四军政治部要求部队进行对日军的统战，规定"对日军要多送土产，件数要多，装制要合日本风俗"②。

方法 4：在抗日根据地建立日本士兵学校，加强思想教育。

1940 年 2 月，共产国际执行委员会给中共的秘密文件指出，中国共产党应把瓦解日本后方和日本军队、扩大和加强在日本和在华日军中的反战运动、加强日本共产党等工作看作自己的事情；组织认真地个别考察和挑选日本人和在华日本共产党人，以培训他们在日本和日本军队中做党的工作。③ 随着被俘日军士兵的增加，1940 年 10 月，中国共产党在延安创建了日本士兵学校。在开学典礼上，朱德发表了重要讲话，希望这些士兵学校的学员在不久的将来能回国组织日本的"八路军"，与中国的八路军携起手来，共同为中日两国人民的解放事业而奋斗。④ 该校一直开办到

---

① 参见赵松茂等《在华日人反战始末》，《湖北档案》2005 年第 10 期。

② 中国人民解放军历史资料丛书编审委员会：《新四军·文献》（2），解放军出版社 1994 年版，第 315 页。

③ 《共产国际执行委员会关于中共向远东和东南亚国家共产党提供国际援助的决定》（1940 年 2 月），全宗号：495　目录：2　卷宗：285　第 124—125 页。载中共中央党史研究室第一研究部译《联共（布）、共产国际与抗日战争时期的中国共产党（1937—1943.5）》第 19 卷，中共党史出版社 2012 年版，第 18—19 页。

④ 参见夏宏根《党史知识珍闻录》，解放军出版社 1988 年版，第 185—186 页。

1945 年 8 月 30 日。

学校的办学目的是要学生在提高自己的阶级觉悟、改造自己思想的基础上，能把理论和实践结合起来，提高觉悟，不断进步。① 根据此目的，学校根据战俘的年龄、文化和思想状况、阅历，依次分为 A、B、C 组，采取不同的方式因材施教，并制定了具体的教育措施。A 组的学员大多数是刚到八路军的新日军战俘。教育内容是初步的社会主义理论，主要讲解和剖析从原始社会到资本主义社会的社会发展过程。② 通过这门课，日本士兵们认识到他们在日军中和日本学校学得的关于日本历史的神话是假的。福田听了课后愤慨地说："日本学校里教的历史，都是哄小孩的！全部是维护统治阶级的谎言！"③ B 组是到八路军中一年多的日军俘虏。教师由日语流利的王学文担任，教帝国主义时代的政治经济分析。C 组由思想觉悟最高的学员组成，主要课程是联共（布）党史。学员们把苏联共产党的历史与日本问题结合起来学习。④ 学生们经常召开各种研究会，研究讨论《中日战争六周年之际告日本国民书》一文。通过讨论，学员们从这篇文章中清楚地了解到日本军部在这场侵略战争中是如何进行欺骗宣传的，日本人民在战争中究竟得到了什么；日本人民对这场战争应该抱有什么态度和怎样参加反战斗争。⑤

在学校的管理方面，吸收先进的战俘参加学校管理。比如，1942 年秋，延安日本士兵学校就任命改造好的战俘小路静男为正队长，森健为政治干事，后森健被提拔为教务主任。⑥ 这样的教育使日本战俘们被改造得很好，大部分学员都对过去的错误进行了清算，从内心深处产生了对军国主义的憎恶。比如，1944 年 2 月，由日军战俘组成的华北反战同盟华北联合会扩大委员会举行了日军暴行座谈会。⑦ 学员大谷正描述了他的学习体会——过去愿为日本帝国主义牺牲一切，现在宣誓：将与八路军一起，

---

① 参见梅田照文《工农学校的生活》，载《从鬼子兵到反战斗士》，中国文史出版社 2005 年版，第 106 页。

② 参见《愉快紧张地学习着的日本工农学校的学生》，《解放日报》1943 年 10 月 12 日。

③ 《愉快紧张地学习着的日本工农学校的学生》，《解放日报》1943 年 10 月 12 日。

④ 参见《愉快紧张地学习着的日本工农学校的学生》，《解放日报》1943 年 10 月 12 日。

⑤ 同上。

⑥ 参见王庭岳《在华日人反战运动史略》，河南人民出版社 1989 年版，第 339 页。

⑦ 王庭岳：《在华日人反战运动史略》，河南人民出版社 1989 年版，第 337 页。

献身于打倒共同的敌人——日本帝国主义。①

截至1944年5月15日，到延安日本工农学校的学员有69名，从兵种上看，大多数是步兵，年龄大多在23岁至40岁，其中24岁至29岁的青年占82.6%。从当兵前的履历职业来看，工人占56.5%，农民占15.9%，商人占5.8%……②对于中共改造日本战俘的成功，1944年7月1日的美国著名报纸《纽约时报》曾发表评论指出，日本战俘在这里没有被关在集中营里，共产党人使那些日军战俘逐渐明白和相信一件事情——帮助八路军就是帮助日本从法西斯、军阀的战争重担下解脱出来。③

三　加强对战时在华进步日本人士的统战工作

中国共产党高度重视开展对日本来华在华进步人士的国际统战工作，最为典型的是开展对进步人士鹿地亘夫妇、绿川英子，以及日本共产党领导人野坂参三的国际统战工作。

（一）在重庆开展对鹿地亘、绿川英子的国际统战工作

鹿地亘，日本著名进步文化人士。1938年上海沦陷后，鹿地亘夫妇辗转香港。当时，对日反战宣传是重庆国民政府军事委员会政治部第三厅的一项重要工作。在时任第三厅厅长的郭沫若的努力推荐下，国民政府军事委员会政治部聘请鹿地亘夫妇到第三厅从事对日宣传工作。1938年2月，鹿地亘夫妇经广州抵武汉，受到时任国民政府军事委员会政治部副部长的周恩来以及郭沫若、沈钧儒、邓颖超、史沫特莱等200余中外人士的热烈欢迎④。鹿地亘夫妇问周恩来：“不知我们到此能做些什么工作？”周恩来说：“若可能，请在郭沫若、冯乃超两位协助下，做些对日本军民的思想启蒙工作。”鹿地亘连连点头，说：“感谢你的信任，我们将尽力而为。这也是我们来中国的目的啊！”随后鹿地亘任国民政府军事委员会政

---

①　参见大谷正《我的转变》，《解放日报》1942年7月6日。

②　参见梅田照文《工农学校的学习生活》，载《从鬼子兵到反战斗士》，中国文史出版社2005年版，第99页。

③　参见王庭岳《在华日人反战运动史略》，河南人民出版社1989年版，第108页。

④　参见《欢迎我们的日本朋友（鹿地亘）》，《新华日报》1938年2月8日。

治部设计委员，并在第三厅第七处（对敌宣传处）工作①。通过在电台作日语广播、到战俘营对日俘开展反战教育以及到战地对日军喊话等开展反战工作②。1938 年 5 月，他受周恩来之邀参加了世界学生联合会代表团招待会，向代表团介绍日本学生反法西斯斗争的情况；他还向八路军将士捐赠过慰问金，并利用犀利的文字在《新华日报》上撰写《所谓"国民公意"》，揭露日本帝国主义者的欺骗宣传。他还亲自承担对日宣传传单的拟写工作，完成了声情并茂、感人至深的"告日本全体劳动者"、"告日本农民大众"等传单，由国民政府军事委员会政治部印了数百万份，由中国轰炸机装载到日本九州上空投放。据日本防卫厅战史室编写的《本土防空作战》一书所载："5 月 20 日早晨 4 点，一架国籍不明的飞机出现在熊本宫崎县上空，散发了题为《告日本全体劳动者》一类激发反战情绪的传单。"③ 当时的香港报纸评价道："传单比炸弹更具威力，中国空军来去自如，足见日防空不可靠，今后日人不得安宁矣。"④ 1940 年 7 月 20日，鹿地亘在重庆成立"在华日本人反战同盟"总部，担任会长。反战同盟总部的工作方针是：（一）协助进行中华民族的解放战争，灭绝日本帝国主义及其在大陆上一切代理人；（二）拯救被压迫而牺牲于战事的人民，根据人民的意志建立民主的日本；……反对帝国主义战争。⑤ 这种宣传打破了日军的铁板一块，使士兵们认识到他们进行的是非正义战争，他们不过充当了军部、财阀的炮灰而已，有不少人全身心地投入反战斗争中。反战同盟出版了《真理的斗争》、《敌情研究》等，创作了反映日本民众反对法西斯独裁专制的大型话剧《三兄弟》，由反战士兵在各地演出，并由电台向日本播送，引起强烈反响。

绿川英子，日本著名的反战文化人士，1937 年 4 月离开日本来到上海。"八一三"事变后，她写下了《爱与憎》，愤怒控诉日本帝国主义的

① 参见徐建明《鹿地垣与"在华日本人反战同盟"》，《档案史料与研究》2002 年第 3 期，第 80 页。

② 参见章绍嗣主编《中国抗日战争大辞典》，武汉出版社 1995 年版，第 1031 页。

③ ［日］前田哲男：《重庆大轰炸》，李泓等译，成都科技大学出版社 1990 年版，第 293页。

④ 孙金科：《日本人民的反战斗争》，北京出版社 1996 年版，第 58 页。

⑤ 参见重庆抗战丛书编撰委员会《陪都遗址寻踪》，重庆出版社 1995 年版，第 25—26 页。

罪恶。她在文中写道："上海已经为火和烟所笼罩，到处是一片惊骇恐惧的喊叫声，大炮声恐怖地划破了寂静的中午，现在那儿肯定有数百人倒下了，一些人吸完了最后一口气无声无息了。……这是谁造的孽？日本人吗？不，是日本军国主义者。"① 1938 年 6 月底，在郭沫若的积极帮助和推荐下，绿川英子进入国民党中央宣传部国际宣传处对日宣传科，用柔和流畅的日语向日本民众以及正在中国作战的日军士兵疾呼："……日本同胞们，当你们的枪口对准中国人的胸膛，当你们大笑着用刺刀挑死一个个无辜的婴儿，当你们手举火把点燃一栋栋草房，当你们扑向可怜的少女时，你们可曾想到过，这是罪孽，这是全世界人民不可饶恕的滔天罪孽！……同胞们，别错洒了你们的热血，你们的敌人不在隔海的这里……"②绿川英子还在《新华日报》上发表文章，控诉日本侵略者。她在文中称："假如她有一百个身体，她就要到前方的日本军队中去，不让他们再杀中国兄弟、中国老百姓。"③ 1940 年 9 月，绿川英子辞去了对日播音工作，加入了郭沫若领导的文化工作委员会，专门从事对日宣传与敌情研究的文字搜集整理和编写工作。1941 年暑假，周恩来和邓颖超亲临重庆文化界在沙坪坝歌乐山赖家桥的全家院子举行的郭沫若回国参加抗战四周年纪念活动现场。在会场上，周恩来热情地表扬和鼓励绿川英子，称赞她为日本人民忠实的好女儿、中国人民的忠诚战友。在签字时，为了表示中共对绿川英子的重视，中共中央南方局重要成员之一邓颖超还特意把自己名字签在绿川英子的名字旁边，并希望与绿川女士并肩作战。④ 11 月16 日，为打破因"皖南事变"后重庆沉闷的政治空气，在以周恩来为代表的中共中央南方局的指导下，文化工作委员会为郭沫若举行了一次盛大的祝寿活动。绿川英子撰写了《暴风雨时代的诗人》一文在《新华日报》上发表，给予郭沫若赞扬和祝福。1944 年 7 月，绿川英子在重庆《新华日报》上发表了一篇充满国际主义的诗——《黎明的合唱》。在诗中，她

---

① 转引自刘晓岚《反对侵华的日本女战士绿川英子》，载中国人民政治协商会议武汉市委员会文史资料委员会《武汉文史资料》第 18 辑（1984 年第 4 期），第 127—136 页。

② 转引自叶丽荼《来自异国的朋友——在中国有过特殊经历的外国人》，解放军出版社 1993 年版，第 233 页。

③ 同上书，第 234 页。

④ 张注洪主编：《国际友人与抗日战争》，北京燕山出版社 2009 年版，第 135 页。

满怀激情地写道，"……大家挺起胸膛高唱黎明的赞歌吧！这响亮的歌唱在明年的'七七'，一定会变成日本侵略者的黄昏葬送曲"①。

（二）在延安开展与日本共产党领导人野坂参三的合作

1940 年 2 月，共产国际执行委员会书记处专门给中国共产党中央委员会发绝密指示，指出，中国共产党应当与日本、印度，印度支那共产党建立联系，首先要援助日本共产党，中共中央政治局应挑选一名中央政治局委员来实施这一决定②。对此，中国共产党加大了支持日本共产党人反对日本法西斯战争的力度。1940 年 3 月 26 日，根据共产国际的决定，当时担任共产国际委员的日本共产党员野坂参三与在莫斯科治疗臂伤的周恩来、任弼时等人秘密同行到达延安。③ 毛泽东等中共中央领导人热情接待了野坂。中共中央海外工作委员会也吸收野坂为领导成员。④ 1940 年 5 月，野坂被中共中央军委总政治部聘为顾问，专门指导敌军工作部。⑤ 周恩来对他提出了三点工作要求：（1）调查、分析日本的政治、经济、军事、社会。（2）为面向前线的日军士兵的宣传活动提供指导和帮助。（3）帮助教育日军俘虏。⑥ 为了加强对日宣传，在野坂的主持下，中共创办了专刊《敌国情报》。⑦ 创刊号上即刊登了野坂撰写的论文《日本革命无产阶级的当前任务》（王学文译），此后又刊登了他撰写的论文《东条内阁的动向》⑧，为中央和军委领导提供了情报，便于决策，也为前方的同志更好地执行党对敌工作政策提供了方法。

---

① 参见刘晓岚（绿川英子的女儿）《反对侵华的日本女战士绿川英子》，《武汉文史资料》第 18 辑（1984 年第 4 期），第 127—136 页。

② 参见《共产国际执行委员会关于中共向远东和东南亚国家共产党提供国际援助的决定》（1940 年 2 月），全宗号：495　目录：2　卷宗：285　第 124—125 页。载中共中央党史研究室第一研究部译《联共（布）、共产国际与抗日战争时期的中国共产党（1937—1943.5）》第 19 卷，中共党史出版社 2012 年版，第 18—19 页。

③ 参见中共中央研究室编《任弼时年谱》，中央文献出版社、人民出版社 1993 年版，第 379 页。

④ 参见中共中央组织部等编《中国共产党组织史资料》第 3 卷（上），中共党史出版社 2000 年版，第 54 页。

⑤ 同上书，第 69 页。

⑥ 参见野坂参三《风雪历程》第 8 卷，新日本出版社 1989 年版，第 288 页。

⑦ 同上书，第 294 页。

⑧ 参见《东条内阁的动向》，《解放日报》1941 年 10 月 20 日。

从 1941 年 9 月 27 日开始，野坂所领导的日本问题研究室给《解放日报》创办了《敌情》副刊（半月刊），主要刊登日本动态、分析日本时事的评论和介绍日本知识的短文，成为毛泽东等中共领导人必读的文章。特别是太平洋战争爆发以后，野坂与毛泽东经常交流。为了交流方便，毛泽东甚至让野坂住在自己家所在果园的一座房子里。[1] 鉴于希特勒政权即将灭亡和日本国内的反抗、日本士兵自发投降的增加、在华日本共产主义者的团结，野坂认为进行广泛的政治斗争的条件正在成熟，于 1944 年 2 月在反战同盟的基础上，发展创立了"日本人民解放联盟"[2]。

野坂作为中共的敌军工作顾问，也在中共领导的敌后抗日根据地积极创建、领导了有组织的反战运动。1940 年 5 月 1 日，在野坂的指导下，在八路军总政治部的直接帮助和支持下，日本人春田好雄、近藤勇三、市川常夫等创建了在华日本人民反战同盟延安支部。[3] 在与中共领导人毛泽东商谈后，1940 年 10 月，野坂还在延安创立了对日军俘虏进行教育的设施"日本工农学校"[4]。学校主要开设思想政治教育课程。1941 年 5 月 15 日，毛泽东主席还为该校题词："中国人民与日本人民是一致的，只有一个敌人，就是日本帝国主义与中国民族败类。"[5] 翌年 6 月 23 日，在野坂的指导下，"在华日本共产主义者同盟"成立；到 1944 年 2 月，"反战同盟"已经成为以日本士兵、侨民和日本民众为工作对象，具有更广泛的政治纲领的"日本人民解放联盟"。关于野坂领导的反战组织的贡献，在 1945 年 4 月举行的中国共产党第七次全国代表大会上，朱德在其军事报告《论解放区战场》中称赞冈野进（野坂）所领导的日本人民解放联盟和朝鲜独立联盟崇高的国际主义精神和对中国人民的"很大的极有价值的帮助"[6]。

---

①　参见野坂参三《毛泽东会见记》，《大众俱乐部》通卷八号，1947 年 7 月 1 日，第 21 页。

②　《解放日报》1944 年 2 月 20 日，第 1 版。

③　参见［日］井上清、铃木正四《日本近代史》，商务印书馆 1972 年版，第 682 页。

④　野坂参三：《"冈野进"时期》，《劳动评论》昭和 24 年 7 月号，第 26 页。

⑤　王向立：《延安日本工农学校》，《八路军军政杂志》第 3 卷第 6 期，民国三十年六月二十五日出版，第 82 页。

⑥　朱德：《论解放区战场》，《解放日报》1945 年 5 月 9 日，第 2 版。

第二节　战时中共对日本在华
人士统战工作的成效

抗战时期，中共对日军的统战工作取得了显著的成效，许多日军士兵以前的"武士道精神"垮了，尤其是太平洋战争爆发后，受中共统战工作的影响，日军厌战情绪比以前严重，许多人成了逃兵和俘虏，有的还加入了反战同盟。

一　一些日军士兵的"武士道精神"垮了，接受进步的思想

在中共卓有成效的对日统战工作影响下，一些日军士兵逐渐认识了日本法西斯政府的本质，放弃了比较严重的愚忠天皇的"武士道精神"。日军战俘吉田太郎经历了从顽固派到反战斗士的转变。据他回忆，1939 年 7 月，他遭遇中国共产党领导的山西抗日决死第三纵队的包围，拼命抵抗，受伤被俘。他叹息自己当了俘虏，为"被俘"的耻辱而哭泣，认为作为日本帝国的军人为什么没有战死呢？八路军政治部主任怕他自杀，派一名年轻士兵守着他，并照料他的生活。后来，在日本人觉醒联盟成员的教育和影响下，他认真学习日本人小林多喜二的小说《蟹工船》和《饴玉斗争》，认识到了以前认识的错误所在，成为一名反战人士。① 尤其是在日本工农学校学习的日军战俘，思想觉悟变化最大。在延安的日本工农学校学习的学员，世界观和人生观也发生了根本的变化。在日本工农学校学习的春日，是一名知识分子，1944 年被俘之初，受"武士道精神"和"日本军部法西斯思想"的影响，认为日本大和民族很优秀，瞧不起中国人，思想很顽固。后来在八路军的耐心开导和教育下，成为一名优秀的反战人士，他一方面努力学习，另一方面积极地翻译中文和英文，帮助学校工作。春日为人谦和，深得同学之钦佩，被选为日本工农学校的模范学习者。② 水野靖夫在 1939 年成为俘虏，一度企图逃走却再次被捕。经过教育，水野向八路军方面渐渐敞开心扉："他们的话很有道理"，作为俘虏

---

① 参见吉田太郎《从顽固到转变》，载《从鬼子兵到反战斗士》，第 41 页。

② 参见《日本工农学校选举模范学习者》，《解放日报》1945 年 1 月 14 日。

自己被人道地照顾而产生了"人与人之间的依赖关系"①。美国外交官简·埃玛松从新德里到华盛顿后作了题为"日本俘虏的内心变化将对日本国民产生影响"的报告，指出："比我们预想的更容易，狂热信念消失殆尽，出现'穷途末路'的氛围，日本国民和俘虏对故国的所见相同，可见其对发动的大东亚战争的日本的脱离感。"②

新四军通过散发那些贴近日军心理的宣传品，使日军士兵私下谈话都认为宣传品的内容有理，感到"四面楚歌，如临大敌"③。对所谓"圣战"悲观失望，厌战、反战情绪高涨。

二 在中共统战工作下，一些改造过来的日俘积极从事反战工作

在中共政策的感召下，以及一系列优待俘虏措施的影响下，日本俘虏认识到了日本侵华战争的非正义性，抛弃了对日本法西斯的幻想，积极从事反对日本侵略者的工作。1939 年 11 月 7 日，杉本一夫等日本人在八路军总部创建了"觉醒同盟"，进行反战活动。不久，在中国共产党的大力支持下，在延安的日本共产党的重要成员野坂参三、片山潜等也创建了在华日人反战同盟延安支部，并创办了日本工农学校，对日本俘虏进行思想改造，经过努力，共培养了 900 多名反法西斯战士。④ 有的日俘经过教育回到日本军队。由于中国共产党不仅不追究他们对中国军民的残酷杀害，而且表现出热情的样子，为此，他们十分感动，主动配合八路军，有的人甚至替八路军宣传，并愿意与八路军继续保持联系，为八路军工作。⑤如：八路军日俘少尉冈田，对八路军的优待十分感动，在被释放时感动地流着泪表示，至死也不会忘记八路军对他的恩惠。他一回到日本军队后就召集手下士兵，向他们叙述其在八路军中的所见所闻。他还发布一道秘密命令，以后俘虏八路军的士兵，绝不杀他们或侮辱他们，要好好

---

① ［日］水野靖夫：《日本军队和战斗的日本士兵》，白石书店 1974 年版，第 86—87 页。

② 1944 年 8 月 18 日《对日本的政策》，《亚美文件》，第 764 页，转引自井上久士《华北地区八路军的俘虏政策和日本人的反战活动》，载杨天石、庄建平编《战时中国各地区》，社会科学文献出版社 2009 年版，第 99 页。

③ 安徽省新四军历史研究会编：《安徽抗日根据地文集》，安徽人民出版社 2001 年版，第 241 页。

④ 参见黄义祥《在华日本人民的反战斗争》，《中山大学学报》1995 年第 3 期。

⑤ 参见小林清《在华日人反战组织史话》，社会科学文献出版社 1987 年版，第 7 页。

地优待。① 抗战进入 1945 年春季后，反战盟员还通过广播、散发传单等宣传方式，反复向抵抗士兵喊话，叫他们放弃抵抗，动员日军士兵向中国共产党领导的抗日军队投降。为解除放下武器的日军士兵的疑虑，盟员们还积极地为这些人安排生活、联系遣返。新四军各个师也先后组建了"在华日本人反战同盟"，采用多种形式对日军展开攻心宣传，"踊跃地自愿写告日本士兵书，劝他们与中国军队携手，打倒共同的敌人"②。

反战盟员还活跃在卫生等抗战各条战线上。比如，日军中尉医官山田一郎，被俘后自愿为八路军医治伤员，成为反日的一名成员。在根据地药物奇缺的情况下，他就地取材研制出治疗肺病的代用药品，救治了不少军民，曾被誉为"日本白求恩"。不少反战盟员还在战场上与敌搏杀。新四军反战同盟第五支部的盟员森增太郎，曾和新四军第五师直属敌工队一起伏击了一个日军小队，将日军小队长击毙，并把缴获的日军小队长的军刀赠送给新四军第五师的师长李先念。

随着中国共产党的统一战线和俘虏政策影响的扩大，这些从日本法西斯军队争取过来的力量，与日军民族心理相同，语言相通，深谙日军内部的斗争，因此在帮助中国军民对日军的心理战、思想战、宣传战中，起到了中国人民无法起到的作用，构成了抗日战争的特殊战场。因日本侵华战争持续时间太长，加之中国共产党对日军的统战工作，日本军队中的士兵反战厌战情绪日益浓厚，其逃亡和投降的人随着时间的推移而不断增加。据统计，1940 年自动投降八路军的日军士兵仅占 7%，而在 1942 年时，比例上升为 38%，在 1943 年时，比例更是高达 48%。③ 在"百团大战"期间的 1940 年秋，仅第一二九师就俘虏日军近百名，这一阶段，主动向八路军投降的有 31 名。④ 又据晋冀鲁豫区统计，1941 年俘虏日军 13 人，1943 年俘虏 18 人，还有 6 人投诚。冀南军区在 1943 年 1 月至 4 月的政治

---

① 参见小林清《在华日人反战组织史话》，社会科学文献出版社 1987 年版，第 7 页。

② 石西民：《在新四军与四个日俘的谈话》，《新华日报》1939 年 3 月 28 日第 2 版。

③ 参见［日］和田真一《从帝国军人到反战勇士》，张惠才、韩凤琴译，中国文史出版社 1987 年版，第 84 页。

④ 参见张廷贵《中共抗日部队发展史略》，解放军出版社 1990 年版，第 43 页。

攻势中，俘虏日军 24 人，投诚 2 人，逃跑 24 人。① 又据当时的调查资料显示，在中国共产党的统战工作影响下，在日本工农学校新来的学员中，逃兵和主动投降者的比例逐年呈现递增态势。其中，1941—1942 年为 21.4%；1942—1943 年则变为 40.7%；而 1943—1944 年，更是高达 44.1%。② 1942 年冬至 1943 年，新四军第 3 师对下乡"扫荡"的日军展开反击，苏北支部的反战同盟的人员，不顾密集的炮火，靠近阵地前沿对日军喊话，先后吸引十几名日军士兵向新四军投诚。③ 有的日本俘虏被改造后，甚至为中国革命献出了宝贵的生命。在我们这次抗日战争中，最具特征的一点是有日本反战志士在参加我们的战斗。……这些日本的反战士兵，组织了在华日本人民反战同盟，积极参加我们的抗战工作，向他们的法西斯军阀作反戈一击……在这次桂南战争中，它的盟员们常在桂南战斗前线进行宣传，有三个盟员点川钱一、大山邦离、松山达夫不幸牺牲。④ 经过教育参加了新四军的松野觉，在 1944 年 3 月 5 日新四军向日军发起进攻的车桥战役中，在小碉堡里对三十米外的大碉堡里的日军进行广播喊话，但日军没有理会。他干脆从刚牺牲的战士手中拿起步枪参加战斗，连续打死三个日本士兵，当他刚把侧着的身子站正准备射出第四颗子弹时，不幸被日军一颗子弹击中头部而光荣牺牲⑤。对于中共争取日本俘虏的措施，日本侵略者认为，这是对日军的一场"无形战争"。⑥ 北支派遣军宪兵队司令部的一个文书中写道："关于北支的奔敌犯从昭和十六年开始发生以来，到今年（1943 年）11 月已经达 26 件，现状颇为令人寒心。特别是奔敌犯受敌方思想策动，乃至与其产生共鸣，竟做出自己主动投敌、利敌之行为，是最为需要注意的。"⑦

①　参见姜思毅《军队政治工作七十年史》第 2 卷，解放军出版社 1992 年版，第 246 页。

②　参见［日］野坂参三《野坂参三选集（战时篇）》，人民出版社 1963 年版，第 362 页。

③　参见唐国东《抗战时期新四军的瓦解日军工作》，《军事历史研究》2014 年第 1 期，第 55 页。

④　参见烟波《向日本反战烈士致敬》，《新华日报》1940 年 3 月 1 日第四版。

⑤　参见郭应绍《车桥战役中牺牲的松野觉》，《淮海晚报·数字报》2014 年 7 月 14 日。

⑥　参见日本防卫厅战史室《华北治安战·上》，天津人民出版社 1982 年版，第 173—176 页。

⑦　北支派遣军宪兵队司令部：《对北的奔敌事犯的警防对策》，1943 年 12 月。参见藤原彰《从日军看反战运动》，载《日中战争下的日本人的发展活动》，青木书店 1999 年版，第 95 页。

三 改造好的日军战俘积极参加根据地的建设

在中国共产党的国际统战工作影响下，一些改造好的日军俘虏积极参加抗日根据地的政治建设、经济建设和军事斗争。在根据地的政权建设方面，森健甚至被选为陕甘宁边区参议会议员。1941 年秋，中共在陕甘宁边区根据"三三制"原则，选出了参议会。当时在延安的日本工农学校、敌军工作干部学校、抗日军政大学和鲁迅艺术学院为一个单位，选出一名参议员。被提名的候选人有 3 人，经过候选人施政演说和人们的投票，森健获得 1000 多张选票，成功当选①。日本工农学校的学员们也积极参加大生产运动，利用课余时间参加生产，开垦了 70 多亩荒地。关于收获的谷的情况，据当时的《解放日报》记载，农业生产小组收谷 20 石，纺线小组收谷 13 石 5 斗，木工小组收谷 6 石 7 斗，糊火柴盒小组和修理窑洞小组收谷 2 石 5 斗，在团结合作社帮忙制作点心、染布、炼铁等，报酬为 24 石。在大生产运动中，日本工农学校的学员新川久男被选为学校的特等劳模，出席了陕甘宁边区的劳动大会。农业小组的前岛、纺线小组的西村、木工小组的中岛等人被选为学校的劳模。② Harrison Forman 在其著述中写道："王震告诉我，'Okada 也曾是日本俘虏，当他三年前被我们俘虏时，他正在沿着同浦铁路修建堡垒。在我们的教育和争取下，他加入了日本人民解放联盟，现在正在我们旅里。如果你想问他问题，你可以去采访他。……他现在也是我们的一名劳动模范。'"③

在医疗卫生领域，一些被改造好的日本战俘也发挥自己的医学技术特长，积极地在八路军中从事医疗工作。比如，日本战俘山田一郎就担任了八路军模范医院（后改为白求恩医院）的医务主任，以白求恩为榜样，从自来水钢笔中受到启发，制作成人工气胸装置，为患者做人工气胸疗法。他还经常骑马去出诊，为涉县的干部们治疗。1943 年年末，他被任

---

① 参见中小路静夫《在革命圣地——延安·当选边区参议员的日本人》，载《从鬼子兵到反战斗士》，第 119—120 页。

② 参见中小路静夫《在革命圣地——延安》，载《从鬼子兵到反战斗士》，第 135 页。

③ Harrison Forman, *Report from Red China*, New York: Henry Holt and Company, 1945, p. 40.

命为白求恩医院的副院长和卫生学校的讲师,每周上两次课。学生们都听得很认真,课下提问题和讨论也很积极。这批学生在 1944 年春季毕业,陆续上了前线。①

① 参见山田一郎《八路军医院中的医疗工作》,载《从鬼子兵到反战斗士》,第312 页。

第 八 章

经验之六：正确处理国际统战与国内统战的关系，使国际统战服务于国内统战

面对抗战时期的民族危机和中国共产党自身曾经面临的发展危机，中国共产党正确处理国际统战与抗日民族统一战线之间的正确关系，采取积极措施，在开展国内抗日民族统一战线工作的同时，积极地从事国际统一战线工作，使两者有机地结合起来，使国际统战工作更好地服务于抗日民族统一战线，两者的结合也成为中国共产党战胜困难、取得抗战胜利的法宝之一。

第一节 抗日民族统一战线是国际反法西斯统一战线的前提和基础

一 国际统战与国内统战是互相联系、互相影响的，缺一不可

早在抗战前夕的 1937 年 5 月，毛泽东在党的全国代表大会上所作的《中国共产党在抗日时期的任务》的报告中指出，中国的抗日民族统一战线必须同"世界的和平阵线"结合起来[①]，从而把国内统一战线与国际统一战线联系在一起，形成了初步的一套完整的统一战线策略。1938 年 2 月 11 日，毛泽东在延安反侵略大会上发表演说时指出："现在有三个反侵略的统一战线，即中国的统一战线，世界的统一战线，还有一个就是日

---

① 参见《毛泽东选集》第 1 卷，人民出版社 1991 年版，第 253 页。

本人民的统一战线，这三个统一战线是相互联系，相互影响的。"随即，他又从中国国内、敌国内部、国际三个方面论述了反日统一战线的大格局①。当然，从某种意义上讲，中国共产党对日本来华人员和士兵的统战工作，也是中国共产党国际统战工作的重要组成部分。中国的抗日战争是神圣的全民族抗战，是全面抗战，需要中国共产党联合中国其他力量尤其是当时作为执政党的国民党共同抗日，这是中国取得抗战胜利的最重要的法宝和根本原因，是内因，起决定性作用。而中国共产党的国际统一战线工作，是争取外部力量对中国抗战的支持，是中国抗战胜利的外因，是加快中国抗战胜利的一个"催化剂"。马克思主义唯物辩证法关于事物发展动因的基本观点强调：首先，内因是事物发展的根本原因，外因是事物发展的必要条件。内因是事物内部对立的双方，既统一又斗争，由此推动了事物的运动、变化和发展，成为事物发展的根本动因，决定着事物发展的基本趋向；外因是事物之间的相互影响和相互作用，既统一又斗争，是事物发展的外部条件，对事物的发展起着加速或延缓的作用。毛泽东在《矛盾论》一文强调指出："唯物辩证法的宇宙观把事物的发展看做是事物内部的必然的自己的运动，而每一事物的运动都和它的周围其他事物互相联系着和互相影响着。事物发展的根本原因，不是在事物的外部而是在事物的内部，在于事物内部的矛盾性。"② 其次，唯物辩证法认为外因是变化的条件，内因是变化的根据，外因通过内因而起作用。③ 而中国的抗日战争作为一个典型的弱国战胜强国的反侵略战争，在面对武装到牙齿的日本帝国主义侵略时，中国共产党要坚持持久作战，必然要动员国内一切力量，团结国际上一切可以团结的力量，才能最终打败日本帝国主义。因此，中国的抗日战争必须要同时开展国际统一战线工作和国内的抗日民族统一战线工作，两者互为表里，缺一不可。

二 抗日民族统一战线的发展是中共成功从事国际统战的保障

中国共产党领导的抗日民族统一战线的这个国内统一战线的发展情

---

① 参见《毛泽东选集》第 2 卷，人民出版社 1991 年版，第 473 页。

② 毛泽东：《矛盾论》，载《毛泽东选集》第 1 卷，人民出版社 1991 年版，第 301 页。

③ 参见毛泽东《矛盾论》，载《毛泽东选集》第 1 卷，人民出版社 1991 年版，第 301 页。

况，对于中国共产党领导的国际统一战线工作具有十分重要的意义。正是因为抗战时期中国共产党放弃王明"关门主义"的"左倾"统一战线错误，克服了王明右倾"一切经过统一战线，一切服从统一战线"的统一战线错误理论。在抗日战争中，一切必须服从抗日的利益，阶级斗争的利益必须服从于抗日战争的利益，但是企图否认阶级斗争存在的理论和行为也是错误的。抗日民族统一战线具有广泛性和"队伍很复杂，力量不平衡，不容易统一"①的特点。为了团结抗日，应实行一种调节各阶级相互关系的恰当政策，既要让劳苦大众有政治上和生活上的保证，同时也应照顾到地主和资产阶级的利益。抗战时期，中共通过完善和执行抗日民族策略原则——既联合又斗争，以斗争求团结，处理好"斗争是团结的手段，团结是斗争的目的；以斗争求团结则团结存，以退让求团结则团结亡"②的辩证关系。策略总方针则是"发展进步势力，争取中间势力，孤立顽固势力"，并在与顽固势力斗争中采取"有利、有理、有节"的原则，不主动挑起与顽固派的冲突，与顽固派斗而不破，打退顽固派的进攻后，适可而止。在土地政策上实行减租减息，适当提高农民权益，又通过有原则的让步，保障地主权益，这一做法，使农村的土地关系与阶级关系发生了有利于抗日的变化。为了争取资产阶级、民主党派、国民党上层人士，周恩来领导的中共中央南方局同民族资产阶级、民主党派、国民党民主派、地方实力派、著名知识分子等广泛接触，使他们了解共产党的主张，巩固扩大了抗日民族统一战线。周恩来、董必武在重庆期间，多次同康心如、余铭玉、吴晋航、卢作平等民族资本家交往，支持他们坚持抗日、民主和发展民族工商业的要求。还与民主党派的沈钧儒、张澜、张君劢、高级知识分子等民盟成员交流、合作，争取他们。而这些资本家、民主党派人员，在政治思想上总体上受英美资产阶级民主政治思想的影响，受到一些美国、英国政府官员和民众的支持。中国共产党大力推动大后方民主宪政运动的开展，提出民主联合政府的主张。1943 年 9 月，国民党在重庆召

---

① 周恩来：《论统一战线》（1945 年 4 月 30 日），载《周恩来选集》上卷，人民出版社 1980 年版，第 211 页。

② 毛泽东：《目前抗日统一战线中的策略问题》（1940 年 3 月 11 日），载《毛泽东选集》第 2 卷，人民出版社 1991 年版，第 763 页。

开五届十一中全会,迫于国际国内压力,通过决议"准备实行宪政",但仍然坚持一党专政,9 月 18 日,民盟主席张澜发表《中国需要真正民主政治》一文,要求国民党尽快实行民主政治,遭到蒋介石威胁,不准发表此文。共产党则对该文详细介绍,推动其广为流传,形成了国统区第二次宪政运动。1944 年 3 月 1 日,中共中央政治局发出《关于宪政问题的指示》,决定参加宪政运动,以期吸引一切可能的民主分子于周围,达到战胜日寇与建立民主国家之目的。① 3 月 2 日,周恩来在延安纪念孙中山逝世十九年大会上作了"关于宪政与团结问题"的演讲,明确中国的宪政应该是"新民主主义的宪政"。中共中央南方局将宪政运动向争民主方向引导。董必武出席了 1 月 3 日在重庆江家巷迁川工厂联合会大礼堂举行的宪政座谈会,强调:"民主是讨论宪草的先决条件,没有言论集会自由,就不能真正由人民研究宪法草案。"1944 年 8 月 17 日,毛泽东在南方局关于参政会问题的请示电上批示:"应与张、左商各党派联合政府",中国共产党最早提出了联合政府的主张,受此影响,9 月 5 日《时事新报》刊出民盟重要成员左舜生和张君劢的谈话,表示"各党派联合政权应实现"。9 月 15 日上午,林伯渠向国民参政会三届三次会议正式提出"结束国民党一党统治,召开国是会议,组织各抗日党派联合政府"② 的主张。10 月 10 日。民盟正式发表政治主张,呼吁结束一党专政,建立各党派联合政府,实行民主政治③,推动了大后方民主运动的高涨。而建立联合政府,实行民主和宪政,也是许多英美政府官员、民主人士所肯定的。

中共在抗战时期通过制定和执行抗日民族统一战线的独立自主原则和策略总方针,团结了包括广大民族资产阶级、地主阶级、民主党派、宗教人士,甚至国民党及其代表的大地主阶级、大资产阶级,争取了广大人民

---

① 参见中央档案馆编《中共中央文件选集》第 14 册,中共中央出版社 1987 年版,第 178 页。

② 黄炎培:《国民参政会日记》,载重庆市政协、重庆市委党校编《国民参政会纪实》续编,重庆出版社 1987 年版,第 564 页。

③ 参见《中国民主同盟对抗战最后阶段的政治主张》(1944 年 10 月 10 日),载中国民主同盟中央委员会编《中国民主同盟历史文献(1941—1944)》,中国社会科学出版社 2012 年版,第 32 页。

群众对中国共产党抗战的支持，使自己的力量得到迅速发展，并在对日本帝国主义军队的作战中，取得多次胜利，逐步发展成为中国抗日战争的中流砥柱。比如中国共产党领导的八路军和新四军在对日寇的作战中，取得了多次辉煌的战绩，尤其是中共领导的百团大战，打死打伤日军20645人，伪军5155人，得到了国际反法西斯战线的好评。不仅如此，到1940年6月，八路军总部公开宣布：抗战以来，八路军正规军已经发展到50万人，创造了将近1亿人口的解放区和游击区，抗击日军达40万人。抗战时期毛泽东主张"各党派各阶级合作的民主政体"、"联合政府"等，对英美式民主采取谨慎的欢迎态度，保障了更多阶级和阶层的利益，比起国民党的"一党专制"，更具有某些"英美式"民主（注重人权）的色彩。比如，《新华日报》的一篇题为"论英美的民主精神"的社论说："今天整个世界的人们对英美民主政治这两大精华——人民的平等和自由权利，是不会仇视的，是要赞扬的！这是人类共同的宝贝。若从世界正义人类地位来说，我们所求的只有希望这些平等自由更加充实些，更加宽广些。"[1] 这些使奉行"实利主义"原则和"先欧后亚"战略的英美等国，看到与中共接触和合作的好处，为了维持战时其在远东的利益，愿意与中共进行接触、交流，甚至某种程度的合作和支持，从而促进了中国共产党的国际统一战线工作的开展。试想一下，如果中国共产党还是实行王明"关门主义"的"左倾"统一战线，或者"一切经过统一战线、一切服从统一战线"的右倾统一战线政策，中国共产党及其领导的抗日队伍必定不能很快发展，不能成为中国抗战一支主要力量的话，美国和英国又怎么会愿意与中共接触和交流呢？更不用谈合作和支持了。

第二节　国际统战工作服务于国内统战这一大局，促进抗日民族统一战线——以环境对国民党第三次反共高潮的打退为例

抗战时期的国际统战工作服务于国内抗日民族统一战线这一大局，促

---

[1] 社论《论英美的民主精神》，《新华日报（重庆）》1941年7月17日。

进抗日民族统一战线的发展。尤其是在面对国民党发动反共摩擦使中国抗日民族统一战线面临破灭的危险之际，中国共产党的国际统一战线工作可以促进抗日民族统一战线的发展，使之不至于破灭。关于这一方面，我们曾经在前面论述了国际统战工作对皖南事变的成功解决的影响。这里，我们再以国际统战工作对国民党第三次反共高潮的打退为例，来探讨国际统战工作对维护抗日民族统一战线的意义。

一　国际环境对国民党发动第三次反共高潮的影响

国民党发动第三次反共高潮，是诸多国际因素影响的结果。

（一）1943 年，自苏、美、英在苏德战场和太平洋战场转入反攻后，日寇在中国战场又遭到中国军民特别是我党领导的抗日武装的沉重打击，每况愈下，法西斯的灭亡已成定局

1943 年 2 月 2 日，苏军在斯大林格勒战役中取得了决定性的胜利，使苏德战争出现了历史性转折，这也是第二次世界大战的转折点。1943 年 7 月 5 日至 8 月 25 日，苏联与德国进行了苏德战争中最大规模的决战——库尔斯克战役，大败德国军队的进攻，德军丧失约 50 万士兵，1500 多辆坦克，3000 多门火炮，3700 多架飞机，德军基本丧失了进攻能力，苏军转入全面反攻，并乘胜追击收复了顿巴斯、乌克兰等要地。[①] 在 1942 年年底的北非战役中，英国军队在蒙哥马利元帅的领导下，打败了号称"沙漠之狐"的德国元帅隆美尔率领的德意联军，德意军伤亡及被俘人数近 6 万，成为第二次世界大战北非战场的转折点。此战之后，德国在非洲处于守势而盟军处于攻势。在太平洋战场上，1942 年 6 月 3—7 日，美国海军与日本海军在中途岛大战，成功地击退了日本海军对中途岛环礁的攻击，还得到了太平洋战区的主动权，成为第二次世界大战太平洋战区的转折点。日军损失 4 艘航空母舰，1 艘重巡洋舰，332 架飞机，3500 人阵亡。[②] 接着，美国在瓜达尔卡纳尔岛战役中又打败日军，使日本海军、空军、陆军遭到巨大的损失。军舰、战机损失惨

---

① 参见汪金国《战时苏联对华政策》，武汉大学出版社 2010 年版，第 177 页。

② 参见艾伦·布林克利（Alan Brinkley）《美国史》，邵旭东译，海南出版社 2009 年版，第 776 页。

重，伤亡近 5 万人。①

这些战役国民党顽固派高兴不已，以为欧战一旦结束，英、美就可以腾出手来替他们打日本，他们可以不费力气地取得抗战胜利，搬回南京。这时英、美帝国主义为了利用中国人民的力量和国民党的军队抗击日寇，减少自己对日作战的损失，于 1943 年 1 月分别和国民党政府签订了所谓"平等新约"，即《中美关于取消美国在华治外法权及处理有关问题之条约与换文》和《中英关于取消英国在华治外法权及其有关特权条约与换文》，宣布取消在华治外法权。1943 年 1 月，中美新约在华盛顿交换批准，正式废除了在华的领事裁判权和其他一些特权。包括废除在华领事裁判权、废止 1901 年《辛丑条约》规定的一切特权；归还上海与厦门公共租界之行政与管理权等。② 1943 年月 11 日，中英平等新约在重庆交换批准。英国也废除了在华领事裁判权和其他一些特权，包括废除领事裁判权、通商口岸特别法庭权、英籍海关总税务司权、使馆区及一些铁路沿线驻兵权、沿海贸易与内河航行权、外人引水权等项特权，废除了 1901 年 9 月签订的《辛丑条约》，宣布将上海、厦门的公共租界和天津、广州英租界及北平使馆区的各种权益归还中国。不平等条约废除问题得到一定的解决，中国在法理上取得与美、英等国平等的地位，中国的国际地位得到进一步提高。伦敦《泰晤日报》发表专论："战胜之急务，以中国之坚卓抗战，得英美之承认完整主权，其精神将益加强，并保证战胜后居大国优越地位，以重整新亚洲。"③ 这年秋天美英名义上承认中国为世界大国之一的地位，有权有责任参加国际事务，这样就抬高了蒋介石及国民党政府的身价，蒋介石估计这时美英不会干涉他发动反共高潮。英国外交部部长艾登甚至在 1943 年 7 月卢沟桥事变 6 周年时举办的"向中国致敬"集会

---

① 参见艾伦·布林克利（Alan Brinkley）《美国史》，邵旭东译，海南出版社 2009 年版，第776 页。

② 《驻美大使魏道明自华盛顿致外交部报告美方所提之中美关系条约草案全文电》，1942年 12 月 24 日。载秦孝仪主编《战时外交》（三），台北"中央"文物供应社 1981 年版，第716—719 页。《驻美大使魏道明自华盛顿致外交部报告美方所提之中美关系条约草案全文电·附外交部关于中美关系条约草案意见》，1942 年 10 月 24 日，载秦孝仪主编《战时外交》（三），台北"中央"文物供应社 1981 年版，第 722 页。

③ 《伦敦大使馆外交部报告关于英美取消在华治外法权签订新约英伦各报专论一致颂扬电》，1943 年 1 月 16 日。

上发表演讲："大英帝国历来把自己的利益同一个强大而统一的中国联系在一起。过去是这样，将来还是这样。没有一个强大而统一的中国，就不可能期望远东的持久稳定。"①

（二）蒋介石在 1943 年 7 月打算发动第三次反共高潮还与其认为日本将与德国夹攻苏联有关

1943 年 4 月 3 日，蒋判断："倭、德为生存计，必使俄国不能有休息整补裕余之时间，在此两月之内，若果发动对俄攻势，东西响应，双方夹击，是为其今日惟一之上策，若美国在此期间不积极打击或威胁倭寇，则倭必攻俄无疑矣！"② 毛泽东当时也曾指出："蒋介石估计欧洲第二战场不易开辟，德再攻莫斯科，日必攻苏，因此调兵遣将准备向我进攻。"③ 因此，蒋认为在这种背景下，苏联对国民党发动的反共摩擦鞭长莫及。

（三）1943 年 5 月 15 日，共产国际执委主席团根据新的形势，做出了关于提议解散共产国际的决定

第二次世界大战爆发后，为适应反法西斯战争的发展，需要各国共产党从本国的实际斗争情况出发，独立自主地处理面临的问题，共产国际原有组织形式已不适应新形势的需要。而此时，苏联出于其与美英更好地合作抗击法西斯的考虑，要求共产国际解散，而美英盟国也提出了类似要求。1942 年年底，罗斯福特使戴维斯到苏联驻美使馆，明确建议莫斯科解散共产国际。④ 1943 年 5 月 15 日，共产国际执行委员会主席团作出《关于提议解散共产国际的决定》。⑤ 1943 年 5 月 21 日，季米特洛夫用密码电报的方式发电给包括中国共产党在内的各国领导人。电报称：作为国际联合的集中管理的组织模式，共产国际已不能适应以民族工人党面目出现的各国共产党进一步发展的需要，甚至成为其发展的阻碍。因而，共产

---

① Speech by Anthony Eden, 7th July, 1943, Anthony Best ed. *British Documents on Foreign Affairs*, part 3, Series E, Vol. 7, University Publications of America, 1997, p. 25.

② 《总统蒋公大事长编初稿》卷 5（上），第 299—300 页。

③ 中共中央文献研究室编：《毛泽东年谱》中卷，人民出版社、中央文献出版社 1993 年版，第 457 页。

④ 参见沈志华主编《一个大国的崛起与崩溃（苏联历史专题研究 1917—1991）》（中册），社会科学文献出版社 2009 年版，第 520 页。

⑤ 参见《中国共产党历史第一卷（1921—1949）》，中共党史出版社 2002 年版，第 635 页。

国际主席团要求各共产党支部中央迅速研究本建议，并将讨论结果上报。[①] 5 月 22 日，向全世界公布了这个决定。共产国际正式的解散是共产国际执行委员会根据世界反法西斯斗争形势的需要做出的正确决定，是为了使各国共产党能更好地把马克思列宁主义的普遍真理同本国革命的具体实践相结合，更好地处理本国革命中遇到的极为复杂的问题，同时，也为了揭露敌人关于各国共产党的行动不是为了本国人民的利益，而是遵从外来的命令的诬蔑，促进各国共产党与各国反法西斯势力建立和加强统一战线。5 月 26 日，中共中央做出决定，宣布自 5 月 15 日起，"中国共产党解除对于共产国际的章程和历次大会决议所规定的各种义务"[②]。蒋介石认为，共产国际的解散是他反对共产党的一个借口和机会。

二 国民党依据"有利"的国际环境发动第三次反共高潮

在上述背景下，蒋介石加紧进行反共高潮的准备。尤其是共产国际的解散使国民党反动派反共声浪甚嚣尘上。因为在蒋介石看来，共产国际的解散，是美国对斯大林施加压力的结果。蒋介石认为美国以给予苏联军事援助为交换条件，压迫斯大林解散共产国际。蒋介石在 1943 年 5 月 25 日的日记中写道："此实为划时代之历史，而其关键全在美国总统之政策运用奏效也。"[③] 蒋介石认为共产国际的解散，是 "中国国民革命三民主义的最大胜利，是二十世纪上半期之惟一大事"[④]。1943 年春，国民党掀起第三次反共高潮。蒋介石署名出版《中国之命运》一书，极力鼓吹中国的法西斯主义，公开反对共产主义和自由主义（即资产阶级民主主义），诬蔑共产党领导的八路军、新四军是"新式军阀"、"新式割据"。同时，国民党还出版大量反共、反民主的书籍和刊物，为其发动第三次反共摩擦作思想准备和舆论动员。6 月间，国民党西安劳动营训导处处长、复兴社

① рЦИДИН，Ф.495，оп.74，п.56，л.94，Комтерн，и вторая мировая война，ЧастьⅡ，с.370. 载沈志华主编《一个大国的崛起与崩溃（苏联历史专题研究 1917—1991）》（中册），社会科学文献出版社 2009 年版，第 527 页。

② 《周恩来年谱（1898—1949）》，中央文献出版社 1989 年版，第 555 页。

③ 《蒋介石日记》（手稿本），1943 年 5 月 25 日，载杨天石《找寻真实的蒋介石——蒋介石日记解读》（下），山西人民出版社 2008 年版，第 408 页。

④ 同上书，第 409 页。

特务头目张涤非假冒"民众团体"名义，召开会议，发表通电，叫嚣"马列主义已经破产"，要求"解散共产党，交出边区"。他们更狂叫：中国绝无产生共产党之条件。"中共既系自外生成，今第三国际已告取消，各地支部全行解散，则中共失所秉承，自应乘此机会，宣告解散。"在国民党宣传情报部门的鼓动下，"皖省临时参议会"、"四川爱国协会"、"桂林新闻记者公会"等社会团体也都致电毛泽东，提到：为加强中国团结，要求中共应同共产国际一起解散，取消陕北特区，将军令和政令统一到国民政府之下。① 青年党领袖左舜生也持有同样观点：一个国家政党可以有多个，而只能一个政党拥有军队，否则就要发生内乱，建议共产党放弃武装走议会道路。②

在此舆论宣传的基础上，6月中旬，国民党军统特务头子戴笠提出"解决中共问题"方案，其目的是"把握中共弱点，以达到政治解决为目标，惟在军事上仍须施极大压力，促其就范"，"以使中共将军权、政权交还中央为主要目的"③。同时蒋介石密电胡宗南："……共产国际解散对奸党是沉重打击，你等应乘此良机，闪击延安，一举攻占陕甘宁边区，限6月底完成部署，行动绝对保密。"这意味着国民党不仅从政治上发起了第三次反共高潮，而且在军事上做好了反共的准备。6月18日，胡宗南在洛川召开部署进攻陕甘宁边区的军事会议。部署从对付日军的黄河河防主力撤出6个师，向西调动，加上原封锁陕甘宁边区的数十万军队，沿宜川、洛川、淳化、固原线，准备分9路闪击延安，第三次掀起反共高潮。会后国民党河防大军纷纷西调，集中在边区周围的军队多至四五十万人，准备大举进犯。7—8月反动军队进行了许多次试探性的挑衅进攻，中国面临着十分危险的局面。

三 中国共产党利用国际因素打退国民党的第三次反共高潮

由于中国的抗日战争是世界反法西斯战争的东方主战场，是世界反法西斯战争的重要组成部分，尤其是中国的抗战牵制了大量的日本军队

---

① 参见李新《中华民国大事记》(1937—1943)，中国文史出版社1997年版，第1054页。
② 参见何家干《乱世书生左舜生》，《南方都市报·阅读周刊》B39，2008年6月29日。
③ [美]黄仁宇：《从大历史的角度读蒋介石日记》，九州出版社2008年版，第214页。

于中国战场，中国也是美国、英国、苏联等国的反法西斯战争的重要盟友，因此作为中国抗日战争主要力量之一的中共积极开展对美、英、苏等国的国际统战工作，必然对中国国内的抗日民族统一战线有着一定的影响。

国民党的第三次反共高潮发生后，中共采取了多重措施进行成功应对。首先中共大力开展政治宣传战，公开揭露国民党顽固派破坏团结抗战、制造内战的阴谋，并在一定程度上强调国民党破坏抗战对同盟国反法西斯战争的影响。为击退国民党的反共活动，中共于 7 月 9 日召开 3 万人的群众大会，动员边区军民积极备战，为保卫抗日根据地而斗争，同时致电蒋介石，呼吁团结抗日。① 12 日，毛泽东为《解放日报》撰写社论《质问国民党》，揭露国民党制造内战、破坏抗战的罪行。② 在军事上，针对陕甘宁边区军事力量薄弱的情况，从华北抽调部分兵力增强陕甘宁边区的防御力量。7 月 7 日胡宗南军的一部炮击陕甘宁关中分区，袭扰边区境内。

与此同时，中共也积极争取国际舆论、国际民主人士来向蒋介石施压，迫使蒋停止反共。1943 年 7 月，周恩来在即将从重庆回延安时，对中共中央南方局的人讲话指出："蒋介石最怕什么？外国人，尤其是财大气粗的美国人。从战略上讲，蒋介石发动第三次反共高潮不符合美国在亚洲的利益。因此，你们在董老（董必武）的领导下，要通过各种渠道向美国、苏联、英国在重庆的外交人员、记者揭露蒋介石发动第三次反共高潮的真相。"董必武说："对，如果罗斯福、丘吉尔、斯大林出面反对，蒋介石一定会放弃反共高潮的。"邓颖超说："所以啊，王炳南、龚澎、乔木（这里指乔冠华）③、章文晋等懂外语的同志，要发挥你们的特长，

---

① 参见中共中央文献研究室《周恩来年谱（1898—1949）》，中央文献出版社 1989 年版，第 559 页。

② 参见毛泽东《质问国民党》，《解放日报》社论，1943 年 7 月 12 日。

③ 当时中共有两个才华横溢的乔木，一个是胡乔木，另外一个是乔冠华，都曾用笔名乔木。胡乔木是毛泽东的秘书，在延安，称为"北乔"；乔冠华在重庆，是中共中央南方局外事组的重要成员。

向你们的外国朋友说明情况，让他们再去左右他们的政府。"① 在中共中央南方局领导的指示下，南方局外事组的成员王炳南、龚澎等人积极行动起来，与英美苏驻华大使馆工作人员及外国记者交流，揭露国民党发动第三次反共高潮的真相，并叙述第三次反共高潮对美英在远东利益特别是在华利益的危害。交流内容于 1943 年 7 月 6 日由延安《解放日报》、新华社发表，从而先发制人，发动一次宣传闪击。由于国民党强化对《新华日报》的压迫，这些言论，均被检扣不能见报。根据毛泽东的指示，《新华日报》还把毛泽东以朱德的名义致电蒋介石、何应钦等呼吁停止内战、维护抗战团结大局的电报、文章、文件印成传单和小册子，大量散发给中外各界人士，尤其是送给英、美、苏等大使馆和重庆的中外记者，从而让这些外交人员和记者发回相关的报道，使英美苏政府都向蒋介石施加了压力。在重庆的外国记者们纷纷就中国内战危机质问国民党发言人张道藩，使张狼狈不堪。与此同时，《新华日报》还在 1943 年 7 月 4 日撰写社论《民主颂——献给美国的独立纪念日》庆祝美国独立日之际，宣传民主，争取美国民主人士的好感和同情，反对蒋的专制。这篇社论指出："中国人对美国的好感，是发源于从美国国民性中发散出来的民主的风度，博大的心怀。……美国在民主政治上对落后的中国做了一个示范的先驱，使我们懂得了建立一个民主自由的中国需要大胆、公正、诚实。"为配合反对国民党第三次反共高潮的斗争，在重庆的中共中央南方局外事组把《评中国之命运》一书，翻译成英语文本，并迅速发到了各国使馆、通讯社、记者手上，很快就在香港及英、美等国传播出去，在国外舆论界引起了很大的反响，对国民党停止第三次反共高潮也起了重要作用。

在国民党发动第三次反共高潮期间，美、英、苏要利用中国抗击日本，都反对中国发生内战。

首先，美苏等国的舆论也多有抨击。美国的《纽约时报》、《纽约论坛报》都曾批评国民党抗战不力和挑起内战之非。苏联报刊也尖锐地指

---

① 章文晋、王炳南、陈家康、乔冠华、龚澎都是中共中央南方局外事组的重要成员，其主要任务是从事与外国来华、在华人士的国际统战工作，王炳南是组长。这些人要么是留学国外的留学生，比如乔冠华、王炳南；要么是国内著名大学的高才生，比如陈家康、龚澎，英语水平都很高，他们在与外国人打交道中，与外国人成为好朋友。比如，龚澎及其丈夫乔冠华，与美国驻中国新闻处处长费正清就是很好的朋友。

责国民党的反共行为，认为国民党政府"挑拨各种冲突与事变，一直到武装的冲突，极力地破坏国民党与共产党的军事合作，煽动迫害与取消八路军与新四军的行动"，是帮助日寇征服中国。1945 年 4 月周恩来在中共七大发言中也说："那个时候正遇上共产国际解散，蒋介石以为我们党内会有争论，于是就投这个机，来了一个取消中国共产党，而且还来了一个包围边区，打我们的心脏。……在国际舆论上，不管苏联也好，英美也好，都反对中国的内战。所以就把蒋介石的第三次反共高潮压下去了。"[①]

其次，在媒体的影响下，国共的紧张关系已引起苏、美驻渝大使馆的关注。7 月 14 日，苏联大使馆一位顾问造访美国大使馆代办艾哲逊。当日，艾哲逊上报国务卿："苏联大使馆顾问之偶然来访，引起我人极大兴趣，因在我人之资料中，苏俄大使馆第一次对中共之前途，明白地表示关切。"[②] 在苏联方面，虽然抗战后期中共与苏共的关系有所削弱，但出于共同的意识形态所带来的共同利益，苏共还是本能地站在中国共产党一边选择同情和支持中国共产党。刚一得知国民党借共产国际解散而掀起的反共鼓噪和秘密准备的军事行动，苏联马上就做出了前所未有的强烈反应。苏联驻华外交人员接连通过美国表达了他们的严重不安。苏联报刊也开始以明确的语言指责中国正在出现针对共产党八路军的内战危险。美、英、苏大使紧急开会，警告蒋不得发动内战，否则停止援助。[③] 美国公开表示：美英武器不能供给不打"轴心国"的国家。一直主张国民党联合共产党抗日的史迪威将军[④]以美国将停止援助为威胁，向蒋介石提出一份备忘录，"以强烈语气要求将胡宗南等部调往山西参加对日作战"，但蒋却拒绝。史迪威 6 月 21 日的日记中记下了蒋的话："不能降低对陕西军队的

①　中共中央文献研究室：《周恩来选集》上卷，人民出版社 1980 年版，第 203 页。

②　潘振球主编：《中华民国史事纪要》，1943 年 7 月 14 日，"国史馆" 1995 年版。美国驻华大使高思此时回国述职。

③　参见张培林《第三次反共高潮的策动与夭折》，《中共党史资料》第 42 辑，中共党史出版社 1992 年版，第 182 页。

④　早在 1938 年，史迪威就在武汉与周恩来进行了关于中国抗战问题的交谈。周恩来说，日军获得一些暂时胜利，但战线太长。中共的战略是持久战，最后一定能够打败侵略者。史迪威表示赞同。与此同时，他对国民党消极抗日不满，对国民党官员利用职权将援华贷款、物资中饱私囊的现象十分痛恨，所以史迪威将目光转向八路军和新四军，主张国共联合抗日，反对蒋介石发动反共摩擦。

供应；我们必须监督那些魔鬼共产党人。"①

由于中共措施有力，加之国内外的舆论压力，尤其是英美苏等国的反对，蒋介石不得不放弃武力进攻延安的想法。1943 年 7 月 6 日，美国驻华大使馆代办艾奇逊致电美国国务卿，传递了因美国人的疑虑而蒋不得不采取的措施：国民政府不希望由于进攻共产党，被冠以挑起中国内战的头衔。1943 年 7 月 10 日，蒋介石令胡宗南停止行动，11 日蒋、胡复电朱德，声明无进攻之意。与此同时，蒋介石为了消除因企图闪击延安造成的国际国内影响，不得不同意史迪威提出的对缅作战计划。

总之，抗战时期中国共产党的国际统战工作最终服务于中国抗日民族统一战线这一大局，中共在面对国民党发动的多次反共摩擦导致的抗日民族统一战线随时有可能破裂的情况下，除了争取国内各阶层民众对抗战的支持外，还积极开展国际统一战线工作，通过国际力量向国民党顽固派施加压力，维持抗日民族统一战线。从抗日战争胜利的根本原因来看，还是国共两党联合持久进行抗战，维持抗日民族统一战线没有破裂，而抗日民族统一战线没有破裂，其中一个非常重要的因素就是抗战时期的英、美、苏意识在"先欧后亚"打败法西斯的战略中，需要中国军队把日本尽可能地吸引在中国战场。而抗战时期中国共产党通过广泛开展国际统战工作，宣传出去、争取过来，主动出击、求同存异，才使中国抗日的主力——中国共产党领导的八路军、新四军及其他敌后抗日武装力量，被英、美、苏等国的民众和政府知晓，从而英、美、苏为了自己战时在远东特别是中国的利益，向蒋介石施加国际压力，使蒋介石不敢在抗战这一特殊背景下，大力发动反共进攻。

①　史迪威：《史迪威日记》，世界知识出版社 1992 年版，第 186 页。

第 九 章

战时中共应对危机的国际统战
工作成效

抗战时期，中国共产党在复杂艰苦的环境中，在国际统战方面做出了辛苦的努力，取得了显著的成效，这些国际统战工作对当今中国的国际统战工作有一些现实借鉴意义。

一　打破舆论封锁，宣传了八路军和新四军的抗日功绩

在抗日战争的大部分时期内，国民党对中共控制区始终实行严密的新闻封锁和军事围剿，"一不许共产党发战报，二不许抗日根据地报纸对外发行，三不许中外记者参观，四不许抗日根据地的人民与国统区的民众自由往来。只许国民党的诋毁、恶骂、造谣、污蔑，决不许共产党、八路军、新四军的真相稍许透露于世"。他们还调动舆论工具对中共及其军队大肆污蔑，说中共是"皮包里夹着土制炸弹"[①] 的匪徒。而大批国际友好人士和团体冲破层层阻挠访问"红色区域"，对外界了解中共真相起到了巨大作用。1938 年 6 月，世界学联代表团在延安对毛泽东的访问，对于向外宣传中共抗日政策和抗日功绩起了重要的作用。毛泽东会见了代表团全体成员，指出世界和平不能分割，抗战虽要自力更生，但也需要国际援助，希望代表团把中国人民的这一愿望带给全世界人民[②]。代表们表示回国后要如实地讲解见闻，为八路军募捐，以实际行动支持中国的抗日战争。正如一名外国学者肯尼斯·休梅克所研究的："受政治形势和延安开

---

① 埃德加·斯诺：《西行漫记》，生活·读书·新知三联书店 1979 年版，第 3 页。
② 参见逢先知《毛泽东年谱》中卷，中央文献出版社 1993 年版，第 79 页。

放政策的鼓励，数量众多的美国人和欧洲人可以到共产党区域去采访……带来了大量前所未有的关于中国共产主义运动的第一手材料和对中国共产党极为丰富的公开赞誉。"[1] Harrison Forman 在其书中写道，"在现在（1944年），八路军和新四军，抗击了在中国的日军的49.5%，以及近80万伪军的90%的伪军部队。在7年战争中八路军、新四军共作战92000次。打死打伤日军和伪军官兵1100000个，俘虏150000名敌人，击毙55位日本高级军官。同时，中国共产党的军队的人数发展400000，包括上校以上军衔的军官535名。"[2]

这些信息对于打破国民党的新闻封锁、提高中共的国际影响都具有十分重要的作用，当然这些信息的获得都是中国共产党在抗战时期开展积极主动的国际统战的实践成效。

到红色区域访问的外国记者和民主友好人士，根据亲身体验写下了大量颇具影响力的作品，如史沫特莱的《伟大的道路》，贝特兰的《华北前线》，海伦·斯诺的《续西行漫记》和《西行访问记：红都延安密闻》等，向全世界真实客观地报道了中共及其领导的军队的抗战业绩。美联社记者汉森离开延安时认为，中共具有"廉洁奉公，富有理想和具有为事业献身的精神"[3]，坚信"中共能够打败日本人，并治理好这个国家"[4]。有些原来对中共抱有偏见的记者，在经过实地采访后也改变了看法，称赞边区"百姓生活进步，政治民主，抗战意志坚强"[5]。汉斯·希伯对新四军的采访报道及其在山东八路军抗日根据地的采访及所写的报道，以其卓越敏捷的政治见解和严谨求实的客观态度，秉公直言，在国际社会上产生了很好的影响。美国退役军人卡尔逊把自己在抗日根据地的见闻，以 *Twin Stars of China* 为题在美国出版，影响了一大批美国人，使之改变了对抗战时期中国共产党的不好看法。尤其是该书用英美国家比较熟悉的语

---

① ［美］肯尼斯·休梅克：《美国人和中国共产党人：1927—1945年》，美国康奈尔大学出版社1971年英文版，第109页。

② Harrison Forman, *Report from Red China*, New York: Henry Holt and Company, 1945, p. 125.

③ ［美］巴巴拉·塔其曼：《史迪威与美国在华经验》上，商务印书馆1984年版，第257页。

④ 白修德、贾安娜：《中国的惊雷》，新华出版社1988年版，第254—273页。

⑤ 武道：《我从陕北归来》，《新华日报》1944年11月1日。

言——英语的形式，介绍了中国共产党领导的抗日军队通过实行游击战，成功地打击日本侵略者的进攻，对于国民党散布的共产党"游而不击"的错误观点进行了有力的回击。"当我们接近铁路线时，北边和南边传来八路军与日军作战的激烈枪战声，八路军正在进攻日军所占领的主要城镇。……很快铁路进入了我们的视野中。"① 美国著名女记者史沫特莱在抗日战争时期所著的《中国的战歌》一书，讴歌了中国共产党领导的抗日军民的斗争，揭露国民党腐败，带动了一大批当时在华的国际人士为中国的抗战尽心尽力。她在文中写道："我在中国生活了这么多年，看到城市里都是乌烟瘴气的污秽之地，这使我心理充满痛苦而体格不健。可是来到你们的部队之后，我的身体已经康复了。"② Harrison Forman 也在 1944 年在其报告中描述道，"当我们到达南泥湾地区时，战士们一组一队地正在田里干活。他们挥舞手臂向我们高呼着，手里拿着锄头和铁锨；身边有秩序地堆放着来复枪、机关枪、迫击炮。几乎所有的这些武器都是日本制造并在战斗中从日军手中缴获的。"③ 加拿大多伦多《明星报》兼《巴尔的摩太阳报》记者武道，是重庆国民政府国际宣传处的顾问，一向被国民党视为政治上可靠、忠实的记者，但延安之行改变了他的看法。他为重庆的《大美晚报》（英文）撰写的《我从陕北回来》，如实报道了边区老百姓生活愉快、政治民主、言论自由等情况，产生了巨大的影响。④ 斯坦因在其调查后所写的《红色中国的挑战》一书，根据其亲眼所见的事实和访问中掌握的第一手资料，深刻而生动地反映了中国共产党、八路军、新四军以及敌后抗日根据地艰苦抗战实行民主的实情，以铁的事实揭穿了国民党当局散布的关于中共和抗日根据地的各种谣言。他在书中专门列出一章"中共作战努力目击记"，从不同的方面引证了大量的材料，证明中共部队的作战是有成效的。⑤ 对于国民党攻击中国共产党在根据地实行

---

① Evans Fordyce Carlson, *Twin Stars of China*, Hyperion Press Incoportion, 1975 reprint edition, p. 240.

② 《史沫特莱文集》（Ⅳ），新华出版社 1985 年版，第 237 页。

③ Harrison Forman, *Report from Red China*, New York: Henry Holt and Company, 1945, p. 39.

④ 参见王泓等《周恩来与国际友人》，重庆大学出版社 1995 年版，第 133 页。

⑤ 参见《国际友人与抗日战争》，第 61 页。

"独裁专制"的污蔑，斯坦因通过采访开明地主士绅、陕甘宁边区的副主席李鼎铭的材料加以澄清。他记载李鼎铭的感慨："我一生中从来没有这样快乐过。……我希望重庆知道，为什么像我这样的绅士会与共产党的新民主主义休戚相关，并且以边区为骄傲。"① 福尔曼说："过去有人说八路军打仗没有伤兵，没有俘虏，人民害怕八路军，今天这些谎言已被事实揭穿了……我要将所看到的八路军英勇战斗的故事，写成文章，拍成照片，告诉全世界人民。"② 这些报道都打破了国民党的新闻封锁，揭穿了国民党对中共军队"游而不击"的污蔑之词。正如毛泽东所说：记者团来访，"把一座被闭了很久的门，打开了一个缝隙，使光线射进来。而这个缝隙虽然很小，但是再要强制地把这座门关闭得像从前那样紧密，恐怕已是不可能了"③。迪克·威尔逊在采访了彭德怀以后，描写了关于中国共产党领导的军队如何与日军战斗的报告。彭德怀向他描述："对于每一次具体的战斗，我们都可临时决定采取快速攻击的原则。我们攻击敌人的一个点，以在短时间内迅速摧毁掉敌人的据点。这种攻击的优点是敌人不能很好地运用其先进的新装备进行作战。在这种情况下，敌人飞机、毒气、坦克的用处不大。等到敌人的飞机到来时，战斗已经结束，他们能够做的就只剩下埋日军尸体。"④ 这些外国记者对中共的客观报道，甚至使一直亲蒋介石的美国著名杂志《时代》周刊和《财富》也不得不对中共的游击战抗日进行肯定。1938 年 12 月 5 日的《时代》周刊的一文章中写道："蒋介石的一些最精良的部队是中国共产党的军队。"⑤《时代》周刊还称八路军的总司令朱德为"中国第一号的游击队战士"，认为"谦逊、笑眯眯的"朱德和他的游击队是"新中国"的一部分。1939 年 6 月 26 日，《时代》周刊的一文认为毛泽东、朱德领导的共产主义运动与美国的民粹

---

① ［英］斯坦因：《红色中国的挑战》，李凤鸣译，新华出版社 1987 年版，第 55 页。

② ［美］哈里森·福尔曼：《北行漫记》，李良志译，湖南人民出版社 1993 年版，第 177 页。

③ 《解放日报》1944 年 6 月 12 日。

④ Dick Wilson, *When Tigers Fight*: *The Story of the Sino-Japanese War*, *1937—1945*, New York: The Viking Press 1982, p. 135.

⑤ 《时代》周刊 1938 年 12 月 5 日，第 17 页。转引自［美］T. 克里斯托弗·杰斯普森《美国的中国形象（1931—1949）》，姜智芹译，江苏人民出版社 2010 年版，第 51 页。

主义有相似的地方，热衷于把土地交给深受地主剥削的中国农民。① 美国《财富》杂志也刊文称："共产党的游击队是一群难以想象的高效率的人。"②

美军观察组对边区人民的生活、共产党军队的作战能力及共产党的外交政策进行了广泛的调查研究，得到了中国共产党的配合和支持，他们非常满意。认为，中共提供的材料超出了他们的希望，组长包瑞德给出的评价是："八路军给予美国陆军的衷心合作和实际协助几乎是尽善尽美的。"③ 美军观察组比较客观积极地反映了抗日民主根据地的政治、经济、军事各方面的情况以及中共的方针政策。使中共领导的抗日根据地政治、经济、武装力量及其抗敌业绩等，引起了国际社会对中共的关注、赞赏和帮助。他们向美国军方和国务院发回的大量报告，仅谢伟思一人从1944年7月到10月就写了51份政治报告。他们向美国政府提出重视中共及其军队的建议，认为"中国共产党将在中国存在下去，中国的命运不是蒋的，而是共产党人的"④。中共领导的军队"身体素质极好，情报工作水平高，士气旺盛"⑤。即使在史迪威被撤回美国以后的1944年年底，延安美军观察组还在为美国援助中共竭尽全力地劝说，他们不断向美国发回报道："一味支持中央政府和蒋介石，而把共产党人排除在外，将会促进不统一，而且后果将是悲惨的。"⑥ 甚至在1945年2月26日，美国驻华使馆代办乔治·艾奇逊领衔写给美国国务院并转呈白宫的一封急信，建议"总统用肯定的字句通知蒋介石，声明我们由于军事必需之要求，要与共产党及其他能有助于这次抗日战争的适当的集团合作，并予以供应"⑦。这些报告对美国决策者制定对华政策产生了积极的影响，为美国政府制定对华政策提供了大量可靠的第一手资料，让美国政府对中国共产党及其政

---

① 参见《时代》周刊1939年6月26日，第29页。

② 《中国的军队》，《财富》1941年9月，第49页。

③ ［美］D. 包瑞德：《美军观察组在延安》，万高潮、卫大匡、王健康等译，解放军出版社1984年版，第107页。

④ 陶文钊：《中美关系史1911—1950》，重庆出版社1993年版，第312页。

⑤ 同上书，第310页。

⑥ ［美］约瑟夫·W. 埃谢里克：《在中国失掉的机会——美国前驻华外交官约翰·谢伟思第二次世界大战时期的报告》，罗清等译，北京国际文化出版公司1989年版，第326页。

⑦ 《中美关系资料汇编》第1辑，第155页。

策有了一个新的认识，使蒋介石的种种谣言不攻自破，为推动美国政府现实主义政策的向前发展起到了积极的作用，在一定程度上压制了蒋介石的内战野心。

在中共的国际统战影响下，苏联人民也对八路军、新四军进行了高度的评价。1938 年 4 月 14 日，H. 利亚霍夫专门在苏联《真理报》上发表《八路军》一文，高度赞扬八路军的抗日斗争。该文写道："由过去中国红军组建的八路军，在中国人民反对日本侵略者的英勇斗争中起着重大的作用。八路军是华北日军的眼中钉。……八路军司令部的游击战术方针是，在技术装备极差的条件下，广泛采用敌后游击战，以便同前线的阵地战紧密配合。这个方针在全国范围内早已众所周知，并多次实践证明是正确的。……八路军在中国享有很高的威望，受到人们普遍的爱戴。部队在交战地区的群众中进行了大量的工作。群众经常给予部队各方面的支持。……八路军的斗争及其丰功伟绩，鼓舞着全中国人民为争取祖国的自由和独立而斗争。"[1] 1938 年 5 月 30 日和 1938 年 11 月 22 日，苏联人 B. 罗戈夫、M. 季霍米罗夫也分别在《真理报》上发表了《五台山的游击队员——来自中国的消息》、《在日本侵略者的后方》[2] 等文，高度赞扬敌后抗日根据地以及中国共产党领导的游击战。

二　促进了英、美等国与中共关系的改善，扩大了国际影响

抗战时期，通过周恩来、龚澎、乔冠华、王炳南、陈家康等人对马克思主义国际统战理论中国化的实践努力，中国共产党不仅争取了广大的国际民主人士对中共的同情、支持和帮助，而且改善了与英美国家的关系，扩大中国共产党在战时的国际影响。首先，在改善中共与英美关系方面，通过国际统战工作，中共与英美在抗战时期有了更多的接触和了解。比如，1942 年 12 月，在英国驻华大使薛穆的安排下，英国议会访华代表团

---

[1]　中共中央党史研究室第一研究部：《共产国际、联共（布）与中国革命文献资料选辑（1938—1943）》第 20 辑，中共党史出版社 2012 年版，第 9—14 页。

[2]　参见中共中央党史研究室第一研究部《共产国际、联共（布）与中国革命文献资料选辑（1938—1943）》第 20 辑，中共党史出版社 2012 年版，第 17、33 页。

与周恩来进行了成功的接触和交流，改变了他们对中共的偏见。① 1943 年 8 月，中共中央南方局常委董必武依据中央的指示，向美国驻华大使馆人员提交了《国共两党抗战成绩比较》和《共产党抗击全部伪军概况》，在一定程度上争取了美国军方对八路军的同情和支持。9 月 6 日，史迪威向蒋介石建议，要求对包括共产党军队在内的西北部队"应给予充分的供应"，使在西北的八路军向华北日军翼侧发动进攻。②

美国人士透过周恩来的人格魅力看到了中国共产党人的形象，增进了他们对中国共产党的了解，部分地消除了他们的误解和敌意。正如费正清在 Chinabound, A Fifty-year Memoir 一书中所写的那样："当我一被中国的左翼人士们视为友好人士以后，我发现我自己被左翼分子所影响，我也给与他们友好的回报。"③ 他在书中还写道："这个包括代表广大民众的中国共产党在内的左翼反对派，政府现在正在试图恐吓他们，包括一大批原本不赞成共产主义但赞成批评国民党的严格审查和秘密检查统治的知识分子们。……我可以证明，许多原本反对红色共产主义而亲美的自由主义分子，现在正在像中国共产党员，以及大多数美国民众一样的观点，主张民主、自由，反对专制和独裁。"④ 这些使美国政府为了维持抗战时期的在华利益，向蒋介石施加外交压力，反对蒋在抗战时期发动内战。

比如，1943 年，国民党顽固派借共产国际解散之机，准备分九路进攻陕甘宁地区，企图发动第三次反共高潮。2 月 19 日，美国国务院政治事务顾问亨贝克和宋子文主要就国共关系问题进行长谈。亨贝克提醒宋子文，希望中国避免内战。驻重庆的美国大使馆代办艾切森 9 月 11 日也在与国民党高官吴铁城的谈话中表示，一个强大、联合的中国一直是美国远东政策的一个基本点。因此美国对于中国人民中间任何与一个强大、联合的中国背道而驰的各种严重倾向均表关注；尤其目前，国共之间的分歧使

---

① 参见杜俊华《周恩来与抗战时期中共—英国关系的嬗变》，《中共党史研究》2008 年第 1 期，第 102 页。

② 参见查尔斯·罗曼纳斯、莱利·桑德兰《史迪威在华使命》，美国陆军部军事史局 1953 年版，第 368—369 页。

③ John King Faitbank, *Chinabound, A Fifty-year Memoir*, New York: Harper and Row Publishers, 1982, p. 276.

④ Ibid., p. 283.

那些本来应该在云南和别的抗日战场积极杀敌的中国大量优秀部队驻扎在西北，不管是政府军还是被围困的中共军队都不能用于对日作战，从而削弱了中国的战争努力。毫无疑问，美国官员的上述表态对于制止国民党顽固派发动第三次反共高潮起了一定作用。美国军事代表团在 1944 年 7 月访问延安一事，有利于打破国民党对陕甘宁边区政治、经济、新闻各方面的封锁和隔离；意味着美国在某种意义上对中国共产党作为一个政治军事实体的承认，两者建立了准官方的关系，几年来中国共产党一直谋求的同美英建立"一定程度的外交关系"的目标，得以实现，党的国际地位因而显著提高。当时的美国战略情报局的秘密工作人员文幼章，在中共的国际统战工作影响下，也逐渐偏向共产党。1945 年 9 月 28 日，他在给美国战略情报局的最后一个报告中，综合提出了他关于在对日作战结束后中国政治的结论：蒋介石已堕落到使用 1/3 的军费来进行特务活动，镇压日益高涨的民主力量。……到处都有共产党……他们机智聪明，坚决果断。对他们的社会发展理论有着"狂热的信仰"。……如果美国需要中国稳定，在中国为西方货物寻找市场，那么中国政府必须是包括共产党在内的民主联合政府。①

　　中国共产党与英国政府关系的推动，也取得了显著的成就。如 1942 年 12 月英国议会代表团访华期间与周恩来开诚布公的交谈，就是显著的一例。代表团成员来自于英国的三大政党：保守党议员艾尔文勋爵、卫德波上尉；自由党议员泰弗亚勋爵；工党议员劳森、艾伦、华德女士。② 因此周恩来与他们的交谈中就将党的抗日业绩、在根据地实行的政策和措施、对外交往的政策传递给了英国政府及各政党，也使党加深了对英国政府的了解。与此同时，南方局与英国来华记者、作家和一般的民主人士之间广泛的接触和交往，促成他们以口和笔向英国人民宣传中国共产党及其军队的丰功伟绩，也推动了党与英国政府关系的发展。荷兰人布朗基（抗战时期为英国服务）在抗日根据地目睹了八路军英勇战斗、打击日寇

---

　　①　参见王泓等编《周恩来与国际友人》，重庆大学出版社 1995 年版，第 49 页。

　　②　F0371/35777；档案 828/74/10，议员 H. J. 斯克林杰（H. J. Scrymgeour）的报告，1943 年 2 月 12 日。转引自李时安《英国对华政策与中国共产党（1942—1946）：薛穆大使的作用》，第 130 页。

的场景，认为八路军虽然缺乏武器弹药和后勤物资，但是士气高昂，沉重打击了日军，是一支对日军构成巨大威胁的强大力量。他认为中国共产党在全心全意为人民办事，还谈了他会见毛泽东的印象，认为毛泽东的政策是正确的。这些都体现在他向英国驻华大使薛穆呈送的报告资料中。薛穆向英国外交部强调说，该报告提供了共产党控制区的社会和组织及政治情况有价值的情报①，引起了英国外交部的重视。受到众多类似报告的影响，英国外交部里的一些人对中国共产党高度重视。布来克勃爵士认为："薛穆报告中的最后一段关于中共将取代国民党政权的见解非常正确。"②乔治·杨认为："中国共产党取得的成绩给我们留下了深刻印象。我相信无论他们在伦理上或精神上有何缺点，也无论他们的处境好坏，他们将掌握中国的命运。"杨认为薛穆的报告极其重要，应该复印到政府各部门。③英国人林迈可通过自己在抗日根据地的所见所闻，把抗日根据地的"三三制"民主政府构成等写成报告寄给薛穆，薛穆转寄英国外交部，引起了英国外交部的赫德森的注意，他认为林迈可的报告是合理的、准确的。认为在中国将来的任何斗争中，中国共产党都将处于优势。如果他们得到俄国的帮助，那么情况就更会如此。④

通过周恩来等人的努力，中国共产党的影响扩大到国际社会中。1945年4月，联合国美国旧金山召开制宪会议。由于中共在抗战中所发挥的重要作用已为国内外所瞩目，国民党只得同意共产党的代表参加中国代表团。中共代表董必武正式作为中国代表团成员，出席了在美国旧金山召开的联合国宪章制宪会议，随行人员有章汉夫（重庆《新华日报》总编，中共中央南方局外事组成员）、陈家康（周恩来的秘书，中共中央南方局外事组副组长）⑤，在《联合国宪章》上庄严签字。这是中共代表第一次作为正式成员出席国际会议。它在实质上打破了国民党垄断外交的局面，

① F0371/35777；F644/74/10, Seymour to Eden, 29 December 1942。转引自李世安《战时中国对华政策》，武汉大学出版社 2010 年版，第 268 页。

② 李世安：《战时中国对华政策》，武汉大学出版社 2010 年版，第 269 页。

③ W0208/318；F3895/254/10, Minutes by Young and Blackburn, 30 August 1943.

④ F0371/46165；F4519/254159/10, Minutes by Henderson, 6 October 1945. 转引自李世安《战时中国对华政策》，武汉大学出版社 2010 年版，第 273 页。

⑤ 参见王福琨、邓群《中共中央南方局的统一战线工作》，中共党史出版社 2009 年版，第 335 页。

标志着中国共产党独立外交的开始。在旧金山会议期间，董必武利用会议外时间积极在美国开展国际统战工作。他主持出版了英文版《中国解放区实录》一书，共印 5000 册，散发给出席旧金山会议的各国代表、外国记者及美国人士，比较详细地向国际人士介绍了抗日根据地的军民在抗日、政权建设、经济文化建设等方面的成就。① 7 月 2 日，董必武根据中共中央的指示，带随员移住纽约，成立由徐永瑛、杨刚等人组成的工作小组，广泛接触美国人士。登门拜访了史沫特莱、著名小说家赛珍珠、费正清、范宣德等人②。

三　为打败日本打下了坚实的基础

（一）外国民众在道义和捐款上对中国抗战的支持

在国际工会组织机构中，国际运输总工会于 1937 年 10 月通告各运输工会，禁止运载军火到日本。有 30 个国家和地区的铁路、海员、码头工会参加，约 200 万会员响应。1938 年 10 月，国际运输总工会在卢森堡召开代表大会，20 个国家的铁路、海员、码头等 42 个工会代表 200 人参加；大会通过了中国代表提出的援华提案，决定国际运输工人即日停止装运军火、汽油、物资到日本。1939 年 5 月，国际工会联合会在苏黎世召开第八届代表大会，出席大会的 19 个国家的工会代表一致认为日本侵华是整个法西斯侵略行动的一环。全世界工人不但应给中国工人道义上的支援，而且应予以切实的物资援助。中国代表团提出加紧制裁日本援助中国，并提出一系列具体措施，得到大会的热烈支持。其中募捐一项，当时得到各国工人捐款 55.6 万法郎，汇交国际劳工局中国分局代为散发③。

苏联也给予中国共产党大力支持。苏联的工人、农民、学生、教员等曾纷纷写信向中国共产党领导的抗日军队——八路军表示慰问和鼓励。他们在信中写道："我们的心永远和你们在一起，因为你们的斗争，不仅是中国人民的事业，而且是所有进步人类的事业。"④ 还有的工人写道："我

---

① 参见王福琨、邓群《中共中央南方局的统一战线工作》，第 336 页。
② 同上。
③ 参见张注洪《国际友人与抗日战争》，北京燕山出版社 2007 年版，序言，第 1—5 页。
④ 同上。

们相隔遥远，就是说距离一万多公里，但我们每天都在注视你们的斗争。我们经常从报纸上得知你们英勇进展的消息，得到关于你们怎样战胜帝国主义狼群——日本武士道的消息。……你们所获得的胜利，使我们非常感动……因为你们为人权，为生存，为民族独立而斗争。……我们相信你们在不久的将来也一定会完全走向胜利，而将日本帝国主义完全赶出中国去。"①

通过对外宣传和国际统战工作，美国人民也大力支持中国的抗战。据当时的《新华日报》记载："美国人民积极援华制日，欧战以来更趋热烈，各地呼吁不供日寇军火。包括中国人民之友社、不参加日本侵略委员会、援华会、美国药物援华会、保卫中国联盟、美国和平联盟、抵制侵略国委员会等。最近，美国援华会发动全国组织，呼吁对日禁运军火，洛杉矶、匹茨堡、费城首先响应，各地工会组织，也随之响应，并请求各地组织写信给他们的参议员、众议员代表在国会里维护对日禁运。基督教援华会发起募捐救济中国难民，计划要在本年募集100百万美元。"② 根据《美亚》杂志的报道：1945 年 1 月 3 日，美国给予陕甘宁边区的第一批医疗援助，通过红十字会的办事处运送到了根据地，这批有十吨的医疗援助物资被送交给了白求恩医院。③

在越南（印度支那），印度支那共产党发起了支援中国人民抗日的运动，得到群众的热烈相应。越南人民和进步团体不仅从道义上谴责侵略者，而且不断地组织募捐、筹款、捐献衣服和药品，直接支援中国人民抗日军队。如 1937 年下半年，在北圻、中圻、南圻的印度支那共产党地方组织，常常召集群众大会，拥护中国抗战并募捐援助中国；1939 年，印度支那共产党为援助中国抗战，发动青年剧团在河内大剧院进行了多次会演募捐。在新加坡和整个马来西亚，也有广大群众参加援华活动。1939 年 2 月 9 日，新加坡市民 5000 人曾举行反对日本法西斯侵略中国示威大会。在会上，马来亚各民族中国人民之友社代表发表了演说，谴责日本侵

---

① 张注洪：《国际友人与抗日战争》，北京燕山出版社 2007 年版，序言，第 1—5 页。
② 参见《新华日报》，民国二十八年十二月一日（1939 年 12 月 1 日），第三版。
③ Philip Jaffe, Kate L. Mitchel, *Amer Asia*, Volume 9（1945），Greenwood reprint corporation, New York , 1968, p. 48.

略中国、破坏世界和平的罪行。当时群情激昂，高唱《中国日》、《义勇军进行曲》等歌曲。日本在马来西亚经营的铁矿工人，曾不断举行罢工，各地还开展了抵制日货运动，这都给日本侵略者以有力的打击。①

在香港"八办"和"保盟"的努力下，华侨富商和贫苦的市民都踊跃募捐。例如，1938 年 8 月，70 多名中环及深水的小贩合力举行义卖，其他小贩及商人也纷纷加入，一个月内便筹得款项超过一百万港元。1941年，香港华商总会募得款项 1000 万元。在抗战后期，鉴于活跃在香港附近的东江游击纵队港九游击大队的抗日成效——营救了 89 名国际友人，其中包括关押在监狱里的赖特上校等英军官兵，以及遇险的美军飞行员，这些被救的国际友人为盟军提供了大量及时有效的情报，建议盟军与游击队合作，并给予支持。1944 年 7 月，《美亚》杂志发表了《东江纵队与盟军在太平洋的战略》一文，肯定了中国共产党领导的东江游击队在反抗日本法西斯战争中的重要作用，并要求美英"立刻承认这些游击队的存在与潜力，包括派遣联络官，予以技术上与军火的援助"②。

（二）外国来华友好人士对中国抗战的支持

外国友人在抗战时期从舆论上、军事上、医疗上、经济上多方面支持中国，当时来到中国参加战时经济、技术和文化建设工作的国际友人，其所从事的工作，无不有益于抗战。这不仅增加了抗战实力，也鼓舞了中国人民的战斗意志。有些友好人士甚至为之付出了宝贵的生命，比如，白求恩同志。毛泽东曾经高度评价他："毫无利己的动机，把中国人民的解放事业当作他自己的事业。"③

首先，开展科技工作，培训技术人才。抗战时期原北平燕京大学英籍教授林迈可及夫人李效黎和另一英籍教授班威廉及其夫人克兰尔就曾为抗日根据地培养过技术人才。

抗战时期，在燕京大学教书的英国人林迈可憎恨日本军国主义、同情中国人民，与一些中共地下党员成为好朋友，想方设法为根据地筹集物资。1941 年 6 月 25 日，李效黎和林迈可结为夫妇，夫妇两人为八路军运

①　参见张注洪《国际友人与抗日战争》，北京燕山出版社 2007 年版，序言，第 1—5 页。
②　同上。
③　《毛泽东选集》第 2 卷，人民出版社 1991 年版，第 659 页。

送紧缺物资。比如治疗疟疾用的奎宁，林迈可每次都要为八路军购买六七十斤。为了将物资运出北平，林迈可想尽办法，司徒雷登的汽车和他自己的摩托车都曾作为运送物资的工具。他还为地下党传递情报，掩护地下党进出北平。1941年秋，晋察冀社会部平西情报交通站站长王友到北平检查工作，就是林迈可用摩托车把他接进城的。太平洋战争爆发后，太平洋战争爆发后，为逃避日军迫害，以英籍教授林迈克为首的一批燕京大学教授学者（有物理系主任英籍教授班威廉和夫人以及法国、奥地利、南斯拉夫、荷兰等国的一批学者）来到晋察冀边区，林迈克懂得物理学和无线电。翌年2月，林迈可受军区委托负责创办无线电高级训练班，训练班由他与班威廉负责，为八路军培养了一批无线电专门人才。他讲授无线技术的原理，他的妻子李效黎教英文。校舍用木板搭成，"没有课桌，学员们就坐在木板或树根上，面前做几个土桩，搭上木板，就正好写字。墙上有几个洞，是窗户"①。当时军区需要一台灵敏度和选择性较好的收报机，林迈可就与学生研究组装了一台超外差式接收机，既满足了工作需要，又培养了学生实践能力。此种培训班为八路军培养了一批无线电人才。1944年6月，林迈可被任命为新华通讯社对外广播部顾问，让新华社的英文广播传播到美国。

其次，路易·艾黎开展工合运动，间接支持中国共产党的游击战。为了增强中国抗日力量，1938年年初，新西兰人艾黎与斯诺等人在上海组成"工合"促进委员会，8月迁至武汉改称"工合"协会，他任代理总干事。随后在全国各地建立了3000个工厂和工场，对抗战建设做出积极的贡献。他到陕北根据地办"工合"，并取得显著成效，毛泽东就曾写信给"工合"国际委员会，赞扬"工合"对中国抗战作出的重大贡献。茂林是新四军根据地的中心，那里也建立一个"工合"事务所。艾黎曾两次到这一地区，为合作社运动在这里的发展进行了大量的基础性工作，其中包括组建一所"工合"干部培训学校、一个满足军队需要的印刷车间和各种消费合作社。② 在东南区，艾黎的工合靠近新四军地区，他们制造手榴弹或修理卡车和机关枪。茂林地区的造纸、缝纫、烧炭、制鞋等合作

① ［英］班威廉·克兰尔：《新西行漫记》，新华出版社1988年版中译本，第98页。
② 参见《路易·艾黎与战时工合运动》，载张注洪《国际友人与抗日战争》，第110页。

社的产品，主要是供应新四军军需之用。比如，造纸合作社生产的纸张供新四军印刷《抗敌报》和文件，打破了日军的重重经济封锁。叶挺曾专门致信感谢工合协会在皖南的工作，认为它有力地支撑了新四军长期开展敌后游击战争。① 毛泽东先后三次与艾黎在延安见面，对艾黎所做的一切给予了热情的鼓励。还特别指出，希望能想办法支援在晋西北指挥游击抗日的贺龙。艾黎经过多方努力，考虑在晋西北建立炼铁工合，帮助那里的八路军制造手榴弹等军用物资。艾黎还曾向史迪威建议，在华北地区建立300个左右的小型机械工厂，帮助八路军必要时刻打击日本。史迪威同意了，虽由于蒋介石的反对没有完全实现，但是办成功的几个小厂还是起了重要作用的。参加西北"工合"的英国知识青年何克为"工合"积劳成疾，后于山丹不治身亡。由于工合对敌后抗日根据地的支持，国民党顽固派攻击和诽谤艾黎，把他说成是"对工业一窍不通的傻瓜"、"在印度银行存有巨款的匪徒"。

再次，积极在抗日根据地开展医疗活动。抗战时期，国际友人或组成医疗队来华，或个别医生来华帮助救治中国伤病员，作出显著的成绩，有的曾以身殉职，在中国抗日军民心中留下永不磨灭的丰碑。主要有：加拿大美国医疗队的白求恩、帕森斯大夫和琼·尤恩护士；犹太裔奥地利人雅各布·罗森费尔德（罗生特）；印度援华医疗队的爱德华（队长）、巴苏华、柯棣华②、木克华、卓克华等；国际红十字医疗队，队长为波兰大夫弗拉托。国际红十字医疗队1939年从欧洲出发，绕道非洲、南亚，经香港，由宋庆龄介绍到晋东南决死三纵队工作。后来回到重庆，经八路军办事处董必武等领导人介绍，分道赴贵州、安徽、江苏、山东等地，为中国抗战作战地服务。医疗队成员有捷克外科大夫弗德科赫·基希，奥地利医生杜汉，德国的贝克尔，罗马尼亚的杨固、古泽娜·克兰兹，保加利亚的甘扬道等20多人。

加拿大的白求恩大夫至延安后惦念伤员，不满足于敌后工作当即奔赴

---

① 参见《路易·艾黎与战时工合运动》，载张注洪《国际友人与抗日战争》，第110页。

② 柯棣华1938年9月参加印度援华医疗队来华支援中国人民抗日战争。此年11月，应朱德邀请和其他两个医生到华北前线，后去晋察冀边区进行医疗活动。1942年12月9日因积劳成疾去世。

前线。为了及时抢救伤员，白求恩总是要求实行火线救护。他说，如果为了他的个人安全，他就不到中国来了，只有消灭了法西斯，才有个人的安全。① 白求恩曾夜以继日，为100多名伤员进行了手术。而以柯棣华为首的印度医疗队在1939年12月至1940年8月也曾转战晋察冀、晋东南等根据地，施行手术千余次，诊治数千名伤病员。特别在百团大战期间，柯棣华接受800余伤员，施行手术558次，因劳累过度，1942年12月病逝；巴苏华曾为250名伤员做过急救处理，并负责转送到后方医院。

1941年3月辗转来到苏北盐城新四军军部的雅各布·罗森费尔德，因对中国抗战的贡献而与白求恩齐名，曾手术抢救了罗荣桓、曾炳华等多位我军高级指挥员。在工作之余，他还采访了刘少奇、陈毅、罗荣桓等我党多位高级将领，同他们结下了深厚的友谊。1942年春天，由陈毅和钱俊瑞（新四军政治部宣传部长）做入党介绍人，罗生特成为一名中共特别党员。②

最后，外国来华传教士支持中国共产党领导的抗战，并捐款捐药。1938年年初，当八路军总部移驻洪洞时，朱德向英国传教士特鲁丁格耐心阐述了共产党的各项抗日政策，特鲁丁格看到八路军伤兵医院条件很差，特捐赠一些钱和药物给医院，并经常低声祷告，祈求八路军战士在战斗中勇敢、机智，伤病员能得到药品等。③ 汉口"西北游击队后援会"派来的"国际慰劳团"，千里迢迢从汉口到华北，向八路军赠送了4000多元钱和为数可观的药品。④

（三）争取日军俘虏，日军俘虏的反战在一定程度上瓦解了日军的战斗力

当然，中共对日本战俘和民主人士的卓有成效的统战工作，也在一定程度上瓦解了日军的斗志，争取了一些日军战士反对日本法西斯的侵

---

① 参见江一真《生命像火一样燃烧——回忆伟大的国际主义者白求恩》，载《我们的朋友遍天下》，中国青年出版社1992年版，第3—16页。

② 参见苏银成《罗生特曾支援抗战：转战三大战区被称活着的白求恩》，中国新闻网2015年6月26日。

③ 参见陆海莉《抗战时期朱德与外国传教士的交往》，《中国民族报》（电子版）2010年8月31日第8版。

④ 同上。

略战争，一些人甚至参加了抗日根据地的建设。商人出身的日本战俘光江田，在 1943 年被八路军俘虏时，还顽固地说日本对中国的侵略战争是正义的。经八路军和解放联盟耐心教育后，思想发生了 180 度转变，成为工农学校的学习组长，领导全组学习，很有成效。生产也积极，因嫌屋内太暗，将纺车放在雪地里纺线，成为日本人参加陕甘宁边区大生产运动中取得显著成效的典型。① 1939 年 2 月，日军榆次师团司令部副官会议上，一日军高级将领不得不承认："因为华军的反战宣传，总觉得士兵的思想似乎起了动摇，实在难于指挥。"② 1944 年初夏的一天，日军第 3067 部队菊地支队的福岛康雄等 7 人，感觉到日军胜利无望，思念家乡，在酒店唱家乡歌，上司把他们关起来并隔离。他们在隔离班遇到了一位被新四军释放的日军士兵。该士兵宣传新四军优待战俘，福岛等人决定叛逃到新四军，并串联了 18 名士兵，制订了详细的出逃计划。其中 6 个士兵先行动起来，骗过日军哨兵，向新四军游击区方向走去。但因为日军组织了部队进行大规模的搜捕，最后抓到了这 6 个出逃的士兵。③ 其他相关内容在前面第七章 "积极开展对敌统战工作，分化瓦解敌军" 中有详细论述，此处不再赘述。

四　利用国际力量，打退了国民党的反共摩擦，维护抗日民族统一战线

抗战时期，中国共产党的国际统战工作，对遏制国民党反共阴谋，维护国共合作起到了积极的作用。抗战期间，尽管外敌当前，国民党仍不断制造摩擦，妄图消灭中共，致使统一战线多次面临破裂的危险。英美出于自身利益的考虑，迫切需要中国战场牵制日本，从而使中共通过民间外交来争取国际力量制约国民党的反共阴谋成为可能，这在前面的第八章有详细的论述，此处不再赘述。

---

① 参见《日本工农学校选举模范学习者》，《解放日报》1945 年 1 月 14 日。

② 参见中国人民解放军政治学院政治工作教研室编《军队政治工作历史资料》，第 4 册，战士出版社 1982 年版，第 300 页。

③ 参见金点强《揭密：抗战时期有日本兵集体投奔新四军》，凤凰网·历史·中国近代史国际在线，2015 年 2 月 9 日 11∶59（http：//news. ifeng. com/a/20150209/4313577_ 0. shtml）。

五 为中共的外交工作积累了丰富的经验

抗战期间大量的官方和非官方的国际友人来到中共控制区了解抗战真相，这也是中共获取外界信息的重要来源。中共把来访的外国记者当作一种特殊的信息源，经常向他们了解外部的各种信息和情况。比如，在斯诺访问延安期间，毛泽东向他询问有关罗斯福新政以及美国对外政策等问题。史沫特莱也经常将自己收到的外国报刊上的新闻介绍给朱德等八路军将领，帮助他们及时了解外部信息。此外，美军观察组成员也常被延安地区的部队邀请去讲解有关军事知识。中共领导人还通过与国际友人的交谈了解到英美人士对国共两党的观感及对中国局势的看法，盟军有可能向八路军提出配合作战的请求，美国政府已开始考虑战后对华政策等。①

抗战时期中共所开展的民间外交活动，为新中国成立后中共外交理论和实践的进一步发展奠定了坚实的基础，同时也为中共打开对日、对美民间外交之门提供了可资借鉴的经验。新中国成立后，周恩来被任命为国务院总理兼外交部部长、外交政策委员会主任委员；乔冠华为外交政策委员会副主任委员、新华社华南分社社长；王炳南为外交部办公厅主任、中共中央外事组主任；龚澎为情报司（后更名为新闻司）司长、香港《中国文摘》主编；章汉夫为条约委员会主任委员（兼）等。②

① 参见朱蓉蓉《试析中共在抗战时期的民间外交》，《江苏社会科学》2002 年第 6 期，第 150 页。

② 参见乔松都《乔冠华与龚澎——我的父亲母亲》，中华书局 2008 年版，第 104 页。

参考文献

一　档案文献资料和史料集

1. 《晋察冀边区工作研究参考资料》（第8集第10分册），中共中央晋察冀分局秘书处编印，1944年8月13日。河北省档案馆藏，案卷号：578－1－31－4。

2. 《美国对外国际关系文件集（1938—1939）》，波士顿1939年版。

3. 《德国外交政策文件集》（1918—1945），第D辑第1卷，华盛顿1950年版。

4. 《中美关系资料汇编》第1辑，世界知识出版社1957年版。

5. 国际关系学院编：《现代国际关系史参考资料》（1939—1945），外交学院，1957年。

6. 《国际条约集（1934—1944）》，世界知识出版社1961年版。

7. 珍妮·德格拉斯编：《共产国际文件》（1929—1943），世界知识出版社1964年版。

8. 复旦大学历史系中国近代史教研组编：《中国近代对外关系史资料选辑》（1840—1949）下卷，第二分册，上海人民出版社1977年版。

9. 《中国近代对外关系史资料选辑（1940—1945）》，下卷第二分册，上海人民出版社1977年版。

10. ［美］约瑟夫·W.史迪威等：《中华民国史资料丛稿》（译稿）第二辑——史迪威资料，瞿同祖编译，中华书局，1978年。

11. 中国人民解放军政治学院党史教研室编：《中共党史资料（四）》，人民出版社1979年版。

12. 中国人民解放军政治学院党史教研室编：《中共党史参考资料》第6

册，人民出版社 1979 年版。

13. 上海社会科学院经济研究所编：《荣家企业史料》，上海人民出版社 1980 年版。

14. 《周恩来同志在重庆期间发表的重要文章和讲话汇辑》，重庆出版社 1980 年版。

15. 《共产国际有关中国革命的文献资料（1918—1929）》第 1 辑，中国 社会科学出版社 1981 年版。

16. 《抗日战争时期陕甘宁边区财政经济史料摘编》第 3 编《工业交通》，陕西人民出版社 1981 年版。

17. 秦孝仪主编：《战时外交》（三），台北"中央"文物供应社 1981 年版。

18. 陕西省妇联编：《陕甘宁边区妇女运动文献资料选编》，内部资料，编 者 1982 年版。

19. 晋察冀人民抗日斗争史编委会冀热辽分会编辑室编：《冀热辽报告》（一），晋察冀人民抗日斗争史编辑部内部 1982 年版。

20. 中国近代经济史资料丛刊编辑委员会：《一九三八年英日关于中国海 关的非法协定》，中华书局 1983 年版。

21. 北京军区后勤部党史资料征集办公室：《晋察冀军区抗战时期后勤工 作史料选编》，军事学院出版社 1985 年版。

22. 中共中央统战部、中央档案馆：《中共中央抗日民族统一战线文件选 编》（中），档案出版社 1985 年版。

23. 《陕甘宁边区政权建设》编辑组：《陕甘宁边区参议会》（资料选 辑），中共中央党校科研办公室 1985 年 1 月第 1 版。

24. 中国国民党中央委员会党史委员会编印：《中华民国重要史料初 编——对日抗战时期》第五编《中共活动真相》（四），中国国民党 中央委员会党史委员会出版，裕台公司中华印刷厂，1985 年版。

25. 陕西省档案馆、陕西省社会科学院编：《陕甘宁边区政府文件选编》 第 4 辑，档案出版社 1986 年版。

26. 财政部科学研究所编：《抗日根据地的财政经济》，中国财政经济出版 社 1987 年版。

27. 《中共中央文件选集》第 2 册，中共中央党校出版社 1989 年版。

28. 南方局党史资料征集小组编：《南方局党史资料·军事工作》，重庆出版社 1990 年版。

29. 中华全国供销合作总社史料丛书编辑室：《中国供销合作社史料选编》（第二辑），中国财政经济出版社 1990 年版。

30. 中央档案馆：《中共中央文件选集》第 5 册，中共中央党校出版社 1991 年版。

31. 《中共中央文件选集》第 7 册，中共中央党校出版社 1991 年版。

32. 《中共中央文件选集》第 8 册，中共中央党校出版社 1991 年版。

33. 《中共中央文件选集》第 9 册，中共中央党校出版社 1991 年版。

34. 中共中央党史研究室、中央档案馆编：《中共党史资料》第 42 辑，中共党史出版社 1992 年版。

35. 中共河北省委党史研究室编：《冀中历史文献选编》（上），中共党史出版社 1994 年版。

36. 山西省档案馆编：《太行党史资料汇编》第 4 卷，山西人民出版社 1994 年版。

37. 中央档案馆、中国第二历史档案馆、吉林省社会科学院合编：《华北历次大惨案》，中华书局 1995 年版。

38. 中国抗日战争史学会等编：《抗日战争时期重要资料统计集》，北京出版社 1997 年版。

39. 中央档案馆、中国第二历史档案馆、吉林省社会科学院合编：《华北治安强化运动》，中华书局 1997 年版。

40. 马模贞主编：《中国禁毒史资料（1729—1949）》，天津人民出版社 1998 年版。

41. 中共中央党史研究室、中央档案馆编：《中共党史资料》第 74 辑，中共党史出版社 2000 年版。

42. 秦孝仪总编：《总统蒋公大事长编初稿》卷 5（上），台北，财团法人中正文教基金会 2002 年版。

43. 涂文学主编：《沦陷时期武汉档案史料丛编③：沦陷时期武汉的经济与市政》，武汉出版社 2007 年版。

44. 中共中央党史研究室第一研究部编：《共产国际、联共（布）与中国革命档案资料丛书》（15），中共党史出版社 2007 年版。

45. 中共中央党史研究室第一研究部编：《共产国际、联共（布）与抗日战争时期的中国共产党（1937—1943.5）》（18），中共党史出版社2012年版。

46. 中共中央党史研究室第一研究部编：《共产国际、联共（布）与抗日战争时期的中国共产党（1937—1943.5）》（19），中共党史出版社2012年版。

47. 中共中央党史研究室第一研究部编：《共产国际、联共（布）与抗日战争时期的中国共产党（1937—1943.5）》（20），中共党史出版社2012年版。

48. ［英］阿诺德·汤因比主编：《国际事务概览·第二次世界大战：1942—1946年的远东·附录》，上海译文出版社2007年版。

二　领袖和名人的文选、文集

1. 中共中央马克思恩格斯列宁斯大林著作编译局编译：《马克思恩格斯全集》第7卷，人民出版社1959年版。

2. 中共中央马克思恩格斯列宁斯大林著作编译局编译：《马克思恩格斯全集》第11卷，人民出版社1962年版。

3. 中共中央马克思恩格斯列宁斯大林著作编译局编译：《马克思恩格斯全集》第34卷，人民出版社1972年版。

4. 中共中央马克思恩格斯列宁斯大林著作编译局编译：《马克思恩格斯选集》第1卷，人民出版社1995年6月第2版。

5. 中共中央马克思恩格斯列宁斯大林著作编译局编译：《马克思恩格斯选集》第4卷，人民出版社1995年第2版。

6. 中共中央马克思恩格斯列宁斯大林著作编译局编译：《马克思恩格斯选集》第2卷，人民出版社1995年版。

7. 中共中央马克思恩格斯列宁斯大林著作编译局编译：《马克思恩格斯论中国》，人民出版社1957年版。

8. 《列宁全集》第2版第41卷，人民出版社1986年版。

9. 《列宁全集》第2版第42卷，人民出版社1987年版。

10. 中共中央马克思恩格斯列宁斯大林著作编译局：《列宁全集》第39卷，人民出版社1996年版。

11. 中共中央马克思恩格斯列宁斯大林著作编译局：《列宁选集》第 4 卷，人民出版社 1995 年版。

12. 《斯大林文选》，人民出版社 1978 年版。

13. 《季米特洛夫文集》，解放社 1950 年版。

14. 中共中央毛泽东选集出版委员会编：《毛泽东选集》（合订本），人民出版社出版 1964 年版。

15. 《毛泽东选集》第 1 卷，人民出版社 1991 年版。

16. 《毛泽东选集》第 2 卷，人民出版社 1991 年版。

17. 《毛泽东选集》第 3 卷，人民出版社 1991 年版。

18. 《毛泽东选集》第 4 卷，人民出版社 1991 年版。

19. 《毛泽东文集》第 1 卷，人民出版社 1993 年版。

20. 中共中央文献研究室编：《毛泽东文集》第 2 卷，人民出版社 1993 年版。

21. 《毛泽东著作选读》下册，人民出版社 1992 年版。

22. 中共中央文献研究室：《周恩来选集》上卷，人民出版社 1980 年版。

23. 《邓小平文选》第 1 卷，人民出版社 1994 年版。

24. 张闻天：《神府县兴县农村调查》，人民出版社 1986 年版。

25. 《王稼祥选集》，人民出版社 1989 年版。

26. 廖承志文集、传记编辑办公室编，《廖承志文集》（上），人民出版社 1990 年版。

27. 关在汉编译：《罗斯福选集》，商务印书馆 1982 年版。

28. 《斯诺文集》第 1 卷，新华出版社 1984 年版。

三 报纸和期刊资料

1. 《工人日报》社论：《中国的胜利大有助于世界和平》，《解放》周刊第 23 期，1937 年 11 月 13 日。

2. 《两名日本军官的"杀人竞赛"》，《东京日日新闻》1937 年 12 月 13 日。

3. 评论员：《英日海关协定成立》，《新华日报》1938 年 5 月 5 日第 3 版。

4. 云生：《世界学联代表团来延安》，《新华日报》1938 年 7 月 16 日第 4 版。

5. 《救亡日报》，1939年7月8日。

6. 《新中华报》，1939年9月19日。

7. 屈光：《边区救灾总述》，《抗敌报》1939年10月3日。

8. 毛泽东：《中英人民站在一条战线上为英国援华运动委员会举行"中国周"而作》，《解放日报》1941年5月26日。

9. 《江淮日报》1941年3月25日。

10. 《延安川口区四乡赵家窑农村调查记》，《解放日报》1942年1月13日。

11. 《市卷烟等四大配给组合昨宣告正式成立》，《武汉报》1943年1月9日。

12. 《对美国加强援助之认识》，《新华日报》1943年3月11日。

13. 《刻不容缓的华北赈灾》，《申报》1943年5月20日。

14. 《新华日报社论：祝美国国庆》，《新华日报》1944年7月4日。

15. 黎军：《战斗生产展览会上——生产部分》，《抗战日报》1944年12月22日。

16. 《日本工农学校选举模范学习者》，《解放日报》1945年1月14日。

17. 《民主颂——献给美国的独立纪念日》，《新华日报》1945年7月4日。

18. 《南京大屠杀案首期调查工作结束　惨死同胞约三十万》，上海《大公报》1946年2月17日第2版。

19. 王稼祥：《回忆毛泽东同志与王明机会主义路线的斗争》，《人民日报》1979年12月27日。

20. 邓颖超：《在缅怀廖仲恺先生、纪念何香凝先生逝世十周年大会上的讲话》，《人民日报》1982年8月30日。

21. 李耀宇口述，李东平整理：《我所知道的延安美军观察组》，《南方周末》2004年2月19日。

22. 《中国民族宗教报》2010年8月31日第8版。

23. 毛泽东：《中国国民党之反奉宣传大纲》，《政治周刊》第1期，1925年12月25日。

24. 洛甫：《希望国际联盟来帮助中国无异于与虎谋皮》，《红旗周报附刊》1931年9月28日。

25. 《关于反日运动中的策略问题》，《红旗周报附刊》1931 年 10 月。

26. 巴令达：《帝国主义的矛盾和远东战争》，《红旗周报》1933 年 1 月 31 日第 55—56 期。

27. 《中国共产党中央委员会为日本帝国主义占领华北并吞中国告全国民众书》，《斗争》1934 年 5 月 15 日第 59 期。

28. 《中国面临重大的新危机》，《解放》（延安）第 118 期。

29. 洛甫：《我们对于民族统一纲领的意见》，《解放周刊》1937 年 5 月 11 日第 3 期。

30. 黎平：《日本的进攻与中国所应取的对外政策》，《解放周刊》1937 年 8 月 9 日第一卷第 13 期。

31. 《解放》1937 年 9 月 13 日第一卷第十六期。

32. 第十八集团军总政治部宣传部编：《抗战八年来的八路军与新四军》1945 年 3 月版。

33. 《北方文化》1946 年 7 月 1 日第 2 卷第 3 期。

34. 黄逸平：《江浙"财团"析》，载《学术月刊》1983 年第 3 期。

35. 谢伟思：《他目光远大》，《党史通讯》（北京）1983 年第 20 期。

36. 《世界史研究动态》1984 年第 2 期。

37. 刘晓岚：《反对侵华的日本女战士绿川英子》，载《武汉文史资料》第 18 辑（1984 年第 4 期）。

38. ［俄］沃洛霍娃：《周恩来与中国外交》，《远东问题》1988 年第 5 期。

39. ［苏］杜宾斯基：《太平洋战争爆发后苏中美中关系变化的过程》，宋恩铭译，《苏联问题研究资料》1988 年第 2 期。

40. 张克明、刘景修：《抗战时期美国记者在华活动纪事》，《民国档案》1988 年第 2 期。

41. 李忠全：《陕甘宁边区的对外活动》，《历史档案》1989 年第 1 期。

42. 中国第二历史档案馆编：《孔祥熙关于 1937—1939 年财政实况的密报》（上），《民国档案》1992 年第 3 期。

43. 李时安：《英国对华政策与中国共产党（1942—1946）：薛穆大使的作用》，转引自中国社会科学院近代史研究所《中国近代史研究》编辑部编《国外中国近代史研究》（25），中国社会科学出版社 1992 年版。

44. 王德溥：《日本在中国占领区内使用麻醉毒品戕害中国人民的罪行》，

《民国档案》1994 年第 1 期。

45. 欧初：《孙中山故乡抗日斗争二三事》，《炎黄春秋》1995 年第 11 期。

46. 黄义祥：《在华日本人民的反战斗争》，《中山大学学报》1995 年第 3 期。

47. 姚会元、邹进文：《"江浙财团"形成的标志及其经济、社会基础》，《中国经济史研究》1997 年第 3 期。

48. 杨奎松：《毛泽东为什么放弃新民主主义》，《近代史研究》1997 年第 7 期。

49. 边志海：《一段鲜为人知的历史事实——周恩来在抗战初期给英国援华委员会的一封信探源》，《党的文献》1998 年第 5 期。

50. 薛钰：《周恩来与党的隐蔽战线》，《中共党史研究》1998 年第 1 期。

51. 刘会军：《论中国近代反帝纲领的科学内涵》，《史学集刊》1999 年第 2 期。

52. 左双文：《民主革命时期中国共产党在澳门的活动》，《中共党史研究》1999 年第 5 期。

53. 杜俊华：《论抗战时期周恩来"求同存异"国际统战策略与实践——以周恩来对英统战为例》，《中共四川省委党校学报》2002 年第 4 期。

54. 朱汉国、王印焕：《1928—1937 年华北的旱涝灾情及成因探析》，《河北大学学报（哲学社会科学版）》2003 年第 4 期。

55. 莫志斌：《抗战时期中国共产党的国际交往活动新析》，《江西师范大学学报》2006 年第 1 期。

56. 邓野：《日苏关系与国共的战略利益——1943 年蒋介石制裁中共的策划与取消》，《近代史研究》2007 年第 6 期。

57. 杜俊华：《抗战时期的周恩来与英国驻华大使》，《中国统一战线》2007 年第 1 期。

58. 缪平均：《抗日战争时期的延安交际处》，《兰台内外》2008 年第 1 期。

59. 杜俊华：《周恩来与抗战时期中共—英国关系的嬗变》，《中共党史研究》2008 年第 1 期。

60. 蔡庆新：《抗战时期中共最高决策层中的任弼时》，《党的文献》2011 年第 2 期。

61. 赵铁锁、任春峰：《党在局部执政时期的社会管理探析——以"示范区"抗战时期陕甘宁边区为例》，《中国特色社会主义研究》2011 年第 4 期。

62. 鱼泳：《延安时期党的执政合法性资源探析》，《理论导刊》2011 年第 7 期。

四 专著

1. Harold S. Quiglo, *Far Eastern War*, *1937—1941*, Boston, 1943.

2. The U. S. State Department edited, Foreign Relations of the United Stats, Diplomatic Papers, 1944, China.

3. Harrison Forman, *Report from Red China*, New York：Henry Holt and Company, 1945.

4. ［美］《科德尔·赫尔回忆录》（*The Memoirs of Cordell Hull*）第 1 卷，纽约 1948 年版。

5. Agnes Smedley, *The Great Road-the Life and Times of Chu Teh*, New York：Monthly Review Press, 1956.

6. Vo Nguyen Giap , *Ho Chi Minh*, *Selected Works II*, Hanori：Foreign Languages Publishing House, 1961.

7. Arthur N. Yong. *China and the Helping Hand*, *1937—1945*, Harward University Press, 1963。

8. King C. Chen, *Vietnam and China*（1938—1945）, Princeton University Press, 1969.

9. ［美］哈因利克斯：《日美外交与格鲁》，东京原书房 1969 年版。

10. H. C. Wells. *The Outline of History*, New York, 1971。

11. ［美］肯尼斯·休梅克：《美国人和中国共产党人：1927—1945 年》，美国康奈尔大学出版社 1971 年英文版。

12. ［日］井上清、铃木正四：《日本近代史》，商务印书馆 1972 年版。

13. ［美］查·爱·诺依尔：《葡萄牙史》上册，江苏人民出版社 1974 年版。

14. James Reardon – Anderson, *The Origins of Chinese Communist Foreign Policy*, *1944 – 1946*, Columbia University Press, 1980.

15. ［俄］杜宾斯基：《日中战争时期的苏中关系》（1937—1945），莫斯科1980年版。

16. 奥托·布劳恩：《中国纪事（1932—1939）》，现代史料编刊出版社1980年版，中译本。

17. ［美］迈克尔·沙勒：《美国十字军在中国（1938—1945）》，郭济祖译，商务印书馆1982年版。

18. 日本防卫厅战史室编：《华北治安战》（上），天津人民出版社1982年版。

19. John king Faitbank, *Chinabound*, *A Fifty-year Memoir*, New York：Harper and Row, Publishers, 1982.

20. Dick Wilson, *When Tigers Fight*：*The Story of the Sino-Japanese War*, *1937 – 1945*, New York：The Viking Press, 1982.

21. ［英］艾伯特·西顿：《苏德战争1941—1945》，上海人民出版社1983年版。

22. ［美］埃德加·斯诺：《红色中国杂记》，群众出版社1983年版。

23. ［日］防卫厅防卫研究所战史室：《战史丛书90·中国事变陆军作战3》，东京：美铃书房1983年版。

24. ［美］威廉·P. 黑德：《美国在中国的历程、美国对外政策及其对中美关系的影响1942—1948》，美国大学出版社1983年版。

25. ［美］罗伯特·达莱克：《罗斯福与美国对外政策（1932—1945）》，陈启迪等译，商务印书馆1984年版。

26. ［日］森山康平：《南京大屠杀与三光作战——记取历史教训》，四川教育出版社1984年版。

27. ［美］D. 包瑞德：《美军观察组在延安》，万高潮、卫大匡、王健康等译，解放军出版社1984年版。

28. ［美］埃德加·斯诺：《为亚洲而战》，新华出版社1984年版。

29. ［美］巴巴拉·塔其曼：《史迪威与美国在华经验》（上），商务印书馆1984年版。

30. ［日］铃木启久：《无人地带》，载从中国归国者联络会、新读书社编《侵略——日本战犯的自白》，山东人民出版社1985年版。

31. ［美］海伦·福斯特·斯诺：《一个女记者的传奇》，新华出版社1986

年版。

32. ［美］斯坦因：《红色中国的挑战》，新华出版社 1986 年版。

33. ［美］帕克斯 M. 小科布尔：《江浙财阀与国民政府（1927—1937）》，
蔡静仪译，南开大学出版社 1987 年版。

34. ［美］伊斯雷尔·爱泼斯坦：《中国未完成的革命》，新华出版社 1987
年版。

35. ［日］和田真一：《从帝国军人到反战勇士》，张惠才、韩凤琴译，中
国文史出版社 1987 年版。

36. ［日］小林清：《在华日人反战组织史话》，社会科学文献出版社 1987
年版。

37. Stephen R. Mackinnon and Oris Friesen，*China Reporting*：*An Oral History American Journalism in the 1930s&1940s*，Los Angeles ： University of California Press，1987.

38. ［美］费正清：《中国之行》，赵复三译，新华出版社 1988 年版。

39. ［美］白修德、贾安娜：《中国的惊雷》，新华出版社 1988 年版。

40. ［苏］安·安·葛罗米柯等主编：《苏联对外政策史》上卷，中国人
民大学出版社 1988 年版。

41. ［美］赫伯特·菲斯：《中国的纠葛》，林海、曾学白译，北京大学出
版社 1989 年版。

42. ［美］约瑟夫·W. 埃谢里克：《在中国失掉的机会——美国前驻华外
交官约翰·S. 谢伟思第二次世界大战时期的报告》，国际文化出版公
司 1989 年版。

43. 罗纳德·C. 基思：《周恩来的外交生涯》，中共中央党校出版社 1992
年版。

44. 尼姆·韦尔斯：《西行访问记》，中国青年出版社 1994 年版。

45. ［美］特雷西·斯特朗、海琳·凯萨：《纯正的心灵：安娜·路易斯
·斯特朗的一生》，李和协译，世界知识出版社 1996 年版。

46. ［日］矶野富士子整理：《美国顾问——欧文·拉铁摩尔回忆录》，吴
心伯译，复旦大学出版社 1997 年版。

47. ［葡］莫嘉度著，［葡］萨安东编：《从广州透视战争》，舒建平等
译，上海社会科学院出版社 2000 年版。

48. ［美］哈里森·福尔曼：《北行漫记》，陶岱译，解放军文艺出版社 2002 年。

49. ［美］卡萝尔·卡特：《延安使命——1944—1947 年美军观察组延安 963 天》，陈发兵译，世界知识出版社 2004 年版。

50. ［美］柯伟林：《德国与中华民国》，陈谦平等译，凤凰出版传媒集团、江苏人民出版社 2006 年版。

51. ［美］黄仁宇：《从大历史的角度读蒋介石日记》，九州出版社 2008 年版。

52. ［美］艾伦·布林克利（Alan Brinkley）：《美国史》，邵旭东译，海南出版社 2009 年版。

53. ［美］埃德加·斯诺：《西行漫记》，董乐山译，解放军文艺出版社 2010 年版。

54. ［荷兰］阿金·伯恩、保罗·特哈特，［瑞典］埃瑞克·斯特恩、邦特·桑德留斯：《危机管理政治学——压力之下的公共领导能力》，赵凤萍等译，河南人民出版社 2010 年版。

55. ［美］T. 克里斯托弗·杰斯普森：《美国的中国形象》（1931—1949），姜智芹译，江苏人民出版社 2010 年版。

56. 上海市工商行政管理局等编：《永安纺织印染公司》，中华书局 1964 年版。

57. 青岛市工商行政管理局史料组编：《中国民族火柴工业》，中华书局 1963 年版。

58. 梁敬錞：《史迪威事件》，商务印书馆 1973 年版。

59. 吴相湘：《第二次中日战争史》，台湾综合月刊社 1974 年版。

60. 吴黎平整理：《毛泽东 1936 年同斯诺的谈话》，人民出版社 1979 年版。

61. 王安娜：《中国——我的第二故乡》，生活·读书·新知三联书店 1980 年版。

62. 裘克安：《斯诺在中国》，生活·读书·新知三联书店 1982 年版。

63. 龚古今等主编：《中国抗日战争史稿》，湖北人民出版社 1983 年版。

64. 李长久、施鲁佳主编：《中美关系二百年》，新华出版社 1984 年版。

65. 颜声毅：《现代国际关系史》，知识出版社 1984 年版。

66. 周文琪等：《共产国际和中国共产党》，中央党校出版社 1986 年版。

67. 金城：《延安交际处回忆录》，中国青年出版社 1986 年月版。

68. 中国社会科学院新闻研究所主编：《抗日战争时期的中国新闻界》，重庆出版社 1987 年版。

69. 《吕正操回忆录》，解放军出版社 1987 年版。

70. 吕正操：《论平原游击战争》，解放军出版社 1987 年版。

71. 《淮南抗日根据地》编审委员会：《淮南抗日根据地》，中共党史资料出版社 1987 年版。

72. 李宏编著：《香港大事记》，人民日报出版社 1988 年版。

73. 《聂荣臻回忆录》，解放军出版社 1988 年版。

74. 周国全、郭德宏等：《王明评传》，安徽人民出版社 1989 年版。

75. 宋庆龄基金会研究室编：《保卫中国同盟新闻通讯》，吴景平译，中国和平出版社 1989 年版。

76. 王庭岳：《在华日人反战运动史略》，河南人民出版社 1989 年版。

77. 谢常青：《马万祺传》，中国文史出版社 1989 年版。

78. 金冲及主编：《周恩来传（1898—1949）》，吴景平译，人民出版社、中央文献出版社 1989 年版。

79. 宋庆龄基金会研究室编：《保卫中国同盟新闻通讯》，中国和平出版社 1989 年版。

80. 魏永理：《中国近代经济史纲》（下），甘肃人民出版社 1990 年版。

81. 军事科学院军事历史研究部军事历史研究室：《二次世界大战大事纪要》，解放军出版社 1990 年版。

82. 李良志：《国共合作历史与展望》，福建人民出版社 1990 年版。

83. 魏宏运主编：《晋察冀抗日根据地财政经济史稿》，档案出版社 1991 年版。

84. 冯彩章、李葆定：《红医将领》，北京科学技术出版社 1991 年版。

85. 王战平主编：《正义的审判——最高人民法院特别军事法庭审判日本战犯纪实》，人民法院出版社 1991 年版。

86. 史迪威：《史迪威日记》，世界知识出版社 1992 年版。

87. 中共中央政策研究室党建组编：《毛泽东　邓小平论中国国情》，中共中央党校出版社 1992 年版。

88. 许涤新、吴承明主编:《中国资本主义发展史》第 3 卷,人民出版社 1993 年版。

89. 中共中央文献研究室:《毛泽东年谱》中卷,人民出版社 1993 年版。

90. 周文琪等编著:《特殊而复杂的课题——共产国际、苏联和中国共产党关系编年史》,湖北人民出版社 1993 年版。

91. 《人民世纪的丰碑》,红旗出版社 1993 年版。

92. 李永等:《何香凝传》,中国华侨出版公司 1993 年版。

93. 雷云峰等:《陕甘宁边区史》(抗日战争时期,中下篇),西安地图出版社 1993 年版。

94. 叶丽荼:《来自异国的朋友——在中国有过特殊经历的外国人》,解放军出版社 1993 年版。

95. [美] 埃文斯·福代斯·卡尔逊:《中国的双星》,祁国明、汪杉译,新华出版社 1987 年版。

96. 谭志强:《澳门主权问题始末 (1553—1993)》,(台北) 永业出版社 1994 年版。

97. 广东省人民武装斗争史编纂委员会编著:《广东人民武装斗争史》第 3 卷,广东人民出版社 1994 年版。

98. 童小鹏:《风雨四十年》第一部,中央文献出版社 1994 年版。

99. 陶文钊、杨奎松、王建朗:《抗日战争时期的中国对外关系》,中共党史出版社 1995 年版。

100. 王泓等编:《周恩来与国际友人》,重庆大学出版社 1995 年版。

101. 余绳武:《20 世纪的香港》,中国大百科全书出版社麒麟书业有限公司 1995 年版。

102. 中国抗日战争史学会、中国人民抗日纪念馆:《抗日战争时期的经济》,北京出版社 1995 年版。

103. 任东来:《争吵不休的伙伴:美援与中美抗日同盟》,广西师范大学出版社 1995 年版。

104. 潘振球主编:《中华民国史事纪要》,1943 年 7 月 14 日,台北,"国史馆" 1995 年版。

105. 孙金科:《日本人民的反战斗争》,北京出版社 1996 年版。

106. 郭成周、廖应昌:《侵华日军细菌战纪实——历史上被隐瞒的篇章》,

北京燕山出版社 1997 年版。

107. 乔冠华：《口述自传》，《那随风飘去的岁月》，学林出版社 1997 年版。

108. 陈辛仁：《现代中外文化交流史略》，中国书籍出版社 1997 年版。

109. 李新：《中华民国大事记》（1937—1943），中国文史出版社 1997 年版。

110. 吴瑞章：《周恩来在建国前的外交思想与实践》，《周恩来研究学术讨论会论文集》，人民出版社 1998 年版。

111. 齐世荣主编：《绥靖政策研究》，首都师范大学出版社 1998 年版。

112. 沈庆林：《中国抗战时期的国际援助》，上海人民出版社 2000 年版。

113. 方连庆等主编：《国际关系史》（现代卷），北京大学出版社 2001 年版。

114. 杨尚昆：《杨尚昆回忆录》，中央文献出版社 2001 年版。

115. 傅玉兰：《抗战时期的澳门》，文化局澳门博物馆 2001 年版。

116. 陈诗启：《中国近代海关史》，人民出版社 2002 年版。

117. 中国共产党编年史编委会：《中国共产党编年史》，山西人民出版社 2002 年版。

118. 陈廷湘主编：《中国现代史》，四川大学出版社 2002 年版。

119. 中共中央党史研究室：《中国共产党历史（1921—1949）》上册，中共党史出版社 2002 年版。

120. 中共中央党史研究室：《中国共产党历史（1921—1949）》下册，中共党史出版社 2002 年版。

121. 丁长清等：《中外经济史纲》，科学出版社 2003 年版。

122. 杨忠：《二十四史全译·宋书·第 1 册》，世纪出版集团、上海汉语大词典出版社 2004 年版。

123. 陶文钊：《中美关系史（1911—1949）》上册，上海人民出版社 2004 年版。

124. 李湄：《梦醒——母亲廖梦醒百年祭》，中国工人出版社 2004 年版。

125. 王绘林主编：《中国现代史》，北京师范大学出版社 2004 年版。

126. 罗振建等主编：《统一战线学研究》，重庆出版社 2005 年版。

127. 周焕强：《重庆市志》第 14 卷之《外事志》，西南师范大学出版社 2005 年版。

128. 曹大臣、朱庆葆：《刺刀下的毒祸》，福建人民出版社 2005 年版。

129. 晓平：《感动中国：与毛泽东接触的国际友人》，中央文献出版社 2005 年版。

130. 武际良：《斯诺与中国》，中国社会出版社 2005 年版。

131. 张惠才编：《从鬼子兵到反战斗士》，中国文史出版社 2005 年版。

132. 赵艳珍：《珠澳关系史话》，珠海出版社 2006 年版。

133. 陈福今、唐铁汉主编：《公共危机管理》，党建读物出版社 2006 年版。

134. 杨元华：《中法关系史》，上海人民出版社 2006 年版。

135. 张注洪：《国际友人与抗日战争》，北京燕山出版社 2007 年版。

136. 中共中央文献研究室编：《周恩来年谱》（中卷），中央文献出版社 2007 年版。

137. 牛军：《从延安走向世界：中国共产党对外关系的起源》，中共党史出版社 2008 年版。

138. 金成民：《日本军细菌战》，黑龙江人民出版社 2008 年版。

139. 杨天石：《找寻真实的蒋介石——蒋介石日记解读》（下），山西人民出版社 2008 年版。

140. 许启贤：《北京奥运之魂：丰富而深刻的人文奥运》，北京出版社 2008 年版。

141. 乔松都：《乔冠华与龚澎——我的父亲母亲》，中华书局 2008 年版。

142. 高鹏程：《危机学》，社会科学文献出版社 2009 年版。

143. 中共重庆市委党史研究室编：《中共中央南方局史》，中共党史出版社 2009 年版。

144. 中共湖南省委党史研究室编：《中共中央南方局的党建工作》，中共党史出版社 2009 年版。

145. 中共广西壮族自治区委员会党史研究室：《中共中央南方局的统一战线工作》，中共党史出版社 2009 年版。

146. 沈志华主编：《一个大国的崛起与崩溃（苏联历史专题研究 1917—1991）》（中册），社会科学文献出版社 2009 年版。

147. 中国社会科学院近代史研究所编：《中国抗战与世界反法西斯战争》（下卷），社会科学文献出版社 2009 年版。

148. 杨天石、庄建平编：《战时中国各地区》，社会科学文献出版社 2009

年版。

149. 唐洲雁：《毛泽东的美国观》，陕西人民出版社 2009 年版。

150. 陶文钊：《战时美国对华关系》，武汉大学出版社 2010 年版。

151. 胡德坤：《中国抗日战争与日本世界战略的演变》，武汉大学出版社
     2010 年版。

152. 杨奎松：《"中间地带"的革命——国际背景下看中共成功之道》，
     山西人民出版社 2010 年版。

153. 汪金国：《战时苏联对华政策》，武汉大学出版社 2010 年版。

154. 李世安：《战时英国对华关系》，武汉大学出版社 2010 年版。

155. 李家忠：《胡志明传奇的一生》，世界知识出版社 2010 年版。

156. 沈志华：《中苏关系史纲》（1917—1991），社会科学文献出版社
     2011 年版。

157. 中共重庆市委党史研究室：《中国共产党重庆历史第一卷（1926—
     1949）》，重庆出版社 2011 年版。

158. 武际良：《海伦·斯诺与中国》，人民出版社 2011 年版。

159. 《中国近代史》编写组：《中国近代史》，高等教育出版社 2012
     年版。

160. 马振犊、戚如高：《蒋介石与希特勒：民国时期的中德关系研究》，
     九州出版社 2012 年版。

161. 潘洵：《抗日战争时期重庆大轰炸研究》，商务印书馆 2013 年版。

162. 金重远：《法国当代史》，上海社会科学院出版社 2014 年版。

后　记

　　光阴似箭，如驹过隙，四载半金时，转瞬即逝。2011 年 6 月，我有幸获得国家社会科学基金一般项目"抗战时期中国共产党应对危机的国际统战经验研究"，遂投入研究项目的资料收集、整理、梳理和研究中。首先，完善了项目研究的提纲和写作框架。其次，先后到四川省档案馆、四川省图书馆、重庆市档案馆、重庆市图书馆、西南大学图书馆、北碚档案馆、中央档案馆、第二历史档案馆、陕西省档案馆等查阅原始报刊资料、档案资料和相关研究成果；委托在美国高校做访问学者的朋友收集相关的英文资料，并购买相关英文书籍。

　　资料收集好后，我全身心地投入项目的研究工作。首先，对抗战时期中国共产党发展所遇到的民族危机和生存危机进行梳理和分析。其次，根据所遇到的危机，联系当时实际，在丰富档案和报刊材料的基础上，从六个方面探讨了中国共产党应对困难的国际统战经验。最后，对抗战时期中共应对危机的国际统战工作的成效及现实启示进行了认真分析和总结。论文初稿在 2014 年 7 月 15 日完成。初稿写出来后，我又根据一些专家的意见补充了许多档案材料和报刊史料，并认真地对文章进行了多次修改。最终在 2014 年 12 月正式向国家社科规划办提交成果，经过半年的匿名评审等程序，成果于 2015 年 7 月 6 日获得通过，结项等级为良。根据评审专家的意见，以及我在美国访学查阅外文资料便利的优势，对研究成果进行了完善和修改，增加了一些外文材料。

　　本书的写作还得到了许多专家教授和朋友的热情关怀与鼓励。在此谨向所有关心、支持和帮助我们的师长和朋友，致以诚挚的感谢！

　　感谢美国 Salem 大学的 Lasuota 教授、厉荔教授，美国斯坦佛大学的郭岱君研究员，四川大学历史文化学院的陈廷湘教授，西南大学历史文化学院的周勇教授和潘洵教授，《重庆行政》杂志的总编张新华教授，重庆大学的刘洪彪教授，中国三峡博物馆的龚义龙研究员，中国社会科学出版社政治与法律出版中心的孔继萍编审等良师益友，对我无微不至的关心、指导和帮助。通过你们的指导和帮助，我的学识不断长进，获得了从事学术研究的一些"钥匙"，而且学得了一些为人处事的方法。

感谢四川省档案馆、重庆市档案馆、中国第二历史档案馆、陕西省档案馆、美国波士顿公共图书馆、美国 SALEM 大学图书馆、美国康奈尔大学图书馆、美国斯坦佛大学图书馆的工作人员给予我查阅档案和报刊资料的方便，感谢你们的支持和帮助。

感谢我所指导的硕士研究生崔晶晶、赵小洁、古诗，在资料收集、整理以及书稿错别字检查和正文排版方面的辛苦努力。

本书的研究也参考和借鉴了一些专家学者的研究成果，并在注释中加以反映，在此也表示真诚的感谢，并对先辈的研究成果表示钦佩。

由于研究水平有限，文中难免浅陋之处，敬请大家批评指正。

杜俊华

2015 年 7 月 7 日于美国波士顿